국가건설사상

III

국가건설사상 Ⅲ

오문환/이승현/이시형/이완종
임형진/조현수/홍원표 지음

인간사랑

이 연구는 2002년도 한국학술진흥재단의 지원에 의하여 연구되었음
(KRF-2002-073-BS1002).

서문

해방공간의 국가건설사상

이 책은 학술진흥재단의 지원을 받아서 한국 국가건설사상에 대하여 행한 연구 결과물입니다. 이 연구는 2003년도에 시작하여 2005년도에 종료하였습니다. 연구팀은 1차년도에는 조선조 말기의 국가건설사상, 2차년도에는 일제강점기의 국가건설사상, 그리고 3차년도에는 해방공간에서의 국가건설사상을 다루었습니다. 이 책은 3차년도, 즉 해방공간의 국가건설사상에 대한 연구의 최종 결과물입니다.

일제의 강점으로부터 해방이 되었습니다. 그러나 그 해방이라는 것은 우선 자력에 의한 해방으로 볼 수 없었으며, 제국주의 일본이라는 국가로부터는 벗어나게 되었지만 미국과 소련이라는 다른 외세의 간섭을 배제할 수 없는 상황에 놓이게 되었습니다. 강요된 해방공간에서 어떻게 사회를 개혁하고 국가를 조직하여 독립을 할 것인가에 대한 이론이 첨예하게 대립하였을 뿐만 아니라, 행동을 통한 실천도 격렬하였다고 하겠습니다. 이렇게 하여 해방공간에 다양한 국가건설사상이 제기되었습니다. 그러나 그 결과는 남과 북이라는 한반도의 분할이었습니다. 이 부담을 우리는 아직까지 안고 있는 셈입니다.

해방공간에서의 국가건설사상은 이전의 사상이 없이 나타난 것은 아닙니다. 조선조 말과 일제강점기의 국가건설사상은 각각 제1권과 제2권으로 이미 출간되었지만, 해방공간에 그러한 국가건설사상이 나타나게 된 과정에 대한 이해를 돕기 위하여 한국 국가건설사상 전체를 개관하는 서론을 이 책에 실었습니다. 이 서론은 해방공간에 나타난 각기 다른 국가건설사상들의 차이뿐만 아니라 그 이전, 즉 조선조 말과 일제강점기에 나타난 국가건설사상의 전모를 이해함으로써 해방공간에서 나타난 국가건설사상의 사상적인 연원을 파악하는 데 도움을 주려는 의미에서 작성되었습니다.

먼저 이 책에 실린 논문의 필진들에게 감사의 말씀을 드리고자 합니다. 이분들의 노력이 없었다면 이 책은 세상의 빛을 보지 못했을 것입니다. 그리고 무엇보다도 절실했던 연구를 가능하게 해준 한국학술진흥재단의 재정적 지원에 감사를 드리며, 또한 한국정치사상학회에도 이 자리를 빌려 감사의 마음을 전하고자 합니다. 그리고 이 책의 중요성을 인식하고 출판을 맡아준 인간사랑 출판사의 여국동 사장님과 편집부 직원들에게도 감사의 마음을 전합니다.

2006년 11월 30일
학술진흥재단 2005년도 국가건설사상 연구팀

연구책임자 **이 종 은**

차례

contents

서론

조선왕조의 붕괴, 일제의 한반도 강점, 해방에 이어 일어나는 미 · 소의 분할 점령이라는 일련의 격동적인 역사적 과정에서 한반도에는 국가라고 부를 만한 것이 없었다. 1948년에 건국함으로써 대한민국은 비로소 국민국가(nation-state)가 되었다. 국가를 형성하여 살게 된 우리는 1948년 이후 국가라는 정치적인 조직에서 살아가는 것을 당연한 것으로 여기게 되었다. 그러나 국가라는 것은 장구한 역사의 안목에서 보면 당연히 있어야 되는 것도 있어 왔던 것도 아니었다.

일제강점기에는 말할 것도 없이 조선왕조를 두고 서구의 근대국가와 같았다고 말할 수는 없을 것이다. 주권이라는 개념이 없었기 때문이다. 게다가 서세가 동점할 무렵에 우리에게 민족, 국민, 주권 그리고 국가라는 개념은 낯설었다. 이러한 여건 하에서 우리는 우리 자신의 국가를 만들기 위하여 선택을 나하였다. 이 과정에서 등장한 것이 우리의 국가건설사상이라고 하겠다.

우리의 국가건설사상이 어떠한 모습을 띠고 있는지를 살펴봄이 본서의 목적이다. 사상이란 무릇 위기에 처했을 때 나타난다. 국가건설사상은 사유의 결과이며, 국가건설은 실천행위이기 때문이다. 우리의 사회와 국가가 위기에 직면했을 때, 이를 해결하는 처방으로 다양한 국가건설사상이 제시되었다. 그러므로 조선조 말기, 일제강점기 그리고 해방정국에서 나타난 국가건설사상을 살피면서 당시에 처한 위기상황을 언급하지 않을 수 없다. 그래서 본서의 필자들은 어떠한 위기상황에 처하여 특정한 국가건설사상이 왜 제시되었는지를 고찰한다.

우리의 국가건설사상을 고찰해야 하는 당위성은 어디에 있는가? 우리가 의지하고 살아가는 국가의 모습이 어떻게 하여 특정한 모습을 가지게 되었는지를 천착함이 우리에게는 중요할 것이다. 그리고 분단국가 내에서 살아가는 우리는 통일국가가 어떠한 모습이 되어야 할 것인가라는 미래의 국가상을 그리는 작업에 있어서도 과거에 우리가 생각하였던 국가의 모습들을 참고하는 것도 의의가 있을 것이다. 나아가 국민국가의 기능이 축소된다는 논의가 분분한 21세기의 문턱에서 국가건설사상을 살펴봄으로써 한국에서 국가가 가지는 의미를 검토하는 것 또한 미래상을 그리는 데 중요한 의미가 있을 것이다.

1. 조선조 말기

서구의 내셔널리즘이 제국주의적 양상을 띠고 동점함에 따라

조선왕조는 누란의 위기에 처하게 되었다. 이 위기에 처하여 우리는 어떠한 모습의 국가를 어떻게 만들 것인가에 대하여 고심하였다. 중국은 1860년에 베이징이 점령당하는 굴욕을 감수해야 했으며, 이어서 조선조는 1866년 병인양요, 1871년 신미양요, 1876년 강화도 사건 등을 통해 제국주의 세력으로부터 무력적 침략을 경험했다. 이러한 서구의 충격에서 야기된 위기상황에 대처하는 방법은 크게 두 가지로 대별할 수가 있었다. 하나는 외부의 것을 사악한 것으로 보고 우리 것을 견실하게 지켜내는 것이며, 다른 하나는 외부의 것을 받아들이고 변화를 꾀하는 개화(開化)였다. 요컨대, 대내적인 보순이라고 할 수 있는 전근대적인 봉건사회의 탈피 여부, 그리고 봉건사회를 지탱하였던 사상체계로부터의 탈피 여부, 즉 개화의 수용 여부 혹은 과거에로의 복귀 여부를 논란의 축으로 하여 대외적으로 독립을 인정받을 수 있는 국가를 건설하고자 하였다.

위정척사파의 중심 인물이었던 이항로(1792–1868)는 전통적인 질서를 옹호함으로써 조선조를 지키고자 하였다. 그의 노력은 근대국가 건설을 지향하지 않고 왕조국가의 재건을 지향하는 보수주의적 개혁론이지만 근대국가의 바탕이 될 수 있는 민족주의의 선구자였다는 점을 간과할 수는 없을 것이다. 그리고 이항로처럼 유교적 · 도덕적인 이상국가의 진형으로서 중화질서를 이 땅에 재구축함으로써 서양과 일제에 맞설 수 있다고 생각하였던 이들로는 최익현(1833–1906)과 유인석(1842–1915)을 들 수 있을 것이다. 그렇지만 그들 역시 내정개혁론이 서구의 침략에 맞서서 전통적인 왕조사회의 복귀나 재건을 지향했다는 점에서 서양문명의 성격과 역사성을 이해하지 못하였다고 볼 수 있다.

봉건적 모순과 민족적 모순이 중첩된 사회에서 국가의 틀을 새롭게 하자는 노력은 지식인에게만 나타났던 현상은 아니었다. 민중종교사상으로서 동학의 창립은 교조신원운동을 거쳐 동학농민혁명으로 발전하였다는 점에서 농민층, 즉 민중의 정치개혁사상으로서의 성격도 지니고 있었다. 동학 종교는 교리상으로 인간의 영성적 주체성, 평등성, 존엄성의 철학을 제시했으며, 1894년의 동학농민혁명은 민중 주체의 정치적 실천으로 나타났다. 동학농민혁명 시기의 집강소는 평등사회 실현을 위한 농민의 주체적인 정치적 실천이었다. 이러한 의미에서 동학은 새로운 국가에 바탕이 될 수 있는 민의 새로운 모습을 부각시켰다고 하겠다.

반면에 개화파는 서세동점을 거역할 수 없는 대세로 여겼으며, 서구 문명을 수용하여 부국강병의 국가를 건설하는 길이 바람직하다고 생각했다. 초기 개화파의 이론가였던 유길준(1856-1914)은 서구 문명의 전면적인 수용을 주장하지 않고 주어진 사상체계와 여건을 감안하여 서양의 사상을 선별적으로 받아들이고자 하였다. 서구의 부국강병형 국가를 지향했지만 왕조체제의 군주권을 유지 혹은 강화하는 것을 전제로 했다. 그는 장기적으로는 입헌군주제, 단기적으로는 근세의 천단군주제를 제안하였다. 그래서 그는 점진적 개화론자로 규정될 수 있을 것이다.

이 시기에 나타난 국가건설사상은 전통적인 사고와 근대적인 사고가 혼재되어 있었으며, 위정척사파가 갑신정변(1884), 갑오개혁(1894) 그리고 단발령(1895)을 비판한 것으로 보아 전통이 근대를 구속하는 상황은 지속되었다고 하겠다. 그런데 1880년대 중반 이후로 청국, 일본 그리고 러시아가 한반도에 개입하고, 급기야 1890년대 중반 이후로 일본이 우세를 보이기 시작하였다. 이러한 상황에서 조선 왕조는 1897년 대한제국을 수립하여 근대적 주권 개념에 의거한 국가 체제를 정비하고자 했고, 이를 계기로 근대국가 수립을 위한 새로운 움직임이 나타나게 되었다. 대한제국의 국권을 한편으로 뒷받침하면서 국민주권주의에 의거한 정치개혁을 추구했던 것이 독립협회운동이었다.

서재필(1866–1951)과 윤치호(1865–1945)는 독립협회(1896)의 활동을 통해 자유를 확립하고 제도화하여, 민의 위치를 앙양하여 입헌군주제를 지향하고자 하였다. 다른 한편, 독립협회에서 같이 활동하였던 이상재(1850–1929)는 서구 시민사상과 개신유학의 전통을 융합하여 군권과 민권에 같은 중요성을 부여하면서 입헌군주국가를 건설하려 했다. 그런데 독립협회 급진파는 이상적인 국가상으로 공화제에 바탕을 둔 근대적인 국민 주권국가를 상정하기도 하였다. 어쨌든 독립신문과 독립협회는 소수의 지식인에 의한 위로부터의 개혁이 아니라, 민의 중요성을 인식하고 아래로부터의 대중의 정치의식을 진작시켰다는 점에서 중요하다고 하겠다.

독립협회운동이 서구 사상 중심의 개혁론이었다고 한다면, 유교의 근대적 개혁을 통해 새로운 국가건설사상을 수립하고자 했던 개신 유학자들도 있었다. 주자학을 넘어 양명학으로 기울면서 제국주의적인 국제정치적 상황에서 사회진화론을 받아들였던 유학자, 보수주의적 주자학자였다가 개화사상가로 전환했던 박은식(1859–1926)과 장지연(1864–1921)은 주자학 대신에 실천지향적 양명학을 통한 유교의 혁신 혹은 유교의 '근대적 종교화'(근대화)를 통하여 유교적 질서에 바탕을 두는 한민족국가라는 새로운 민족국가를 구상했다. 그들은 군주 중심의 유교에서 인민 중심의 유교로 개혁할 것을 주장했지만 군주권을 부정하지는 않았다. 오히려 군주에 대한 충성과 애국애족의 정신을 일맥상통하는 것으로 간주했다. 따라서 그들의 국가사상은 공화주의라기보다는 입헌군주제론에 가까운 것이었다. 이들 개신 유학자들의 입헌군주제론과 유교개혁론은 1905년 이후 시민사회를 중심으로 전개된 애국계몽운동이 전개되는 과정에서 구체화되었다.

1898년에 독립협회가 해산된 후에 개화자강노선의 많은 애국단체들이 구국민족운동을 전개하였다. 1905년의 을사늑약 이후로는 국권회복운동을 위한 의병운동(1907−1911), 애국계몽운동(1905−1910), 의열투쟁 등의 저항운동이 일어났다. 애국계몽단체로는 대한자강회, 신민회, 대한협회 등이 있었다. 이들 단체들은 신교육, 언론계몽, 실업, 국채보상, 국학, 민족종교운동 등을 벌였으며, 신민회와 애국계몽 운동가는 1911년에 신흥무관학교를 설립하기도 하였다. 애국계몽운동은 을사늑약 이후 5년간에 걸쳐 민족역량을 증강시켰다고 하겠다.

그 이전의 민족주의는 운동 주체의 신분이 어떠하였는가에 따라 그 입장이 달랐지만, 의병운동과 애국계몽운동을 전개함에 따라 이제는 국권회복이라는 하나의 목표 아래 신분적인 제약을 넘어서서 민족주의가 광범하게 유포되었다는 점에서 의의가 크다고 하겠다. 이것이 나중에 국민을 형성하는 데에 기여한 바가 크다고 할 것이다. 그러나 양자는 차이가 있다. 의병운동은 전통적인 질서의 고수를 주장한 반면에, 애국계몽운동은 서구 문물의 수용을 통한 국가의 근대화를 꾀하고자 하였다. 전자는 위정척사파의 전통을, 후자는 개화파의 전통을 이었다고 할 수 있겠다.

2. 일제강점기

19세기 후반에 조선조는 갑오경장(1894)을 통하여 근대적인 개혁과 부국강병책을 추진하였지만 결국 1910년에 일제에 병탄되었다. 이렇게 되면서 국가건설을 밑바탕에서부터 생각하고 실천에 옮기지 않을 수 없었다. 그간의 과정을 돌이켜 보면 역사적으로 형성된 한국인의 문화적 우월의식 또한 설 자리를 잃게 되었다. 아편전쟁, 청불전쟁, 청일전쟁 등에서 중국이 몰락하는 것을 보고 더 이상 중국을 이상형으로 생각할 수도 없게 되었으며, 서구 문물을 받아들인 일본이 러일전쟁에서도 승리하게 되면서 동아시아에서 힘만이 아니라 문명의 축도 중국에서 일본으로 옮겨졌다. 이에 한국의 지식인들은 유교에 대한 회의를 가지지 않을 수 없게 되었으며, 특히 지배 이데올로기로서의 성리학은 그 지도적인 지위를 잃게 되었다. 게다가 조선왕조의 전통적인 가치체계를 위험하게 한다고 여겨 배척하였던 서학과 서양종교는 어느 틈에 우리에게 들어오고 말았다. 이와 같이 구미가 세계의 주무대를 형성하는 상황에서 그들의 사상과 제도에 영향을 받지 않을 수 없게 되었다.

조선이 일제에 병탄이 되고 새로운 사상과 제도에 접하게 되면서 문명화(근대화)하여 자주 · 독립적인 국가를 만들겠다는 염원을 가진 이 땅의 지식인들은 많은 것을 돌이켜 보지 않을 수 없게 되었다. 조선왕조 이래의 화이론적인 세계관은 자국의 국가에 대한 자아준거적인 인식을 결여하게 만들었다. 이것은 자아준거적인 국가의식의 부재를 의미하였다. 이에 대한 대안을 마련해야 했다. 게다가 조선조의 역사에서 문벌에 대한 충성은 있었겠지만 국가에 대한 충성이라는 것이 있었는지에 대한 의심을 가지게 되었다. 또한 국왕과 양반 사대부 사이의 권력의 분점은 근대국가의 근본적인 요소라고 할 수 있는 하나의 주권, 하나의 법이 없었다고 볼 수 있었다.

그리고 돌이켜 보면 일제에 병탄이 된 것은 조선조가 재정파탄으로 인해 국가를 운영할 수 있는 재정적인 능력이 없었기 때문이라고도 할 수 있다. 그리고 일제침략에 대항할 수 있는 군대가 없었기 때문이라고도 지적할 수 있다. 재정능력이 없으니 군을 유지할 수 없으며, 군을 유지할 수 없으니 일본군이나 청국군에 의지할 수밖에 없게 되고, 타국의 군대에 의존하게 되니 주권을 행사할 수 없게 된다. 하나의 법과 하나의 주권을 행사하기 위해서는 군대와 관료기구가 있어야 한다. 군대를 유지하는 데 소용되는 재원을 효율적으로 동원하는 정부 관료기구의 설립을 전제해야 했다. 그래서 군대와 관료의 관계는 '강제추출순환'(强制抽出循環 ; coercion-extraction cycle)이라고 부를 수 있다. 강제추출의 능력을 강화한 과정이—이를 정당화하는 이데올로기의 대두와 더불어—서구 근대국가의 발전과정이라고 할 수 있다. 조선조는 요컨대 강제추출 능력이 결하였기 때문에 멸망한 것이라고 할 수 있겠다.

이렇게 돌이켜 보면 조선조가 맥없이 허물어진 이유를 알 수 있을 것이다. 그런데 이렇게 맥없이 허물어지는 것을 보고도 체념하게 한 것이 있었다. 서양에서 들어온 진화론이다. 한국의 진화론은 약자가 어떻게 하면 강자가 될 수 있는지를 알려주기도 하였지만, 강자인 일본이 약자인 조선을 병탄하게 되었을 때, 이를 자연의 법칙으로 받아들이게 하는 역할도 했던 것이다.

을사늑약 이후 1905년 12월에 천도교를 창건하여 동학을 근대적 종교로 발전시킨 손병희(1861-1921)는 민회를 통하여 민을 문명화하면서 '교정쌍전(敎政雙全)'이라는 개념으로 도덕에 바탕을 두는 새로운 국가건설사상을 제시하였다. 그리고 그후에—해방공간에까지 연관이 되는 일이지만—천도교의 전위단체로 결성된 청우당은 자본주의와 공산주의의 한계를 극복하고 동학의 이상국가론으로 보국안민을 실현하려는 조선적인 신민주주의를 국가건설사상으로 제시하였다.

여기서 병탄 전후와 일제강점기에 형성된 민족, 공화정 그리고 자유주의와 사회주의 사상의 대두가 국가건설사상에 가지는 의미를 통시적으로 간략하게마나 짚어보는 것이 좋을 것 같다. 그렇게 하여야만 일제강점기와 해방공간에서 배태된 국가건설사상의 전모를 파악할 수 있기 때문이다.

조선조가 외세의 개입과 내분으로 강한 힘을 가지지 못하게 되자 조선조라는 정치조직체를 전제하지 않고서도 범주화할 수 있는 새로운 공동체를 상정할 필요가 있었다. 그리고 강점기에 접어들게 되면서 우리는 국가는커녕 자주적인 정치적인 조직조차도 향유할 수 없었다. 그래서 우리가 의존할 만한 것은 결국 민족뿐이있다. 이에 조선조에서 백성에 해당하는 실체를 '종족', '동포' 그리고 '민족'이라는 개념으로 보게 되었다.

그런데 곧비로 민족이라는 개념에 의존한 것은 아니다. 동포라는 개념에 우선 의존하였다. 그런데 조선시대에는 동포애를 실현하는 주체는 국왕과 관인(官人), 유생들로 이루어진 지배층에 한정되어 있었다. 이 주체가 백성을 대상으로 동포애를 실현하고자 하였던 셈이다. 그러므로 백성은 동포애를 실현하는 대상에 지나지 않았다. 이에 반하여 독립협회 시기에는 동포애의 실현 주체는 문명개화론자들이었다. 그런데 이 실현하는 주체는 만민공동회를 거치면서 문명개화운동에 참여하는 인민에게 확대되었다. 이러한 맥락에서 이제까지 정태적이고 수동적이며 도덕적인 책임이 강조되었던 동포가 동태적이고 주동적이며 정치적 동원을 의미하는 운동체로서의 동포로 전환되었던 것이다. 그런데 동포를 강조한 사실에서 나타나듯이 혈통이 민족의 가장 본질적인 구성요소로 이해되었다.

그런데 개항 이후에 민족이나 민족주의라는 개념이 생성되는 과정에는 세계질서에 대한 인식과 관련이 있었기 때문에 사회진화론적인 인식과 인종론적 관점에 기반을 두고 있었다. 이들이 인식한 세계질서가 바로 인종경쟁의 모습이었다. 그래서 이에 기반을 두고 자연스럽게 동양 삼국의 황인종의 연대를 주장할 수 있었다. 따라서 적어도 러일전쟁 개전 초기까지는 황인종이라는 인종에 의존하는 동양주의와 조선의 독립은 양립 가능하다고 보게 되었다.

그러나 러일전쟁이 발발한 직후에는 공동운명체로서의 한반도 주민집단의 생존의 위기가 절실해져 인종경쟁의 논리에서 벗어나서 종족보존의 논리가 등장하였다. 그래서 러일전쟁 이후 한반도의 주민집단을 의미하는 개념으로 '민족'이라는 용어가 사용되었다. 즉, 황인종의 연대를 통한 국가 독립이 여의치 않다는 점을 깨닫게 되자 인종이 아닌 민족에 의존하게 되었다

동포를 강조한 데에서 나타나듯이 혈통이 민족의 가장 본질적인 구성요소라고 이해되었고, 민족은 언어, 역사 그리고 문화를 공유

하는 인종집단(ethnic group 혹은 ethnos)이라는 의미가 강했다. 이것은 전근대의 영역에 속하는 인간집단으로 나중에 '네이션' (nation ; 국가를 구성할 자격을 갖춘 집합적인 공동체)을 구성하는 모체, 즉 민족체(nationality)에 해당될 뿐이다. 기껏해야 인종집단이나 민족체에 해당하는 것을 네이션으로 간주하다 보니 마치 민족(네이션과 일치시켰지만 실제로는 인종집단)이 초역사적인 자연적 실재인 것처럼 부각되었다. 어쨌든 일제강점기를 거치는 사이에 백성이 아니라 민족이라는 개념이 국가를 구성하는 원재료로 등장할 수 있게 되었다.

또한 이 과정을 거치는 사이에 주요한 의식 변화가 생겼는데, 이는 다름 아닌 공화정을 수립하는 것을 당연한 것으로 여기게 되었다는 점이다. 대외적으로 자주독립을 요구한 1919년의 3 · 1운동은 대내적으로는 왕정에서 공화정으로 전환하는 결정적인 분수령이 되었다. 국권의 상실로 인한 조선왕조의 해체, 인권 및 민권사상의 대두, 중국의 공화제 채택, 3 · 1운동, 그후 임시정부의 민주공화제의 채택 등으로 군주제에로의 복고는 우리의 뇌리에서 서서히 사라지게 되었다. 공화제를 채택하기로 한 것은 신분제와 봉건제가 존속하는 한에는 모든 사람을 평등하게 하여 평등한 동포 혹은 민족을 바탕으로 하여 애국심을 함양하게 할 수 없었기 때문이기도 할 것이다. 그렇다면 민족을 바탕으로 하여 공화정을 만들어야 한다는 데에는 어느 정도 합의가 형성되었다고 할 수 있을 것이다.

여기서 어떠한 형태의 공화국을 만들 것인가 하는 문제가 제기되었다. 바로 이 점에서 자유주의와 사회주의 사상의 분열이라는 문제에 직면하게 되었다. 이러한 사상의 분열은 결국 대외적인 민족해방운동과 대내적인 계급해방(봉건제청산), 즉 근대적인 사회구조의 정립과 국가의 건설이라는 문제를 해결하는 데에 있어서 우선순위와 방법에 대한 문제라고 하겠다. 그래서 결과적으로 근대적인 사회와 국가의 모습을 어떻게 규정할 것이라는 문제로 나타나게 되었다. 이것은 다른 말로 하면 민족을 바탕으로 하여 공화정을 수립하였을 경우에 민족은 국민(네이션)이 되게 마련인데, 그렇다면 국민의 어떠한 계층이 국민이라는 집합체 내에서 주도권을 장악하는 것이 옳은가 하는 문제이다. 여기서 사회주의 사상은 조선조의 피지배층, 즉 백성에 해당하는 이들, 혹은 일제강점기의 피지배층, 농민과 노동자들이 주도권을 장악하여야 하는 것이 옳다고 보는 것이다.

강점기의 국가건설사상을 짚어볼 경우 신민회를 언급해야 할 것이다. 1907년과 1911년 시기의 신민회의 사상적 지주는 발기인 안창호, 윤치호 그리고 신채호였다. 이들은 유교적인 가치에 근거를 둔 위정척사파와는 다르게 근대적 가치에 입각하여 국가를 건설하고자 하였다. 애국계몽단체처럼 초기에는 자강독립론을 제시하였지만 후기에는 선독립론을 제시하였다. 즉, 신민회는 국내에서의 국권회복운동의 한계를 느끼면서 비밀리에 해외에서 항일독립운동을 전개할 것을 계획하였다. 따라서 1910년 국권이 상실된 이후 중국 지역에서 전개된 독립운동은 신민회의 국권회복운동의 연장선상에서 이루어졌다. 이렇듯 신민회가 1910년대 이후 전개된 독립운동에 계승되면서 신민회가 추구했던 공화주의적 국가건설 지향성은 독립운동에 계승·발전되면서 확산되어 갔다. 그 결과 3·1운동과 대한민국임시정부의 수립을 계기로 독립운동사에서 공화주의 국가건설 이념이 정착되었다.

다른 한편, 사회주의 사상은 3·1운동을 전후하여 수용된 이래

1920년대 민족운동 진영에 급속하게 확산되었고, 대중적 조직을 갖춘 유력한 운동으로 자리잡았다. 그 결과 1923년 이후에는 민족주의 운동과 사회주의 혹은 공산주의 운동은 민족운동의 양대 진영으로 뚜렷하게 나뉘면서 두 세력의 대립과 연합이 반복되는 상황이 전개되었다. 민족해방운동 진영이 좌우익으로 양분되었던 1920년대 사회주의 운동을 이끌었던 배성룡(1896-1964)과 안광천(1897-?)은 민족해방을 위해서는 좌우익의 분열과 대립을 극복하고 우익 민족주의자와의 연합을 주장하면서 이를 뒷받침하기 위한 이론을 제시했던 대표적 이론가였다. 제1세대 사회주의자로서 제2차 조선공산당의 이론가였던 배성룡은 민주공화국 건설을 지향한 데에 반하여, 제2세대 사회주의자로서 제3차 조선공산당을 이끌면서 신간회 결성을 주도하고 그 이론적 기초를 마련했던 안광천은 혁명적 인민공화국 건설론을 제시했다. 두 사람의 국가관은 국민주권주의에 의거한 공화주의 국가라는 점에서는 공통적이었다. 그러나 국가 권력의 주체가 누가 되어야 하는 점에 있어서는 차이가 있었다. 배성룡은 부르주아 계급에 의한 일정 기간의 주도권을 인정했으나 안광천은 프롤레타리아 계급의 실질적인 주도권 확립을 겨냥하고 있었다. 두 사람이 갖는 국가관의 차이는 1945년 해방 이후 좌우 통합적인 중도세력과 좌익의 국가건설론의 차이의 단초가 되었다. 즉 해방정국에서 배성룡은 '신형민주주의'를 제시함으로써 다른 중도파 지식인들과 유사하게 계급연합 정권적인 국가건설을 제시했는데, 박헌영은 안광천의 혁명적 인민공화국 건설론과 유사한 프롤레타리아트의 주도에 의한 부르주아 민주주의 혁명론을 제시했다.

이족전제와 군주전제를 경험한 조소앙(1887-1959)은 복국, 건국 그리고 치국을 혁명의 목표로 규정하고 민족의 대동단결과 참여조직의 자율성이라는 실천이념에 입각해 이 목표를 실현하려는 삼균주의 사상을 정립하였다. 그는 개인 간, 민족 간, 국가 간의 균등(광의의 균등)뿐만 아니라 균권, 균부, 균지(협의의 균등)가 구현되는 전민적 민주주의라는 국가의 상을 제시하였다. 그의 사상은 동서양 사상의 융합뿐만 아니라 좌우의 합작을 모색하였다는 점에서 특기할 만하다.

3. 해방공간

일제의 강점이 종식되고 일제로부터 해방이 되었다. 엄밀히 말해 이 해방은 자력이 아니라 미국과 소련에 의한 것이었다. 우리는 해방에서 곧바로 독립(independence)을 열망하였지만 미국과 소련은 점령군의 자격으로 적국 영토에 대한 통치권의 접수를 원하였다. 타인이 우리를 그렇게 평가하고 있다는 것을 우리는 올바르게 깨닫지 못하였다. 게다가 해방 전후의 독립운동 세력은 국제정치의 기본적인 속성에 대해 일반적으로 잘 알지 못했다.

일제로부터 독립된 1945년 8월 15일로부터 '대한민국'이 수립되고 '조선민주주의 인민공화국'이 수립된 1948년 9월 9일까지를 '해방 3년'이라고 부른다. 해방자에 의하여 해방이 강요된 해방공간에서 점령군과 피해방자 사이에 독립국가의 부재라는 민족적인 갈등만이 있었던 것이 아니라, 피해방자들 사이의 지배계층과 피지배계층 사이에는 '계층적인 갈등' 혹은 '계급적인 갈등'이 나타났다. 따라서 일제강점기에 누적되었던 민족적인 모순과 계급적인 모순을 해결할 수 있는 국가건설사상을 제시해야 했다. 일제 잔재의 청산과 토지개혁은 이 모순을 해결하는 최소한의 과제였다. 그런데 1920년대 말에 우익 민족주의 운동과 좌익 사회주의 운동의 결합을 추구하였던 신간회 운동이 끝나면서 민족주의 운동과 공산주의 운동은 분화하여 대립적인 관계에 들어서게 되었다. 이러한 상황에서 해방정국에서 사회를 재편하는 방향을 제시하면서 새로운 국가상을 제시하여야 하는 과제에 직면하게 되었다.

이렇게 본다면 일제 말기에 중도좌파적인 민족해방조직으로 조선건국동맹을 결성하였으며 해방공간에서 건국준비위원회와 인민공화국을 급조하였던 여운형(1885–1947)은 진보적인 사상을 가졌던 이로 볼 수 있다. 그가 목표로 삼은 것은 식민지 상황에서는 자주독립이며, 해방정국에서는 좌우합작에 의한 진보적 민주주의 통일국가의 건설이었다. 비록 실패는 하였지만 여운형은 각 참여집단의 자율성을 인정하면서 연대를 통해 진정한 민주국가를 건설하고자 했다.

좌우익의 정치연합 필요성을 역설하였던 이로는 백남운(1895–1974)을 또한 들 수 있다. 그는 '민족해방과 사회해방의 이중적 과제가 조선민족에 부과된 정치적 사명'이라고 주장하면서 프롤레타리아트의 주도에 의한 박헌영의 부르주아 민주주의 혁명단계론을 반대하고 연합성 신민주주의론을 제창하였다. 당시의 사회주의자들이 고심한 것은 자본주의의 미발달로 인해 프롤레타리아트 계층이 두텁지 않았던 점과 민족의 해방이라는 문제를 동시에 해결해야 했다는 점이다. 그래서 인민민주주의 형태를 띠면서 인민에 누구를 포함시켜야 하는가라는 문제를 놓고 고심하였다. 백남운은 민족독립을 위해 일부의 유산자와 전 무산자가 동맹을 형성할 가능성이 있으며, 민족주의자와 공산주의자 간의 상호 이해가 필요하다고 판단하여 연합성 신민주주의론을 주장하였던 셈이다.

건국준비위원회로부터 이탈하였던 안재홍(1891–1965)은 신민족주의를 제시하였다. 자본주의와 공산주의라는 좌우파 간의 이념대결과 계급투쟁이 지양되어야만 민족통합과 자주독립이 가능하다는 자각 하에 이념대결과 계급투쟁을 지양할 수 있는 제3의 이념으로 신민족주의가 제창된 것이다. 그래서 '통일민족국가'를 완성하기 위하여 안으로는 '만민개노'와 '대중공생'을 원리로 하여 계급독재를 지양시킨 초계급적 전 민족의 국가를 건설하고, 밖으로는 자주독립의 토대 위에 '인류대동'의 국제협동에 이바지하는 것을 목표로 하고 있다. 현실적으로 그는 임정을 보강함으로써 외세를 극복하자는 대안을 제시하였는데, 이것이 당시 국내외의 정치적 정황에 적합하였다고는 볼 수 없다.

누구를 인민에 포함시키느냐라는 문제에 관해서는 일제강점기 공산주의 운동을 전개했으며 해방 직후 국내 공산주의 운동의 지도자로 활동했던 박헌영(1900–1955)은 친일파, 민족반역자 등을 배제할 것을 주장하였다. 이렇게 민족통일전선을 형성하여 자주, 독립, 자유 그리고 평등에 바탕을 두는 "완전한(진보적) 민주주의 독립국가" 혹은 사회주의 국가건설을 제시하였다. 박헌영은 자신의 의도를 실천하는 데 있어서 첫 번째 장애요소였던 여운형을 정치영역의 중심에서 밀어내고자 하였다. '좌우'의 공존이 강조되고 인정되는 한, 박헌영은 '힘의 투쟁'에서 자신의 정치적 위상을 강화시킬 수 없었기 때문이다.

통일한국을 건설하는 데에 이념대립을 지양하겠다는 일념은 김구(1876–1949)에게서도 나타난다. 그 이면에는 민족의 혈통은 영원하며, 영원하여야 한다는 생각이 담겨져 있다. 그래서 그는 북행을 감행하여 남북협상을 시도했다. 실패는 하였지만 민족자주에 의한 통일된 민주주의 국가, 그리고 문화력에 바탕을 둔 아름다운 국가를 건설하고자 한 그의 열망은 그후에 한국인에게 큰 영향을 미쳤던 것이다. 그러나 그의 자주노선은 외세의 불신을 가중시킨 측면도 있다고 하겠다. 그렇지만 민족주의적인 법통을 이어서 통일 자주정부를 수립하고자 한 노력은 높이 평가되어야 할 것이다.

이어서 봉건적인 사회구조 및 질서를 타파하고 자유, 평등 그리고 정의에 기초를 두는 국가를 건설하려는 노력을 사회주의자인 조봉암(1898–1959)에게서도 찾을 수 있다.[1] 그는 발전적 민주주의와 사회적·시장경제적인 관점에서, 그리고 농가회의라는 상설조직을 통하여 참여를 통한 평등을 달성하고자 하였다. 그러나 그의 국가건설사상이 사회주의 이념이 아니라 민주사회주의 정치이념에 토대를 둔 국가건설사상을 제시하였다고 하겠다.

이념의 통합을 기대하지 않고 자유민주주의적 국민국가의 건설을 성공시킨 주역은 어디까지나 이승만(1875–1965)이라고 하겠다. 그의 반공, 친미적인 성향은 정치의 여정에서 찾을 수 있다. 혈통이 같은 민족이 자유민주주의란 정치적인 원칙에 합의한 것으로 간주함으로써 대한민국이라는 자유민주주의적인 국민국가를 만들었던 셈이다.

1. 원래 본 연구에서 계획한 조봉암의 국가건설사상은 일제강점기였다. 하지만 그의 국가건설사상이 구체적으로 표현되는 것은 해방정국과 1950년대였던 까닭에 이 연구에서는 이 시기를 중심으로 조봉암의 국가건설사상을 고찰했음을 밝혀둔다.

해방 이후에 정치지도자들은 거의 대부분 민족을 국가건설의 중요한 요소로 제시하였다. 이 무렵의 국가건설사상은 민족과 계급의 관계, 그리고 혈통에 의한 민족과 정치적 원칙에 합의한 국민(nation)의 관계를 어떻게 정립하는가라는 것이 문제였다고 볼 수 있다. 그런데 민족과 계급의 관계라는 문제는 민족해방과 사회해방이라는 과제와 연관이 된다고 하겠다. 이 두 가지 당면과제를 어떻게 해결하여 어떠한 방식으로 민족을 국민으로 만들 것인가라는 문제가 국가건설사상의 핵심적인 문제였다고 볼 수 있다.

이 문제는 또한 해방정국 시기 국가건설 지향을 둘러싸고 보수와 진보라는 편가름과 연관된다고 하겠다. 일반적으로 자유주의 계열은 보수로, 사회주의 계열은 진보로 간주되었다. 그러나 조선조가 무너지고 일제강점기를 거치는 사이에 공화정의 수립이 우리에게 자연스러운 열망이 된 상황에서 보수의 기점을 잡는다는 문제는 어려운 일이다. 왕정복고를 보수의 기점으로 삼을 수도 없고, 그렇다고 일제강점기를 보수의 기점으로 삼을 수도 없다. 그렇기 때문에 조선조와 일제강점기에 비추어 보면 자유주의 국가와 사회주의 국가건설사상은 모두가 진보라고 볼 수 있다. 자유민주주의에 의한 국가건설사상을 보수, 사회주의에 의한 국가건설사상을 진보라고 하는 것은 세계사적인 조류에서 사회주의가 보다 평등을 위하는 진보적인 사상이라고 여겨졌기 때문이라고 할 수 있다.

우익과 좌익 그리고 보수와 진보라는 문제는 국민이 되는 과정에서 결국 어느 계층이 주체적인 역할을 해야 하며, 그후 국민이라는 집합체에서 어느 계층이 주도권을 장악하여야 하는가라는 문제이다. 그렇기 때문에 이는 1920년대 이후의 국가건설사상과 밀접하게 연관된다고 하겠다.

프롤레타리아트 계층이 허약한 한국의 실정에서는 진정한 의미에서 사회주의 국가를 건설할 수 없었다. 그리고 대외적, 즉 민족적 모순을 우선적으로 해결하여야 할 과제가 있었기 때문이었기도 하지만 사회주의자들이라도 이념대결의 지양, 연합성 신민주주의, 민주통일전선이라는 구호를 전면에 내걸지 않을 수 없었을 것이다.

마찬가지 이유에서 인민민주주의에서 출발할 수밖에 없었던 김일성(1912–1994)은 공산주의자 여부가 아니라 친일파 여부라는 기순에서 자본가와 지식인의 일부를 국가건설의 주체에서 배제하였다. 김일성의 이상적인 국가상은 공산주의 국가였지만 상황적 적합성이라는 점에서 볼 때, 노동자와 농민이 동맹을 맺는 좌파적인 농민국가를 건설하지 않을 수 없었다.

그는 이러한 국가를 건설하는 과정에서 민주기지노선을 정치노선으로 삼았다. 그의 민주기지노선은 장기적으로 통일국가를 목표로 하기 때문에 논리적으로는 통일노선이었지만, 단기적으로는 단독정권 수립을 목적으로 하였기 때문에 분단노선이었다. 이와 같은 복합적인 성격을 갖고 있는 민주기지노선으로써 현실정치를 이끌어 갔으며, 사실상의 완전한 정부라고 볼 수 있는 '북조선임시인민위원회'를 1946년 2월에 소집하여 모스크바 결정에 반대하는 우익의 조만식(1882–1950)을 제거한 후에 결국 그는 1948년 9월 9일 조선민주주의인민공화국을 탄생시켰다.

4. 해방공간에서 표출된 국가건설사상에 대한 해석과 그 전망

국가건설을 주도한 이들은 자력이 아니라 미국과 소련에 의해 한반도가 해방되었다는 사실을 잘 알고 있었다. 하지만 이들은 국가건설에 작용하게 되는 외세의 실질적인 역할을 현실적으로 깨닫지 못하였다. 그나마 국제정세를 읽는 현실주의자는 남한에서는 이승만뿐이었다. 그러나 그는 이념적으로 편향되어 국가건설에 있어서 그 한계가 출발부터 노정되었다.

반면에 친미친소라는 균형적인 입장을 취하였던 중간파들은 외세에 의한 해방이기 때문에 외세를 인정하기는 하였지만 외세에 대한 타협과 조정에 대한 인식은 철저하지 못하였다. 비현실적으로 자주적인 역량만을 강조하면서 당위론적인 자주정부의 수립만을 주장했던 것이다.

그렇다면 이승만과 김일성은 반쪽에서나마 국가건설을 할 수 있었던 이유는 무엇인가? 크게 보아 김 구의 임정은 반탁운동을 거치면서 국내적인 분단구조를 야기시켜서 이승만을 중심으로 하는 극우파에게 세력을 유실당하였다고 하겠다.

1948년 5 · 10 총선에서 반공 · 친미노선의 이승만과 한민당이 최후의 승리자가 되었다. 그렇게 될 수 있었던 것은 크게 보아서 탁치안(託治案) 공방에서 우익세력이 반탁을 지지하였기 때문이라고 하겠다. 이렇게 함으로써 해방공간에서부터 좌익이 선점하였던 민중의 호

웅을 민족주의의 기치를 내건 우익이 이어받을 수 있었다. 그래서 미소공동위원회가 결렬된 상황에서 이승만은 1946년 6월 3일에 정읍발언을 시발로 하여 남한만의 단독정부 수립을 공개적으로 추진하였다. 해방정국 초기에는 민중의 광범한 지지를 받던 좌익은 제2차 미소공동위원회가 결렬되자 남로당이 무장투쟁노선을 걷게 되어 급기야 대중정당의 기반을 상실하고 1946년 9월 이후로 불법화되었다. 이러한 상황에서 남한에서 단독으로 1948년 5월 10일에 제헌국회의원 선거가 실시된 것이다. 즉 북한지역의 대표가 없는 제헌의회가 소집되어 1948년에 8월 15일에 정부가 수립되었다. 반면에 북한은 남한 대표 360명을 포함한 572명의 최고인민회의를 1948년 9월 2일에 평양에 소집하여 '조선민주주의 인민공화국 헌법위원회'를 구성하고 이에 따라 1948년 9월 9일에 정부를 수립하였다. 대한민국의 헌법을 제정하는 데에는 북한의 대표가 없었다는 점을 들어서 북한은 자신에게 정통성이 있다는 것을 아직까지 주장하고 있다.

결국 일제강점기에 대내외 모순을 해결하는 청사진에 대한 합의가 없었기 때문에 해방 후에도 사상의 분열은 지속되어 사회적으로는 친일분자 청산문제, 평등의 문제(토지개혁)를 중심으로 대립이 되고, 독립국가의 모습에 대한 주장이 상반된 데에다가 국제정치적인 권력의 역동성으로 인하여 결국 남북이 분단된 셈이다.

대한민국이 건국되었다고는 하지만 어떤 면에서는 주어진 국가였다는 점에 유의하여야 한다. 그래서 국경선으로 구획이 지어지는 일정의 영역으로 성립된, 주권을 갖춘 국가로서 그 중에 사는 사람들(nation ; 국민)은 국민적 일체성(national identity)에 대한 의식을 공유하고 있는 국가를 국민국가(nation-state)라고 부른다면, 한반도 내에는 두 개의 주권과 두 개의 법이 있으므로 '1민족 2국가'이며, 대한민국의 국민과 북한의 공민 사이에는 국민적인 일체성이 없으므로—형식적으로 보아도 각기 다른 헌법을 준수하기 때문에—같은 네이션이라고 보기 힘들다. 그리고 남한, 즉 우파 혹은 자유민주주의자가 한민족 공동체라고 하였을 때의 민족에는 모든 한국 사람이 포함되지만 인민민주주의에서 출발한 북한의 입장에서는 그 민족 중에서 일부를 배제하여야 한다. 그래서 같이 민족이라고 하더라도 그 의미가 다를 수가 있다. 나아가 대한민국 내에서 아직까지 보수와 진보 내지는 좌우익의 논쟁이 있다는 것이 정치적인 원칙에 대한 합의가 없다는 것으로 볼 수 있다면 대한민국 내에서도 국민적인 일체성이 있는지, 나아가 진정한 의미에서의 네이션이 형성되었는지를 의심할 수도 있다.

남북한 사람을 두고 흔히들 '같은 민족'이라고 부른다. 그러나 준봉하고 있는 정치적인 원칙을 달리 하고 있기 때문에 같은 네이션이라고 볼 수는 없다. 같은 민족이라고 부를 때의 민족은 언어, 역사 그리고 문화를 공유하는 인종집단이라는 의미가 강하다. 그런데 남북의 사람들은 근 60년간 다른 역사를 걸어왔다. 분단 이전의 오랜 역사에서 문화를 같이 하였기 때문에 민족이라고 부를 수 있다면, 분단이 장기화되어 문화도 차이가 날 정도로 다르게 된다면 예전에 같은 언어, 역사 그리고 문화를 공유하였기 때문에 같은 민족이라고 부를 수 있다는 근거도 희박해진다. 예를 들면, 오늘날의 독일인과 프랑스인들은 프랑크왕국에서 갈라져서 형성된 것이다. 갈라져서 살게 된 역사가 오래 된 오늘날에 와서 독일인과 프랑스인을 같은 네이션이라든가 같은 민족이라고 부르지는 않는다.

어쨌든 같은 민족인 남북한 사람들이 통일국가를 형성하는 것은 바람직한 일이다. 하지만 통일국가를 향해 접근함에 있어 유의해야 할 점은 이상의 것만이 아니라, 후발국가인 대한민국이 건국될 무렵에 이미 유럽은 오늘날의 유럽공동체에 대한 논의, 즉 결과적으로 국민국가의 해체에 대한 논의가 시작되었다는 점에도 유의해야 할 것이다.

참고문헌

❖ 강광식 외, 1998,『조선시대 개혁사상 연구』, 성남시 : 정신문화연구원.

❖ 權用基, 1998,「《독립신문》에 나타난 '동포의 검토'」, 한양대학교 대학원 사학과 박사논문.

❖ 김영국 외, 1993,『한국의 현대정치』, 서울 : 서울대학교 출판부.

❖ 남광규, 2004,「해방초 국내외 정치세력의 대외인식과 대외노선을 둘러싼 세력투쟁」,『한국외교사논총』, 제24집, 제2호, 서울 : 한국정치외교사학회, 49-86.

❖ 朴明圭, 2001,「한말 '사회' 개념의 수용과 그 의미체계」,『사회와 역사』 투고논문(2001, 4, 14).

❖ _____, 1998,「근대 한국의 타자인식의 변화와 민족정체성」,『사회사연구의 이론과 실제』(서울 : 한국정신문화연구원). 113-155.

❖ 심지연, 1994,『허헌연구』, 서울 : 역사비평사.

❖ 유미림, 2002,「서학에 대한 인식과 대응의 역사적 추이」,『한국외교사논총』, 제23집, 제2호. 서울 : 한국정치외교사학회, 33-60.

❖ 장인성, 2002,「동아시아의 문명과 국제사회」,『한국외교사논총』, 제24집, 제2호, 서울 : 한국정치외교사학회, 63-92.

❖ 전복희, 1996,『사회진화론과 국가사상』, 서울 : 도서출판 한울.

❖ 鬼頭淸明, 1994,「國民國家お遡る」, 歷史學硏究會(編),『國民國家お問う』, 東京 ; 青木書店 ; 219-241.

❖ 木畑洋一, 1994,「世界史の構造と國民國家」, 歷史學硏究會(編),『國民國家お問う』, 東京 ; 青木書店 ; 3-23.

❖ Finer, S. E. 1997, *The History of Government From the Earliest Time*, Oxford :

Oxford University Press.

❖ Forsyth, Murray, 1987, "State" in David Miller(ed.), *The Blackwell Encyclo-paedia of Political Thought*, Oxford : Oxford Publishing Services ; 503–506.

❖ Hobsbawm, Eric, 1990, *Nations and Nationalism since 1780*, Cambridge : The Press of the University of Cambridge.

제 1 장

이승만의 국가건설사상 :

자유민주주의 국가건설

이시형 (대구한의대)

Ⅰ. 들어가는 말

1980년대는 정치학을 포함한 사회과학분야에서 소위 신진학자들이라고 일컬어지는 일단의 연구자들이 이전의 전통주의적 시각에서 벗어나 좌파 내지 수정주의적 시각에서 해방전후의 한국사회의 재조명을 시도한 시기로 볼 수 있다. 이후 이들은 해방전후사에 대한 연구를 수행함에 있어서 한반도 분단의 책임이 미국의 제국주의 정책과 이에 영합한 우익보수세력에 있는 것으로 분석하고 평가하고 있다. 대한민국의 건국과 반공, 그리고 자유민주주 체제 수호라는 면에서 보수우익세력들이 기여를 했다는 전통주의적 시각에 대해 이들은 부정적이고 비판적으로 평가하고 있다. 특히 노무현 정부가 들어서면서 집권세력과 그에 부응하는 여러 진보적인 시민세력들이 시도하고 있는 소위 과거사에 대한 재평가작업은 보수우익세력에 대한 본격적인 비판의 신호탄이 된다 할 것이다. 이에 대응해서 보수 우익세력들이 벌이고 있는 소위 new right 운동이나 신자유주의 운동은 우리에게 해방 이후 전개되어 온 우리 역사에 대한 활발한 논의의 장을 만들었다고 할 수 있다. 이러한 면에서 보수우익세력의 대표자이고 시발점이라고 할 수 있는 이승만에 대한 분석은 이러한 추세에 부합하는 시의적절한 시도라고 볼 수 있다. 대한민국 최초의 대통령이자 분단 이후 남한사회의 성격을 형성시키는 데 결정적인 역할을 했다고 볼 수 있는 이승만의 친미적 자유민주주의 국가건설사상을 해부해 보고 재구성하는 것은 큰 의의가 있다고 본다.

본 글에서는 크게 구한말부터 해방 이전까지 기간과 해방 이후의 3년간의 기간으로 나누어서 이승만의 친미적 자유민주주의 국가건설사상을 살펴보고자 한다. 해방 이전의 시기는 독립된 민족국가 건설과 해방을 준비하는 이승만의 국가건설사상의 준비기로서 친미적 자유민주주의 국가건설사상이 어떻게 형성되고 확립되었는가를 독립정신과 일본 군국주의의 실상을 중심으로 분석하고자 한다. 그리고 해방 3년간의 기간에서는 초기의 제 정치세력과 상해임시정부, 신탁통치안, 좌우합작, 그리고 단독정부 수립에 대해 이승만이 보인 반응과 대응을 중심으로 분석하고자 한다. 다시 말하면 단독정부 수립 이전의 3년간의 해방공간에서 이승만이 이전에 확립시켰던 친미적 자유민주주의 건국사상을 민족주의, 친미적 자유민주주의 정체론, 그리고 반공이념의 차원에서 어떻게 적용시켰는가를 알아보는 것이다.

Ⅱ. 구미중심적 자유민주주의 민족국가건설사상의 형성(구한말 개화에 대한 이승만의 개인적 자각을 중심으로)

어린 시절에 당시의 다른 양반자제들과 마찬가지로 전통적인 유교교육을 받고 자란 이승만은 “중국고전, 역사, 문학, 그리고 종교 등에 관한 책을 습독하고 과거시험을 보는 것”을 자신의 의무로 여겼고, “유교만큼 훌륭한 종교는 있을 수 없다”고 믿고 있었다.[1)]

이처럼 유교에 대한 강한 신념을 가졌던 이승만이 급진적인 개화론자로 전환하게 된 계기는 청일전쟁과 갑오경장을 겪고 난 후였다. 청일전쟁은 동양의 구세계가 서구문명의 광범한 영향을 무시할 수 없다는 것을 일깨워 주었으며, 배재학당에 입학하여 기독교와 서구 정치에 대한 교육을 받은 이승만은 거의 종교적 신념에 가까운 개화론자가 되었다.[2)]

---

1. 이승만/이정식 譯註, 「청년 이승만 자서전」, 『신동아』(1979. 9), p. 436.
2. 「청년 이승만 자서전」, 그의 신앙은 개인적 차원의 구원보다는 기독교를 통한 나라의 구원을 바라는 정치적 차원으로 이어졌다. 그것은 신자가 되기 이전인 배재학당시절에 이미 배태된 것으로서 그당시 그의 마음에 혁명적인 충격을 준 것은 “기독교국가에 사는 사람들은 법에 의해서 그들 통치자의 독재로부터 보호되어 있다는 말” p. 438 ; “부럽도다 저 개명한 나라들에서는 사람의 몸과 집안과 나라를 통해 하느님의 도로써 구원을 얻었고 … 한국도 이 세대에 처하여 풍속과 인정이 일제히 변하여 새것을 숭상하여야 할 터인데, 예수교는 본래 교회속에 경장하는 주의를 포함한 고로 예수교가 가는 곳마다 변

이승만에게 있어서 개화는 서양의 문명을 기독교와 일체화시킨 급격한 서구화였으며, 이는 전통적인 유교적 가치관, 정치관 그리고 세계관으로부터의 단절[3)]을 의미하는 것이었다. 개화를 하기 위해서 이승만은 우선 교육을 통해 "수천년간 내려온 병들고 썩은" "고질된 구습을 벽파"하여 "새교화의 자유하는 도"로써 "오랜 풍속의 결박밧은 민심"을 풀어주고, "마음의 결박"을 풀 것을 강조하였다.[4)] 이승만은 개화 정도에 따라 세 가지 단계, 즉 야만, 반개화, 개화[5)]라는 문명관

혁하는 힘이 생기지 않은데 없고, 예수교로 변혁하는 힘인즉 피를 만히 흘리지 아니하고 순평(順平)히 되며 한번 된 후에는 장진이 무궁하야 상등(相等) 문명에 나아가나니 이는 사람마다 마음으로 화하야 실상에서 나오는 연고라 … ", 조선일보사 편, 『뭉치면 살고 … 』, 조선일보사, 1995, pp. 149－150 ; 『신학월보』 1903년 9월호에서도 "대한사람의 새물줄기는 예수교회라", 상게서, p. 153 ; 『신학월보』 1903년 11월호, "예수교로써 변하시키지 않으면 독립할 생각이 들 수 없는 고로 … 우리도 오늘부터 깨달아 우리 손으로 힘들여 나라를 미국, 영국같이 만들어 놓고, 세계 각국에 대한 선교사를 파송하여 야만과 미개한 인종들에게 전도할진대 우리의 나중 복도 크겠고 우리의 권리도 커지겠고 우리나라의 영광도 영국, 미국같이 드러날지라", 상게서, pp. 158－159.

3. 고서를 전력하야 사기와 지지를 힘쓰며 통감 사략등 「청국」사기만 공부하지 말고 각국의 지는 사적과 당시 형편을 의론한 모든 서적과 정치 교화 풍속이며 각색학문상 서책을 구하여 천문지리가 엇더하며 리학 철학 화학 산학 법학 의학 농학 상학 경제 정치등 모든 학문을 주의하야 인간천사에 남아는것을 다 알려고 힘쓰며 …. 몬저 깨달은 것은 지금 세상에 새것이라 하는것은 각국의 여러가지를 비교하야 제일 조흔 것으로 택하고 더 정긴히 만들어 통용하는 것인즉 내나라에서 혼자쓰며 조타하던 것을 가지고 비교할수 업슬지니 비록 나의 조흔 거이라도 다 바리고 새것을 준행하여야 능히 부지할 줄로 깨달을지라 『독립정신』, p. 225 ; 《제국신문》, 1902. 10. 28에서 신학문 교육의 중요성을 강조, 『뭉치면 살고 … 』, p. 361.

4. 이승만 저, 『독립정신』, 1904, 중앙문화협회 간, 1947, p. 93.

5. 문명개화는 사람의 지혜를 늘임으로써 없던 것을 있게 하며 있던 것을 좋게

을 기반으로 하여 구미를 개화의 모델[6]로서 삼았다.

이승만은 정치를 세 가지, 즉 전제정치, 헌법정치, 그리고 민주정치로 구분하였는데, 이러한 세 가지 정체 중에서 헌법정치를 가장 선호하였다. 그 이유는 다음과 같다.

> 별로 전제정치와 다름이 업스되 다만 권리의 방한이 잇서 상하의 회원을 설시하고 백성이 투표하여 명망잇는 사람을 천거하야 의회원이 되며 백성의 권리를 대표하야 크게 관계되는 일을 의론하여 결처하게 하나니 … [영국] [덕국]과 기타황제국이나 군주국이며 동양의 [일본]이다 이정치로 다사려 종사와 황실이 태산반석갓치 평안한 복을 누리며 일국신민이 무궁한 덕화를 입는 바라 이런 나라일소록 내란이 업스며 인군이 편안하샤 … 지금세대에 가장 합당이 역이는 법이라.[7]

그에게 있어서 민주정치는 "제일 선미한 제도"이나 동양에서는 극히 "위험한" 제도로서 인식되었다. 교화와 학문의 정도가 낮은 "[대한]인민들"에게는 헌법정치조차도 "결단코 급히 하지 못할"[8] 제도라

하며, 좋은 것을 더 낫게 하여, 반드시 불선을 하나도 버리는 것이 없게 할 뿐만 아니라 정치법률의 정미한 제도와 인의자비의 지극한 노력이 극진한 정도에 이른 것을 의미한다. 이승만 저, 『독립정신』, pp. 57－58 ;《제국신문》, 1902. 8. 20, 『뭉치면 살고 … 』, p. 304.

6. 그는 유럽을 인물, 교화, 정치, 학문이 육대주에서 제일이자 제일 문명부강하며, 아메리카주는 장차 비교할 나라가 없게 될 국가로 보고 있다. 『독립정신』, p. 34 ; 『독립정신』, p. 52.

7. 『독립정신』, p. 61.

8. 『독립정신』, p. 93.

는 것이 그의 판단이었다. 하물며 "백성이 주장"[9]하는 뜻의 민주주의는 당시의 [대한]국민에게는 합당하지 못할 뿐만 아니라 위험한 제도로 그에게는 인식되었을 것이다. 미국식의 민주정치를 최선의 정치[10]로 보는 이승만의 사고는 건국 후 미국식 정체를 선택하는 데 모태가 되었다.

이승만에 있어서 개화는 개국과 연관짓지 않고서는 생각할 수 없다. 다시 말하면 중국을 중심으로 한 동양적 국제질서에서 유럽을 중심으로 한 국제질서로의 편입을 의미하는 것이었다.[11] 따라서 그는 유럽중심의 국제질서에로의 편입이 불가피함을 주장하였다. 그러면 당시 조선에 중요한 영향을 미치고 있는 중국, 일본, 러시아, 미국 등에 대한 인식은 어떠하였는가? 청국은 전통적인 중화사상을 중시하는 교만함으로 개화로 나아가지 못한 나라로서[12] "필경 명호도 없서지게 될" 멸망해 가는 노제국이었다.[13] 일본은 미국에 의해 1853년 개국 이래로 "이삼십된자들은 남녀를 물론하고 그 성질과 모양이 다 서

9. 『독립정신』, p. 62.

10. "일정한 법률밋혜는 상하귀천 빈부로소 남녀관동의 등분이 조곰도 없고 … 관민의 일체로 영구히 평강한 복락을 일치안는" "참 즐겁고 평안하야 곳 인간에 극락국", 『독립정신』, pp. 63–64 ; 『독립정신』, p. 68.

11. "천하만국에 통치안은 나라이 업스며 만국만민에 열니지 못할자 업나니 … 햇발이 몬저 빗치는 곳도 잇고 혹 나종 빗치는 곳도 잇스나 동서 오는 해를 막을 자는 업스니 … 지금 세상에 잇서서 타국들과 통치안을 수 업는 줄을 깨달을 것이오", 『독립정신』, pp. 218–219.

12. 『독립정신』, pp. 115–116 ; 인접국가들을 서융, 남만, 북적, 동이로 분류하고, 서구국가들을 서양오랑캐로 보고 있다 ; 제국신문, 1901. 3. 28, 『뭉치면 살고 … 』, p. 264.

13. 『독립정신』, pp. 89–91.

양사람갓치 되매 … 다만 그나라 일흠 두글자외에 변치안은 것이 업다"[14] 할 정도로 개화한 나라였다. 특히 러시아의 동방정책을 저지할 수 있는 유일한 국가로 일본을 유일한 국가로 보고 있다.[15] 러시아는 영국과 서구제국에 의해 흑해진출이 실패한 이후 동양에 대한 확장정책을 하는 가장 위험한 국가로 이승만은 보고 있다.[16] 이러한 러시아의 제국주의적인 영토확장 정책에 대한 비판의식은 그 이후 독립운동 시절이나 해방정국에서 러시아에 대한 고정된 인식의 틀로서 자리잡게 되었다. 마지막으로 이승만은 미국을 [대한]의 자주독립을 노우려는 우호적인 국가로 인식하고 있다.[17] 이러한 친미적인 성향은 독립운동기와 해방정국에서도 일관된 이승만의 사고로 자리잡게 되는 것이

14. 『독립정신』, pp. 119－120 ; 「뭉치면 살고 …」, p. 305.

15. "「청국」이 대적치못하는 「아라사」를 엇지 감히 항거하리요 하야 영원히 「아라사」의 입에 들어가지를 면치 못할지니 … 「일본」이 독히 이 형편을 살피고 주야로 백성을 교육하야 이 뜻을 알게 하며 군사를 길너 국세를 강하게 하고 일변으로 「한」 「청」량국을 깨워 갓치 방어하기를 힘쓰고저 하매 서양각국이 또한 이 뜻을 「일본」에게 권호하며 「대한」과 통하여 깨닷게 하니 이는 「아라사」세력이 밋치는 곳마다 상업과 전도하는 모든 공번된 리익에 크게 손해가 잇는 연고라", 『독립정신』, p. 123.

16. 러시아가 "「해삼위」로 지점을 삼으니 곳 「대한」북도와 「청국」동편에 연접한 곳이라 이 시방에 날하여 농양전시를 임의로 호령하고서 함이라 서양에서 막은 불이 동양에 밋쳐오는지라 그 위급절박함이 실로 조석에 달ㄴ도다", 「독립정신」, p. 122 ; 러시아의 영토적 야심에 대해서는 다음을 참조. 제국신문, 1903. 2. 12, 1903. 2. 14, 1903. 2. 18 참조. 『뭉치면 살고 …』, pp. 402－410 ; 《제국신문》, 1903. 4. 3과 1903. 4. 4, 『뭉치면 살고 …』, pp. 450－455.

17. 1884년의 한미수호조약을 평가함에 있어서 미국은 "자기 백성이 「조선」 지방에서 수차 살해를 당한 원혐을 바리고 새로이 교분을 도탑게하려 하야 독립을 완전케하는 관계에는 극히 찬조"려는 국가로 보고 있다. 『독립정신』, p. 140.

었다.

이처럼 서세동점의 불가피한 상황에서 [대한]의 자주독립을 지키고 유지하기 위한 방법으로서 이승만은 통상과 외교의 중요성을 강조하였다. 특히 외교를 중시하는 그의 사고는 독립운동기의 주요한 노선이 되었다. 자주적인 외교의 전제조건으로서 이승만은 당시 논의되었던 중립국가 형태에 비판적이었으며, 자유독립국가를 선호하였다.[18] 그에 있어서 외교는 "지금 세상에 나라를 부지하는 법"으로서 "잔약한 나라들이 강국 사이에 잇서 능히 보전하는 근본"[19]이었다. 그의 외교론에서 주목할 만한 점은 영토적 야욕을 가진 제국주의 국가라는 부정적인 대러시아관이 이 시기에 형성되었으며, 이후의 독립운동노선에서나 해방정국의 문제해결에 있어서 반소 · 반공이념의 원천이 되었다는 점이다.

Ⅲ. 친미적 자유민주주의 민족국가 건설 사상과 반공이념

구한말 이승만은 교육, 실력양성 및 외교를 통한 자주독립국가 건설과 유지를 하려고 노력하였다. 서구문명의 도입에 대해 적극적이

18.『독립정신』, pp. 35-36.
19.『독립정신』, p. 230.

고 급진적인 입장을 취했던 이승만은 일제와의 독립투쟁을 하는 과정 속에서 친미적인 자유민주주의 민족국가 건설의 사상을 확립시켰고, 아울러 반소적인 반공이념을 강화시켰다. 이 기간에 확립시킨 사고를 이승만은 해방정국에도 변함 없이 일관되게 적용하였던 것이다.

1. 미국식 자유민주주의

미국식 민주주의에 관해서는 재미시절 이승만이 저술한 『군국주의 실상』을 중심으로 분석하고자 한다. 이승만은 민주주의의 기본 원칙을 개인주의로 보고 있다. "정부의 권력은 시민권"에서 나오고, "개인적인 자유와 권리는 국가기구가 설립되는 근본적인 기초"로 보았다. 따라서 그에 있어서 민주주의는 "국민이 정부에 강압의 가능성에 대해서도 보호"되어야 하는 것이었다. 그는 개인의 자유와 권리를 보호하기 위한 미국의 권력구조를 견제와 균형이라는 원칙 하에서 과도한 권력행사를 규제하는 것으로 파악하였다.[20]

20. 미국의 권력구조에 대한 이승만의 이해는 다음과 같다. 즉 미국 정부는 연방이건 주이건간에 헌법상에 규정된 국민의 권리를 침범할지도 모르는 과도한 권력행사를 하도록 내버려 두어서는 안된다. 행정 · 입법 · 사법부는 권력행사 면에서 서로가 견제 또는 상호협조를 하게 되어 있다. 국회 자체도 상 · 하원을 가지고 있는 것은 상호 감시하고 견제한다는 기초 위에 조직된 것이다. 간단히 말하면 정당은 국민전체를 위한다는 공동 목표를 가지고 서로 일치되는 활동을 하도록 되어 있는 것이다. 그와는 반대로, 정당들은 그대로 방치하면 민주주의를 전복하고 독재권을 형성할지도 모르는 집단권력이나 혹은

이승만이 파악한 미국민은 자유의 권리를 마음껏 누리는 사람들이었다. 그가 본 많은 미국민들은 그 자유를 누릴 수 있게 했던 과거의 희생[21]을 잊어버린 사람들이며, 극도의 개인주의적인 사람들이었다. 미국인들의 이러한 극단적 개인주의에 대한 비판은 국가를 잃은 아픔을 절실히 느끼고 있는 이승만에게는 어쩌면 당연한 것인지 모른다. 따라서 그는 개인의 권리에 선행하는 국가중시의 관점을 다음과 같이 역설하였다.

> 애국심은 당파성을 초월하여야 한다. 통일된 국가의 외교정책이 채택되면 모든 국민은 개인의 자유와 부귀와, 만약에 필요하다면 자기의 생명까지라도 분리된 국가는 존속할 수 없으므로 국가의 이익을 위하여 서슴치 않고 희생하여야 한다. 만약에 국가가 망한다면 무엇이 남

주(州)의 권력을 약화하기 위하여 반대 목적으로 작용하게 되어 있다. 이승만 저, 이종익 역, 『일본군국주의 실상』, p. 241.

21. 이승만은 미국의 자유를 지키기 위해 희생한 사람들을 다음과 같이 기술하고 있다." 해외에서 살아 보지 않은 사람은 패트릭 헨리(Patrick Henry)의 유명한 "자유가 아니면 죽음을 달라"는 말의 뜻을 충분히 이해하지 못할 것이다. 많은 국가에 있어서의 자유없는 생활은 죽음보다 오히려 못하다. 미국에서처럼 국민이 마음껏 자유를 즐기는 나라는 또 없다. 성조기는 고귀한 자유의 땅을 수호하는 상징이다. 이 깃발 아래에서 자유의 혜택을 누릴 수 있는 특권을 가진 사람이라면 그들의 선구자가 이 혜택을 위하여 어떠한 대가를 지불하였는가 하는 것을 잊어서는 안될 것이다. 미국 건국 당시의 선구자들과 이들의 고귀한 행적을 따라 국토를 진정으로 자유로운 땅을 만들려고 노력한 애국 남녀는 더 말할 것도 없고 제1차 대전 당시 구주의 전장에서 <세계를 민주주의의 온상> 으로 만들려는 희망과 결실에 생명을 바친 미국인들이 얼마나 많았는가 하는 것을 회상하는 것은 결코 무의미한 일이 아닐 것이다", 『일본군국주의 실상』, p. 143.

아 있겠는가?[22)]

그의 이러한 국가중시의 관점은 국가에 있어서 지도자의 통솔력이 필요하다는 관점으로 이어졌다. 그는 '무질서하고 무정부적인 사태'의 대부분이 '통솔력의 결핍'에 기인한다고 보았다. 즉 통솔력은 평화와 질서를 위해 필요한 것이며, 국가의 규모나 정체의 유형에 관계없이 국가의 안녕을 위해 필요한 것으로 그는 보았다.

국가 내에서의 통솔력이 필요하다는 그의 주장은 국제관계에서의 통솔력이 필요하다는 주장으로 확장되었다. 세계, 특히 동서양이 서로 접촉하게 된 이래로 국제관계는 통솔력을 필요로 하였으며, 항상 그러한 통솔력을 희구하여 왔다는 것이 그의 주장이었다. 더욱이 극동의 여러 국가와 구라파의 몇몇 약소국가는 미국에 의지하였으나 실망하였다고 본 이승만은 민주주의가 미국이 국제관계에서 지도자의 역할을 담당하지 못했던 까닭으로 자기의 주장을 유지할 수 없게 되었다고 보았다. 그에 있어서 아시아와 구라파에서 현재 벌어지고 있는 무질서하고 무정부주의적 사태는 거의 대부분이 현명한 통솔력의 결핍에서 기인하는 것이었다.[23)]

이승만은 미국 민주주의에 있어서 가장 큰 가치를 자유권으로 보고 있지만 자유권은 무한정하게 누릴 수 있는 것은 아니며, 국가의 안녕과 보존이라는 가치에 의해 제한되어야 한다고 보았다. 즉 자유에는 국가에 대한 책임이 따른다는 것이다. 또한 그가 의미하고 있는

22. 『일본군국주의 실상』, p. 210.
23. 『일본군국주의 실상』, p. 245.

자유는 저절로 얻을 수 있는 것이 아니라 희생과 대가를 치르고서야 얻을 수 있는 것이었다.

자유에 바탕을 두고 있는 미국식 민주주의에 대한 선호와 국가에 대한 책임이 따르는 제한된 의미의 자유를 주장하는 이승만의 친미적 자유민주주의 국가건설사상은 독립운동 과정이나 해방 이후의 정치활동에서도 일관되게 유지되었다.

2. 반소 · 친미로서의 반공이념 형성

태평양전쟁이 일어나기 전까지 이승만의 공산주의에 대한 비판적 인식은 거의 표출되지 않았다. 그가 상해를 방문했을 때, 위임통치안과 재정문제로 당시 임시정부 국무총리였던 이동휘와의 불화가 최초의 공산주의자와의 갈등이었다.[24] 그러나 그것은 이념상의 대립은 아니었다. 그리고 그의 소련에 대한 인식도 그의 저서인 『일본 군국주의 실상』에서 살펴볼 수 있다시피 소련을 전체주의 국가로 파악하고 있으며, 미국 민주주의에 대한 도전세력으로 보고 있다.[25]

---

24. 이동휘와의 갈등에 대해서는 정용대, 『대한민국임시정부외교사』, 정신문화연구원, 1992. 12, p. 59 참조.

25. "소련 일본 나치스트 파시스트 등은 미국 내에 그들의 조직체를 가지고 있다. 최근 보고에 의하면 대부분의 파괴적인 활동은 이와 같은 무리들에게서 기인되는 것이다. 그들은 자기네 국가정부와 흡사한 새로운 정부를 수립하기 위하여, 미합중국 정부를 전복하고자 하는 의도를 선언하였다고 보고하

이승만에 있어서 반공이념의 한 요소인 반소노선은 이념적인 문제보다는 그의 저서인 『독립정신』에서 밝혔듯이 전통적인 러시아의 세력확장정책에 대한 경계에서 비롯된다. 이러한 이승만의 소련에 대한 인식은 태평양전쟁 말기에 임정승인을 위한 대미외교에서도 되풀이되어 나타나고 있다.

이승만은 트루만 대통령에게 보낸 서한에서 공산주의자들과 민족주의자들 간의 내전 가능성의 배제와 공동의 적인 일본에 대한 전투에서 역할기회를 부여받기 위한 임시정부의 승인 필요성을 주장하였다.[26] 또한 국무성의 극동국장 대리인 록카르트에게 보낸 서한에서 '한국인의 분열설'에 대한 해명으로서 1944년 4월의 임정의 좌우합작으로 한국민중들 간의 통일성을 달성했으며, '한국인들의 분열설'은 처음에는 친일파에 의해, 그리고 나중에는 용공세력이 퍼뜨린 것이라고 이승만은 주장하였다.[27] 또한 그는 만약 미국이 동유럽에서의 정책[28]과 같이 대소유화정책을 취한다면 "1905년 이래 한국을 희생시

고 있다. 이러한 것이 미국 민주주의에 대한 직접적인 도전이라는 것은 의심할 여지없다", 『일본군국주의 실상』, p. 242.

26. 1945. 7. 21에 접수된 이승만의 편지, "주미 한국대표부 위원장(이승만)이 트루만 대통령에게" ; 김국태 옮김, 『해방 3년과 미국 I—미국의 대한정책 1945–1948』(미국무성 비밀외교문서), 돌베개, 1984, p. 33.

27. 『해방 3년과 미국 I』, p. 305.

28. 이승만은 1945년 샌프란시스코 국제연합 창립총회에 보낸 각서에서 소련의 제국주의적 의도를 다음과 같이 파악하고 있다 ; "나는 아시아에 관해서는 물론 유럽에 대해서도 그 국제관계를 오랫동안 연구해 왔습니다. … 나의 유럽 여행은 유럽에서 발생한 사건이 의미하는 바에 대한 이해를 강하게 하였습니다. 동남 유럽에서 활동하고 있는 게릴라는 명백히 공산계열과 비공산계열로 나뉘어져 있습니다. 루스벨트와 처칠이 유럽 대륙에 대한 상륙작전

켜 가면서 일본에 유화적이었던 정책이 진주만 기습을 낳았던 것과 마찬가지로 한국에 대한 정당함을 희생으로 한 대소유화정책은 커다란 불행을 초래할 것"이라고 미국에 경고하고 있다.[29)]

이처럼 이승만의 반소노선은 공산주의에 대한 어떤 이념적인 이해에서보다는 구한말부터 갖고 있었던 對我警戒論에 기인한 것이었다. 이러한 반소노선은 이후 해방정국에서 좌파세력과의 대립을 통해서 그의 강력한 반공이념과 결합되어 나타났다.

을 세울 때 발칸 반도를 경유하지 않기로 합의한 것은 동지역을 소련의 세력에 맡기기로 합의한 것을 뚜렷이 나타내는 것입니다 … . 유럽에서 서서히 전개되고 있던 사태가 중국에서는 훨씬 공공연히 또한 확실하게 나타났습니다. 연합국은 중국의 국민정부가 공산주의자(정부에 의하여 공공연한 반감을 품고 독립된 군대와 정부를 가지고 있는)에 대하여 대립적인 행동을 중지하고 타협하여 제휴할 것을 주장하였습니다. 루스벨트 대통령이 결정한 독(獨) 이(伊) 일(日) 추축국의 무조건 항복정책은 명백히 소련의 제국주의적 행동에 대한 연합국의 묵인 정책과 병행되고 있었던 것입니다. 『인간 이승만』, pp. 228−229.

29. 『해방3년과 미국 I』, p. 38.

Ⅳ. 친미적 자유민주주의 민족국가건설사상의 적용 : 친미적 자유민주주의 정체론, 민족주의, 반공이념을 중심으로

본절에서는 해방 이후 3년간의 상황에 대해 이승만이 어떻게 인식하고 있었으며, 해방 이전에 이승만이 확립시켰던 건국사상이 해방정국에서 어떻게 적용되고 있는가를 친미적 자유민주주의 정체론, 민족주의, 그리고 반공이념을 준거로 하여 분석한다.

1. 친미적 자유민주주의 정체론의 적용

해방정국에서 활동한 정치지도자들은 민주주의를 미국식 민주주의, 동구라파에서 발전되고 있는 인민적 민주주의, 소련에서 발전하는 프롤레타리아 민주주의 등으로 인식하고 있었다. 이 중에서도 우익 정치지도자들은 영미식 민주주의를 선호했고, 좌익 정치지도자들은 인민적 민주주의와 프롤레타리아 민주주의를 선호했다.[30)]

30. 일반적으로 좌익 인사들은 조선에서는 둘째 형식인 인민적민주주의의 방향으로 나가야 한다고 주장하였다. 이들은 독일파시즘으로부터 해방된 동구라파국가에서 민주주의의 역사적 제형태인 인민적 민주주의가 발전하고 있는 것처럼 일제로부터 해방된 조선에서도 이 민주주의적 형태가 가장 적당하다

따라서 해방 직후 전개된 좌우익 간의 정체논쟁을 살펴보기 위해서는 해방 후 전개된 국내 정치상황에 대한 간략한 고찰이 필요하다. 해방 당시의 국내 정치상황은 뚜렷한 정치 주도세력이 부재한 가운데 좌우익 간에 치열한 주도권 쟁탈전의 양상을 띠었다. 해방직후 민족주의 진영의 지도자라 할 수 있는 이승만과 김구는 해외에 있었으며, 국내에는 송진우, 김성수 등으로 대표되는 토착 민족주의자들이 존재하고 있었다. 이에 비해 좌익인사들은 박헌영을 중심으로 하는 재건파 공산주의자들과 정백, 이영, 최익한을 대표되는 장안파 공산주의자, 그리고 중간파로서 여운형이 존재하고 있었다. 이들은 시간이 흐르면서 개인보다는 '당'을 결성하여 세력확장을 기도하면서 그들이 지니고 있었던 사상을 정권차원에서 구현하고자 노력을 전개했다.

해방정국 하에서 첨예한 논쟁점이 되고 있는 민주주의에 대한 이승만의 인식은 친미 · 서구적인 그의 과거 경력에 입각하고 있다. 그의 민주주의에 대한 시각은 철저하게 반소 · 반공산주의적 성향을 띤다. 그러나 해방정국 하에서의 민주주의에 대한 인식은 공론을 중시하는 미국식 민주주의를 선호하면서도 정당정치를 파당정치로 보는 이중적 성격을 내포하고 있다. 실례로 '국민회 소집은 필요하다' 라는 성명에서 "우리가 민주국가를 건립하려면 제일공론을 존중히 해야 하는 까닭에 필요할 것이다. 제국주의는 명령적으로 정치를 하는 것이나 민주주의 정치는 법률과 공론으로서 정치를 삼는 것이니 군벌주의와는 근본적으로 반대되는 것이다. 그렇다고 해서 국가이익을 무

고 보았다. 민주주의민족전선, 조선해방년보, 조선정판사서적출판협의회 우리서원, p. 61 ; 이정식 · 한홍구 · 김남식 편, 『한국현대사자료총서』 12, p. 43.

시하고 자기 이익만을 고집하는 것이 아니라 투표라든지 모든 것을 공론에 의해서만 실행해야 한다"[31]고 하여 서구식 공론에 의한 통치를 민주주의 정치의 근본이라고 주장한 데서도 발견된다.

또한 1947년 5월 20일 독촉국민회 중앙집행위원회 석상에서 미소공위 재개에 대한 견해를 밝히는 데에서 '민주주의에 관한 해석을 선명히 하라' 고 주장하였다. 그는 "민주주의 임시정부를 수립한다는 것은 결국 공산주의(소련식 민주주의)와 민주주의(미국식 민주주의)의 '비빔밥주의 정부' 밖에는 될 수 없을 것"이라고 주장하고 있다. 따라서 그는 "미국식 민주주의 정부를 세우느냐 소련식 민주주의 정부를 세우느냐 하는 문제를 투철히 규정하여 놓지 않고는 공위에 협력하기는 어려울 것이다"라고 정체의 선택문제를 제기하고 있다.[32]

이승만은 미소공위에 대한 성명서를 발표하여 "미소 양국이 한국에 민주주의적 독립정부를 수립하기로 목적을 삼는바, 민주주의라는 명사에 2종의 구별이 있으니 소련이 주장하는 민주정체가 하나요, 미국에서 실행하는 민주정체가 또 하나이다 …. 이 두 정체를 혼동해서 정체를 수립하면 장래 정부의 분열과 국내의 혼란을 면키 어려울 것이요, 열국의 기대에 어그러지게 된다 …"[33]고 하여 앞서 주장한 민주주의 정체에 대한 명확한 규정의 필요성을 강조하고 있다.

그렇지만 그는 정당정치의 효용성에 대해서는 인정하지만 해방정국 상황 하에서의 정당정치의 효용성에 대해서는 부정적 시각을 가

31. 양우정 편저, 『이승만 독립노선의 승리』, 독립정신보급회, 1941, p. 116.
32. 『이승만 독립노선의 승리』, pp. 160–161.
33. 『이승만 독립노선의 승리』, p. 162.

진 것 같다. "모든 정당의 당국자들이나 당원들은 당정이나 파당적 사상을 포기하고 오직 국권회복만을 위하야 합심투전할 것이며, 또 일반 애국 남녀동포는 정당이나 파당적 주의로 분쟁을 일삼는 인사들은 독립방해자로 인정해야 당파세력이 민간에 포용을 받지 못하도록 만들어야 한다"고 주장하였다. 또한 그는 "정당은 국권을 회복한 연후에 형편을 따라 2, 3 정당을 필요에 의하여 둘 수 있을 것"이라고 주장하였다.[34] 이러한 점에서는 그가 서구식 민주주의적 정당체제를 무조건 선호하고 있지 않음을 알 수 있다. 정당정치를 파당정치로 보는 그의 인식은 "소위 해방 이후로 각국 신문에 한국에서 사오십여 정당이 분쟁한다는 허무한 선전이 되어오다가 근간에는 400여 정당이 싸호니 독립을 어찌 하느냐는 의문을 일으키기에 이르렀다. 정부가 없는 백성으로 정당을 만들어 서로 분쟁한다는 것은 너무나 몽매하고 유치하여 남이 부끄러울 일이다. 정당싸움이 먼저 생기면 정부를 수립하기도 어려우니와 수립하여도 보조하기 어려울 것"[35]이라는 주장에서 명확하게 나타나고 있다.

제헌국회에서 정체문제를 헌법에서 다루는 데서도 이승만은 미국식 민주주의를 선호함을 다음과 같이 나타내고 있다.

> 정부조직 문제는 국회가 결정하는 헌법에 의하여 결정될 것이다. 내각 책임제 보다 미국의 방식이 적합치 안을까 생각한다. 상기 말한 것

34. 이승만, 「파쟁중지코 국권회복에 매진」, 양우정 편저, 『이승만 독립노선의 승리』, p. 183.
35. 이승만, 「일심단결하야 독립을 완성하라」, 양우정 편저, 『이승만 독립노선의 승리』, pp. 195−196.

은 나의 사견임을 분명히 하여 둔다.[36)]

또한 초대 국회의장에 취임하여 소감을 밝히는 기자회견에서도 그는 "영국이나 일본에서 하고 있는 제도가 책임내각제라 할 것인데 영국이나 일본에서는 군주정체로 뿌리가 깊이 박힌 나라일 뿐만 아니라 왕조를 없앨 수 없는 관계로 그러한 군주국 제도를 강요하고 있는 것이나 우리나라에서는 그러한 제도와 관념은 백여년전에 민주정부를 수립할 것을 세계에 공포한 이상 우리는 민주정체로서 민주정치를 실현하여야 할 것이다. 대통령을 군주같이 앉혀놓고 수상이 모든 일을 책임을 진다는 것은 비민주제도일 것이다"[37)]라고 함으로써 내각책임제를 비민주적이라고 주장하였다. 위의 논의에 비추어 이승만의 민주주의에 대한 인식은 미국식 민주주의에 철저하게 입각하고 있다고 판단된다.

개인적인 자각에서 밝혔듯이, 이승만의 경우 개명한 나라이자 상등나라는 구미국가이며 그들 국가는 기독교 국가였다. 그의 이러한 인식은 기독교와 정치를 인식시키는 관점에서 나온다. 그는 유럽을 육대주에서 제일 상등국가로 보았지만은 미국을 장차 비교할 나라가 없는 국가로 보았었다. 그는 미국을 영원무궁한 자유기초가 세워진 나라로서 상등문명국이자 인간의 극락국으로 봄으로써 미국에 대한 강렬한 동경심을 나타냈었다. 그의 미국에 대한 이러한 동경은 해방

36. 이승만기자회견 1948년 5월 26일.

37. 이승만 초대국회의장 소감 기자회견, 1948년 6월 7일, 양우정 편저, 『이승만 독립노선의 승리』, p. 254.

정국에서도 동일하게 미국식 민주주의에 대한 선호로 나타났다.

그의 미국식 민주주의에 대한 관점은 국민의 교화의 정도가 제일 높은 나라에서 실현될 수 있는 정치제도이자 제일 선미한 제도였다. 또한 독립운동기에 활동영역이었던 미국을 민주주의를 수호할 수 있는 유일한 국가로 보고 세계중심 국가로서의 역할을 담당할 것을 주장하였었다. 이는 일본 군국주의와 소련의 전체주의 사이에서 미국이 민주주의를 수호하는 것을 의미한다. 그렇지만 미국식 민주주의에 대한 그의 관점은 개인주의를 기본원칙으로 하는 것은 긍정하지만 극도의 개인주의에 대해서는 비판적이었다. 즉 다시 말하면 개인의 자유는 국가의 안녕과 보존이라는 가치에 제한된다는 것을 의미한다. 결론적으로 이승만의 민주주의에 대한 관점은 개인의 자각기에 형성된 미국에 대한 동경에서 비롯되었고, 구체적인 현실정치의 장에서 그가 외친 '대동단합' 내지는 정당통합 운동은 독립운동기의 개인과 국가의 안녕 내지는 보존을 우선시하는 그의 사상에 기인한다고 볼 수 있다.

2. 민족주의

해방정국에서 보수우익 지도자들의 민족주의에 대한 입장은 신탁통치 문제와 임정, 그리고 단정론에 대한 인식을 중심으로 살펴볼 수 있다. 먼저 신탁문제는 또 다시 외세의 지배로 들어갈 수 없다는 강렬한 민족주의의 표현이라는 측면에서, 그리고 임정문제는 민족주체적인 자주정권 옹립이라는 차원에서, 또한 단정론에 대한 이승만의 건국사상의 적용을 분석한다.

1) 신탁통치

신탁통치안이 한국에 처음 알려진 것은 1945년 10월 20일 미국무성 극동국장 빈센트의 발언이었다.[38] 이러한 빈센트의 발언에 대해 이승만은 1945년 10월 22일 신문기자단과의 회견에서 "신탁통치라는 것은 자주독립의 실력이 없을 때에 있을 수 있으므로 우리는 이러한 것을 들을수록 시급히 우리의 실력을 갖추고 우리의 자주독립으로 모든 역량을 집중시키지 않으면 안 될 것"[39]이라고 천명했다. 또한 11월 2일 독립촉성중앙협의회의 결성준비를 위한 각 정당, 단체의 대표자회의에서 '4대국에 보낸 독립촉성중앙협의회의 결의서'를 채택하고, 신탁통치에 대한 반대의사를 더욱 강력히 표명하였다.

조선 통치에 암담한 공동신탁제가 제안되었다는 보도를 접하고

38. 빈센트는 미국외교 정책 협의회에서 다음과 같은 발언을 하여 신탁문제를 제기하였다. "미국의 극동정책을 수립함에 앞서서 우선 소련과의 사이에 의사를 소통시킨 후 허다한 정치문제를 해결하고 싶다. … 따라서 미국은 우선 신탁관리제를 실시하여 그간 조선민중이 독립한 통치를 행할 수 있도록 준비를 진행할 것을 제창한다", 이호재, 『한국외교정책의 이상과 현실』, 법문사, 1975, pp. 194-195

39. 《자유신문》, 1945년 10월 23일.

참으로 경악하지 않을 수 없었다. 우리는 경의와 신실한 우호의 정신으로써 이 제안이 미국의 대조선 정책에서 또한 중대한 과오가 될 것임을 지적하고자 한다. … 1. 우리는 자주할진대 1년 이내에 국내를 安順할 수 있을 뿐 아니라 외국의 물질적, 기술적 후원으로써 비교적 단시일간에 평화로운 보통생활을 회복할 수 있다. 이 사실을 부인하는 자는 아직도 일본인의 선전술에 마취한 자들이다. 2. 우리는 임시정부가 연합국의 승인을 받은 후 1년 이내에 국민선거를 단행할 것으로 1919년에 선포된 독립선언서에 천명된 민주주의의 정치원칙을 어디까지나 존중할 것이다. … 우리는 단연코 공동 신탁 제도를 거부하며, 기타 여하한 종류를 물론하고 완전 독립 이외의 모든 정책은 반대하는 것이다.[40)]

이승만의 신탁에 대한 반응은 시간이 지날수록 더욱 강력하고 구체화되어 갔다. 그는 1945년 11월 7일 발표된 방송에서 강대국 관리의 신탁은 또 다른 식민지상태로 전락하는 것이라고 지적하면서 온 국민이 일치단결하여 능력을 키울 것을 주장하고 있다. 즉 국제신탁 문제가 제기된 것은 한국인이 자치능력이 없다는 일본인의 악선전, 각국 신문의 그릇된 선전과 한국인의 분열에 기인하였다는 것이다. 따라서 여러 상전을 모시는 국제신탁을 받지 않기 위해서는 합동하여 자치능력이 있음을 세계에 알려야 한다고 역설하였다.[41)] '또 다른 식민지상태로의 전락' 이라는 의미로 신탁을 파악한 이승만에게 강대국들의 신탁의도는 '수용할 수 없는 폭거' 였다. 그는 모스크바 결정이

40. 「4대국에 보낸 독립촉성중앙협의회 결의서」, 송남헌, 상게서, pp. 234–236.
41. 이승만의 1945년 11월 7일자 중대방송요지 송남헌, 전게서, pp. 145–148.

국내에 보도되기 이전인 12월 26일 방송을 통해 "만일 우리의 결심을 무시하고 신탁관리를 강요하는 정부가 있다면 우리 3천만 민족은 차라리 독립을 위하여 싸우다 죽을지언정 이를 용납하지 않을 것"42)임을 분명하게 천명하였다.

모스크바 결정 이전까지 이승만의 반탁 발언이 조선에 대한 신탁통치를 절대로 수용할 수 없다는 결연한 의지를 관련 강대국에게 표명한 것이라고 한다면, 모스크바 결정 이후의 반탁 발언은 찬탁세력을 비판하는 데 집중되었다. 그는 반탁시위를 '우리 민족의 애국심과 조직력을 中外에 향하야 여실히 표명' 한 것으로 규정하고, 찬탁으로 돌아선 좌익을 '반역배' 로 규정하면서 다음과 같이 비판하고 있다.

> 근자에 소위 인공의 기치아래 망동하는 소수의 반동분자들은 기왕에도 소련을 조국이라 호칭하고 우리나라를 분열착란하야 그 연방으로 끌고 들어가려고 하다가 거의 실패로 돌아가랴고 할 때에 대한의 신탁문제가 3국회담에서 나타나자 반역배들이 구세주 나온 듯이 환영하였읍니다. … 소위 탁치찬성의 시민대회를 개최 … 우리 민족이 분열하고 또 우리가 탁치반대라는 구실을 소위 탁치를 주장하는 나라에 제공하야 영워히 우리반도와 국민을 팔아먹으랴는 가증한 행동이다.43)

모스크바 결정 이전과 이후에 보여지는 이승만의 반탁논리는

42. 《동아일보》, 1945년 12월 28일자.

43. 1946년 1월 16일에 국제여론에 호소한 이승만의 담화, 양우정 편저, 『이승만 독립노선의 승리』, 독립정신보급회, 1941, pp. 103－104.

'외세배격'이라는 민족주의를 저변에 깔고 있는 것이었다. 그는 신탁통치 결정이 한국의 완전 자주독립을 약속하였던 카이로와 포츠담선언에 위반되는 것으로 인식하여 얄타밀약에 의한 모스크바 결정의 파기를 요구하였다.[44] 그러나 민족주의에 입각한 반탁논리에도 불구하고 이승만은 초기부터 反美의 문제에 주의를 환기시키고 있다. 그것은 반탁운동이 절정에 달했던 1945년 12월 31일의 이승만의 다음과 같은 담화에 잘 나타나 있다.

> 미국 정부에 대하여 결코 오해가 없어야 할 것이니, 이는 우리가 군력을 두려워하거나 또 친미주의를 위함이 아니라, 다만 미국군 정부가 우리를 해방한 은인이며, 군정부 당국은 절대 독립을 찬성하는 고로, 신탁문제 발생 이후 자기 정부에 대하여 반박과 공격의 公文을 보낸 것이 한두 번이 아니었다. 그런데 우리 독립의 親友를 모르고 원수로 대우하면 이는 도리어 독립을 저해하는 것이다.[45]

이승만의 이와 같은 우려는 해방 당시 상황에 대한 현실주의적 인식의 결과일 뿐만 아니라 그의 생애에서 일관되게 견지해 온 입장의 표명이라 할 수 있다. 그는 개화기로부터 일제 하 독립운동에 이르기까지 미국에 대해서 매우 우호적인 인식을 갖고 있었다. 민족주의 차원에서 신탁을 단호히 반대하지만 모스크바 결정을 주도한 미국에 대한 반대는 자제해야 한다는 이율배반적인 면은 결과적으로 전후 국

44. 「얄타, 모스크바 결정 파기를 요구한 이승만 담화」, 송남헌, 상게서, p. 341.
45. 《동아일보》, 1946년 1월 2일자.

제질서의 주역은 미국이 될 것이라는 구한말 이후의 일관된 대미인식에 따른 것으로 볼 수 있다.

2) 자주독립국가의 건설

① 임시정부의 법통성

해방정국에서 모든 정치세력에 있어서 초미의 관심사는 자주독립국가 건설에 모아졌다. 해방직후 자주독립국가 건설과 관련하여 처음으로 제기된 문제는 임정법통 문제였다. 건준과 인공을 중심으로 하는 세력은 임정의 법통성 내지 대표성을 인정하지 않는 차원에서 먼저 건국의 주도권을 장악하고자 했다. 이에 대해 송진우를 중심으로 하는 국내 우익세력은 임정봉대를 강력히 주장했다. 미군정의 임정과 인공의 민족 대표성에 대한 부정은 양 세력 간의 갈등을 더욱 심화시켰다. 이러한 갈등은 임정과 관련된 독립운동가들이 귀국함으로써 더욱 첨예화되었다.

이승만의 임정문제에 대한 견해는 1945년 10월 19일 각계 저명인사 80여 명이 모인 자리에서 처음으로 표명되었다. 이 자리에서 그는 김구를 중심으로 한 임시정부의 근황을 설명한 후 임정을 중심으로 정부를 조직할 것을 표명하였다.

중경 대한민국임시정부는 이미 중, 불 등 연합국으로부터 승인을 받고 미국도 미구에 승인할 것을 언명하얏습니다. 우리는 김구씨를 중심으로 정부를 조직치 않으면 안되겟습니다. 그리고 독립이 속히 되고

> 못되고는 우리가 일치단결하느냐 못하느냐에 달렸습니다. 사리와 당파를 떠나 대동단결할 뿐임니다.[46]

임정세력이 귀국한 이후 전개된 국내 정치상황에 따라서 이승만의 임정에 대한 태도는 소극적인 입장으로 돌아섰다. 1947년 4월 27일 이승만은 귀국환영 국민대회에서 "미군정에 협력할 수 있는 한 대한임정 법통에 대하여 잠시 발언을 중지하여야 하며, 미국과의 합작이 불성공시에는 임정을 추대할 것을 전제하고 당면 문제로는 입법의원으로 하여금 총선거 법안을 급속히 제정하여 남조선 과도정권을 수립하는 것이라고 강조하였다.[47]

> 해방 후 세계 각 해방국은 다 총선거를 행하여 수립하였는데 오직 우리 조선만은 남의 군정하에서 우리 문제를 우리가 해결치 못하고 있다. 그러므로 우리는 과도입법의원을 통하여 普選 입안을 통과시켜 총선거를 실시하고 정식 입법부를 조직하여 헌법을 제정화면 남북 통일 過政 수립의 단계는 열릴 것이라고 생각한다 그리고 臨政의 법통을 정당히 전임시킬 수 있을 것이요, 만일 정식 정부에 대한 국제 장애가 있어서 지금에 진행하려는 방침이 여의치 못할 때에는 우리 전민족이 다같은 보조로 臨政을 부르고 그 기치하에서 독립을 전취하기가 未晩할 것이니 모든 동포는 깊이 생각하여 정당한 길로 동일히 나가기를 바

46. 한민당선전부, 「중경대한임시정부 중불 등 연합국이 승인」, 심지연 엮음, 『해방정국논쟁사』, 한울, 1986, pp. 209−210.
47. 송남헌, 상게서, p. 365.

란다.[48)]

임시정부의 법통성에 대한 이승만의 입장은 제2차 세계대전 말기의 임시정부 승인에 대한 대미외교 청원에서 확고하였었다. 그러나 임시정부 승인 외교과정에서 미국의 임정불승인 정책을 경험하였고, 이후 해방정국에 있어서의 미국의 일관된 임정불승인 정책의 현실을 잘 인식하고 있었던 이승만은 임정의 법통성에 대한 불분명하고 부인하는 듯한 인상을 주는 태도를 취하였다.

② 단정론

반탁운동의 소용돌이 속에서 좌익과 우익의 완전한 대립은 충돌사태로 빚어졌고, 미·소 공동위원회는 별다른 성공을 거두지 못한 채 공전만 하고 있었다. 이 시기에 우파진영의 3거두, 즉 이승만과 김구, 김규식 등은 미·소 공위의 결렬에 따르는 그 뒤의 정국에 대하여 각자 서로 다른 생각을 가지고 있었다. 즉 이승만은 남한 단독정부 수립운동을 추진하였으며, 김구는 임시정부의 법통을 내세워 반탁·자주독립의 방향으로 나아갔고, 김규식은 미군정의 후원 하에서 여운형을 상대로 좌우합작을 추진하였다.

이러한 시점에서 이승만은 하지의 압력에 의하여 물러났던 민주의원 의장지에 다시 복귀하면서 우선 1946년 4월부터 전국순회강연을 실시하였다. 당시 이승만은 미·소 공위의 회담이 실제로 거둘 수 없다는 사실을 예감하고 있었고, 이미 38선 이북에서는 사실상 공

48.「임시정부 법통문제에 관한 이승만의 성명」, 송남헌, 상게서, p. 365.

산정권이 수립할 수밖에 없다는 인식을 하고 있었다. 따라서 이승만은 미군정 당국자들에 대하여 이승만 자신이 전국민의 지지를 받고 있는 지도자임을 과시하기 위하여 전국 순회강연에 들어갔다. 특히 북한에서의 공산정권 수립과 남북협상파나 좌우합작세력에 불안감을 가지고 있었던 우파세력의 결집을 위해서도 이승만은 현실적인 상황에서 어떤 돌파구의 모색을 필요로 하였다. 이러한 돌파구를 위해 면밀하게 계산된 것이 단정론이었다.

이승만의 단정론은 우선 남한의 정치적 현실과 북한과의 관계에서 인식된 그의 실천적인 전략이었다.[49] 이승만이 단정론을 주장하게 된 것은 북한에서 공산정권이 사실상 어떠한 타협이나 변형을 허락할 수 없음을 전제로 할 때, 남한에서도 북한에 대응할 수 있는 단독정부의 수립이 불가피하다고 그가 인식했기 때문이었다. 둘째로, 그는 미국의 대한정책, 특히 국제관계에서 이전의 대소 타협노선이 점차 냉전체제로 돌입하고 있었기 때문에 반공체제의 수립이 남한에서는 필연적일 것으로 인식하였다. 또한 이승만은 그의 단정론의 주장이 우파세력의 공고화를 가져올 뿐만 아니라 그 당시 독립국가에의 열망을 꿈꾸고 있었던 사람들에게는 하나의 가능성이 될 수 있으며, 비록 단정론이 실패한다 할지라도 이승만 자신에게 부과될 위험부담은 그렇게 크지 않을 것으로 생각했기 때문이었다.[50]

이승만의 단정론에 대해서 미군정은 초기에 반대의 입장에 섰

49. 손세일, 전게서, pp. 42−57.

50. 진덕규, 「이승만의 단정론과 한민당」, 동아일보사편, 『현대사를 어떻게 볼 것인가1』, 1987, p. 169.

다. 미군정은 이승만이 단정론을 주장했던 1946년 6월 11일에 러치 군정장관의 명의로 담화문을 발표하고 정식으로 반대의사를 표명하였으며, 하지 중장의 정치고문이었던 버취 중위의 알선에 의하여 5월 22일부터 김규식과 여운형 사이의 좌우합작운동이 본격적으로 추진되고 있었다.[51] 이러한 상황에도 불구하고 이승만은 그의 단정론을 계속하여 주장하였다. 즉 정읍에 이어 전북 이리에서도 같은 내용의 주장을 하였고, 12일에는 서울에서, 25일에는 개성에서 단정수립을 강력하게 주장하였다. 그는 이어 6월에 들어와서는 대한독립촉성국민회 전국대표자대회를 개최하여 그 스스로 총재가 되어서는 단정수립을 위한 기구의 창설을 도모하였다.

이승만은 미군정의 좌우합작정책에 불만을 갖고 있었고, 하지와 대립함에 따라 도미외교를 선택하였다. 이승만의 도미외교에서 도움을 많이 준 것은 한민당이었다. 특히 한민당은 미군정과 이승만과의 대립관계를 완화시키기 위하여 노력하였으며, 군정시대 여당으로서의 한민당의 위치와 미군정과 대립되는 이승만의 단정노선의 지지라는 양면적인 상황을 잘 중재하였다.[52]

더구나 이승만은 미국과 유엔을 은인으로 보고 있었기 때문에 그들에 의해 추진되는 남한 단독선거 자체에 대해 그 존재윤리 같은 것은 아예 문제시하지 않았고, 오직 단정수립만이 "국권을 하루바삐 세워서 우리가 일을 할 수 있게 되어야 사람도 살고 나라도 살게 된다"[53]라고 하면서 단정추진에 매진했다. 특히 이승만은 그의 담화에

51. 마크 케인, 『해방과 미군정』, 1946, p. 23

52. 진덕규, 전게서, pp. 172-173.

서 5 · 10선거 자체의 의미에 대해 오직 "독립주의와 독립반대주의, 또 이것도 저것도 아니고 기회만 엿보는 중간의 세 가지 중에 어떤 주의가 성공해야 될 것인가"[54]라고 하여 선 독립의 불가피성을 국민에게 호소했다. 이러한 과정에서 이승만은 친미와 미국식 민주주의를 토대로 하여 반소 → 반공 → 반탁 → 자율정부(단독정부) 수립논리를 전개하였다.

이승만의 단정논리는 미소 양군이 점령한 상태에서 남북을 포함하는 단일민족국가의 형성은 불가능하다는 인식의 결과였지만, 다른 측면에서 볼 때 가능한 지역에서만이라도 그가 염원해 왔던 미국식 자유민주주의에 입각한 민족국가를 수립하고자 한 의지의 산물이라고 볼 수 있다.

3. 반공이념 : 좌우합작과 공산주의자에 대한 인식

해방정국 하에서 세 지도자의 반공이념의 내용은 공산주의자와 소련에 대한 인식 그리고 좌우합작에 대한 인식에서 추론할 수 있다.

먼저 이승만의 반공이념을 살펴보면, 그는 1945년 11월 7일 중앙방송을 통하여 "인민공화국이 자신을 주석으로 선정한 것은 감사

53. 《동아일보》 1948년 3월 25일자.

54. 중앙선거관리위원회, 『대한민국선거사』 제1집, 중앙선거관리위원회, 1974, p. 451.

하나 자신은 임시정부의 한 사람으로 임시정부와의 타협 없이는 아무데도 관계할 수 없다"라는 명분으로 인민공화국 주석직 수락을 거부한 데서 단초를 발견할 수 있다. 그는 공산주의자들이 주도하고 있는 인민공화국의 주석직에 취임하기보다는 자신을 추종하는 세력을 중심으로 독립촉성중앙협회를 구성했다.[55)]

그의 반공이념은 1945년 11월 21일 중앙방송국을 통하여 발표된 '공산당에 대한 나의 관념'이라는 데서 분명히 나타났다. 이 방송에서 그는 "일제에 대항하던 공산주의자와 근로대중에게 복리를 주는 공산주의자에 대하여는 어느 정도 찬성할 수 있으나 경제정책의 이해를 염두에 두지 않고 공산정부의 수립만을 위해 각 방면으로 선동 소요를 일삼는 자는 한국의 독립에 방해를 가져오는 자이니 국민각자가 자각하여 선동에 유혹되지 말기를 바란다"라고 주장하였다. 이러한 그의 언급은 민족해방의 민족주의적인 측면과 근로대중을 위한 경제적인 측면에서는 긍정하지만 무조건적으로 모든 공산주의자들을 배척하는 것이 아니었다.[56)] 이러한 입장은 12월 17일 '공산당에 대한 나의 입장'이라는 방송에서 재차 천명되었다. 이 방송은 "한국은 현재의 형편상 공산당을 원치 않는다. 이는 공산주의를 배척하는 것이기보다 공산당 극렬분자의 파괴주의를 원치 않는 것이었다. 그 이유는 "공산 명목을 빙자하여 사익과 사욕을 위하여 국민을 기만, 위협, 약탈하며 공화국을 조작하여 국민의 분열을 획책하기 때문이다"라는

55. 송남헌, 전게서, p. 236

56. 이승만이 중앙방송국에서 행한 '공산당에 대한 나의 관념' 이란 연설문을 참고.

요지였다.[57]

1946년 11월 12일 이승만은 군정이양과 관련된 성명을 발표하였는데, 여기에서도 공산당과 관련된 부정적인 인식이 나타나고 있다.

> 공산분자들이 북방에서 재력과 병력으로 50만 명을 준비하고 수천명씩 연속 잠입하야 우리 경관들과 우리 부녀자와 아해들을 참살하며 방화 파업 파괴 등 각종의 非人道인 악행으로 南鮮을 위협 정복하려는 위험한 독화에 대하야 중립하는 미국인 관할하에서는 우리가 속수무책이니 속히 정권을 가저야 상당한 국방을 준비할 것이오.[58]

이승만의 공산주의에 대한 비판은 남한 단독선거 실시를 앞두고 더욱 구체화되어 갔다. 실례로 1948년 1월 26일 유엔 한국임시위원단의 초청으로 협의에 응한 이승만은 유엔한국위원회가 통일정부를 수립하기 전 3, 4주일 이내에 과도 선거를 실시하여야 하며, 그렇지 못할 경우에는 남한에 통일정부를 수립하여야 한다고 역설하였다. 그리고 그렇게 하지 않으면 미군정의 후원을 받는 중간파에 의해서 공산분자가 다시 활동할 기회를 얻게 될 것이라고 주장했다.

이승만의 친미반소노선은 개화기부터 일반화되어 있던 '防俄論' 또는 '러시아 경계론'에 뿌리를 두고 있으며, 그가 독립협회의 구국운동에 앞장섰을 때부터 미국이 소련에 비해 한국에 대한 영토적

57. 송남헌, 상게서, pp. 237–238.

58. 「군정이양」, 심지연 엮음, 『해방정국논쟁사』, pp. 36–237.

야심이 없다고 믿었으며, 해방 이후에도 한국의 자주독립과 공산화를 막기 위해 미국의 도움이 필요하다고 생각했다.[59] 또한 독립운동기의 임정승인 청원외교 과정에서도 구한말의 러시아 경계론이 공산주의 소련의 경계론으로 바뀌어 나타났다. 그는 미국에 대해 장래의 소련의 한반도에 대한 세력확장에 대해 경고하였다. 해방 이후 이승만은 미국무성의 대소협력유화정책을 맹렬히 비난하면서 소련과의 협상을 포기하도록 종용하였고, 당시 좌익세력의 행위를 매국적이고 반민주적인 행위로 규정하였다고 할 수 있다.

Ⅴ. 맺는 말

지금까지 해방으로부터 정부수립까지의 건국과정에서 주도적인 역할을 하였던 보수 · 우익세력의 핵심적 지도자인 이승만의 건국사상이 어떻게 형성되어 왔고 해방정국에서 어떻게 표출 · 적용되었는가에 대해 중점적으로 분석하였다. 해방정국에 있어서 좌우익 공히 전통적인 유교적 질서나 식민지적 유산을 어떻게 지켜나가고 변형시킬 것인가가 아니라 서구의 진보주의적 가치인 사회주의, 자유주의, 자본주의, 그리고 공산주의를 설계 · 적용 · 확립하려고 모든 노력을 경주하고 있었다. 이러한 상황 하에서 이승만의 친미적 자유민주주의

59. 이인수, 『대한민국의 건국』, 도서출판 촛불, 1988, p. 85.

민족국가 건설에 대한 사상은 개화기로부터 형성되어 독립운동 과정을 거치는 동안에 더욱 확고해졌으며, 독립운동기에 형성된 반공이념과 더불어 해방정국에서 그의 정치적 행위와 사고의 표출과 적용을 하는 데 있어서 결정적인 요인이 되었음을 확인할 수 있었다.

이승만의 구한말의 민족문제의 해결방안은 급진적인 구미화를 통한 계몽의 성격과 외교를 통한 국권의 보존이었다. 독립운동기에는 교육의 중시와 임정의 외교적 승인을 통한 민족해방과 친미적 자유민주주의 민족국가 건설의 준비에 중점을 두었다고 볼 수 있다. 특히 주목할 점은 이 시기에 미국을 태평양의 중심국가, 더 나아가서 세계의 중심국가로 인식하였다는 점이고, 제2차 세계대전 말기에 미소의 대결이 도래할 것을 인식하여 구한말과 마찬가지로 제국주의 침략국가로 소련을 규정하여 이에 대비할 것을 주장하였다는 점이다.

이승만은 구한말에 이미 서구민주주의 혹은 미국식 민주주의에 대한 관점을 정립하였다. 다만 구한말에는 입헌군주제를 선호하였는데, 그것은 당시의 정치체제(군주제)를 감안한 것이었다. 독립운동기에는 철저한 미국식 민주주의의 신봉자가 된다. 또한 이승만은 이 기간 중에 반소적 반공이념을 확립하였다. 이승만은 이념적인 문제보다는 현실적인 국제정치적 시각에서 반러시아의 관점이 반공이념의 핵심을 이룬다고 볼 수 있다.

해방정국에서의 민족주의, 민주주의, 반공이념의 적용문제이다. 민족주의는 민족보다는 계급혁명을 우선시하는 좌파에 대한 반응이다. 민족을 우선시하는 이들이 철저하게 반공이념을 갖게 한 계기는 좌파의 찬탁노선이었다. 이승만의 일관된 반러시아관, 김구의 반-사회주의 조국론은 초기 반공이념의 확산에 결정적 역할을 하였다고 볼 수 있다. 민주주의 문제에 있어서는 미국식 민주주의를 선호하는, 즉 자유를 중시하는 이승만의 건국사상은 계급독재로 인식하고 있는 좌파의 건국사상과는 양립할 수 없는 것이었다.

마지막으로 해방3년사에 대한 인식이다. 해방정국은 좌우파를 막론하고 자기 나름대로의 민족국가 건설의 사상을 가지고 이를 실현하려고 노력한 사상의 실험장으로 볼 수 있다. 이들 모두는 이미 해방 이전에 확립된 국가건설사상을 정립하고 있었으며, 권력투쟁이나 이념대립으로서 분석하는 것은 일면으로 타당하나 분단의 책임을 어느 한 부분에 지우는 것은 타당하지 않다고 본다. 즉 그것은 민족국가건설사상에 대한 이해는 책임의 문제보다는 선택의 문제로 보는 것이 옳다. 이승만의 건국사상은 서구적 의미의 근대화 개념을 건국과정에서 적용시키려고 하는 것이었고, 오늘날에 이르기까지도 보수우익세력의 사상적 기반이 되었다고 할 수 있다. 해방정국에서 보여진 이승만의 건국사상은 단순히 현실주의적 권력욕에 기인한 것이 아니라, 개화기로부터 형성되고 독립운동 과정을 거치면서 확립되었던 일관된 건국사상이 표출되고 적용된 것이라 할 수 있다.

참고문헌

【일반논문】

❖ 강준식, 「미군정의 좌익언론 말살작전 : 해방곤간 한국언론사(상)」, 『다리』, 1990. 1; 「'하지'와 이승만, 김구, 영운형의 암투」, 『신동아』, 1989. 2; 「해방정국 미군정의 이승만 옹립 드라마 : 미군정 비밀문서를 통해 본 해방정국의 정치인들」, 『신동아』, 1989. 1.

❖ 고정휴, 「개화기 이승만의 사상형성과 활동」, 『역사학보』, 1986. 9; 「해방 전야, 해외 4대세력 무엇을 하고 있었나 : 이승만과 구미위원부」, 『역사비평』, 1991. 8.

❖ 고휘주, 「이승만의 건국노선」, 『원광대통일문제논문집』, 1990. 12.

❖ 공익두, 「이승만 노선을 재평가한다」, 『정경문화』, 1983. 9.

❖ 김구섭, 「이승만의 정치노선에 관한 연구 : 1945-1948」, 『공사논문집』, 1982. 9.

❖ 김도현, 「이승만과 독립촉성회」, 『조선』, 1985. 8; 「제헌과 개헌, 그리고 이승만」, 『마당』, 1983. 12.

❖ 김용서, 「건국 보수주의의 공과 : 한국의 보수와 그 논리」, 『자유공론』, 1991. 11.

❖ 김운태, 「미군정 초기의 한국통치」, 『학술원논문집』, 1989. 12.

❖ 김주식, 「전통 · 지식인 · 외세 : 청년 이승만의 대외인식」, 『해사논문집』, 1985. 9.

❖ 김호성, 「한국현대사에 대한 여러 인식」, 한승조 외, 『해방전후사의 쟁점과 평가 1』, 형설출판사, 1990.

❖ 박호성, 「보수와 진보, 그리고 한국적 보수주의」, 『언론과 비평』, 1987. 7.

❖ 백운선, 「이승만 세력의 정치적 헤게모니 과정」, 『사상과 정책』, 1988. 9.

❖ 서중석, 「이승만 대통령과 한국 민족주의」, 『한국민족주의론』 2, 창작과 비평사, 1983.

❖ 소유린 · 하정옥 역, 「이박사와 하아지 중상」, 『정경연구』, 1978. 1.

❖ 손세일, 「이승만 박사와 김구 선생」, 『신동아』 上中 ; 「해방40년 한국인물 40선 : 이승만」, 『정경문화』, 1985. 1.

❖ 송건호, 「이승만과 김구의 민족노선」, 『창작과 비평』, 1977. 3 ; 「몽양 여운형(하)」, 『마당』, 1983. 6.

❖ 양승태, 「한국 보수주의 연구 시론」, 한국정치학회 1994년도 연례학술대회 발표논문, 1995. 12.

❖ 유민영, 「이승만의 단정수립과 단선, 난정반대투쟁」, 『동국』, 1988. 3.

❖ 윤치영, 「반공, 건국에 영일없던 나날, 이승만, 광복주역들의 8 · 15 전후」, 『신동아』, 1977. 8.

❖ 이동현, 「미군정시대와 단독정부 수립(1945－1948)」, 한국정치외교사학회 편, 『한국현대사의 재조명』, 대왕사, 1990.

❖ 이승만 · 이정식 역주, 「청년 이승만 자서전」, 『신동아』, 1979. 9.

❖ 이인수와 프란체스카, 「이승만 : 격정과 외곬의 독립투사, 슬픔의 최후」, 『민족지성』, 1986. 8.

❖ 이정식, 「The Personality of Four Korean Political Leaders : 이승만, 김구, 김규식, 여운형」, 『아세아연구』, 1984. 1.

❖ 임홍빈, 「미국측 극비자료를 토대로 한 입체분석 : 이승만, 김구, 하지(하)」, 『신동아』, 1983. 12 ; 「이승만, 김구, 하지(상) : 미국측 극비자료를 토대로 한 입체분석」, 『신동아』, 1983. 11.

❖ 장을병, 「이승만과 상징소작」, 『신동아』, 1982. 7.

❖ 최진영, 「한국 대통령과 미국의 함수관계 : 제1편 난세의 야심가 이승만」, 『의정뉴스』, 1989. 6.

【학위논문】

❖ 고휘주, 「이승만의 정치권력에 관한 연구 : 통치자 윤리와 정치권력의 절차적 정당성 문제를 중심으로」, 중앙대 박사, 1990. 2.

❖ 권용립, 「미국적 보수주의 연구」, 서울대 박사, 1990. 8.

❖ 김일영, 「이승만 통치기 정치체제의 성격에 관한 연구」, 성균관대 박사, 1991. 8.

❖ 안병도, 「한반도 분단화 과정에 관한 연구 : 국가수립의 갈등구조를 중심으로」, 연세대 박사, 1990. 2.

❖ 오재완, 「미국의 대한정책과 미군정의 국내정치적 역할 : 1945–1948」, 고려대 박사, 1991. 8.

❖ 윤원태, 「정치지도자들의 해방정국 인식과 대응에 관한 연구 : 이승만, 김구, 김규식, 여운형, 박헌영을 중심으로」, 경남대 박사, 1989. 8.

❖ 한점수, 「한국 민족주의에 관한 연구」, 중앙대 박사, 1983. 6.

❖ 한흥수, 「근대 한국 민족주의에 관한 연구」, 연세대 박사, 1975.

❖ 홍순권, 「이승만의 권력장악에 관한 연구–해방후 정부수립까지」, 서울대 석사, 1985. 2.

【단행본】

❖ 공보실, 『대통령 이승만 박사 담화집』 Ⅰ–Ⅲ, 공보실, 국가보훈처.

❖ 국사편찬위원회, 『한국독립운동사』 1–5, 정음문화사, 1983.

❖ 김국태 옮김, 『해방3년과 미국 Ⅰ–미국의 대한정책 1945–1948』(미국국무성비밀외교문서), 돌베개, 1984.

❖ 김남식 · 이정식 · 한홍구 엮음, 『한국현대사 자료총서』 10. 12, 돌베개, 1988.

❖ 김용서, 『한국형 보수주의와 리더십』, 을지서적, 1992.

❖ 김운태, 『한국정치론』, 박영사, 1976 ; 『미군정의 한국정치』, 박영사, 1992.

❖ 박영일 역, Oliver, Rovert T., 『대한민국 건국의 비화 : 이승만』, 계명사, 1990.

❖ 박찬승, 『한국 근대정치사상사 연구』, 역사비평사, 1992.

❖ 방선주, 『재미한인의 독립운동』, 한림대학교 출판부, 춘천, 1989.

❖ 부르스 커밍스 외, 『분단전후의 현대사』, 일월서각, 1983.

❖ 서정주, 『우남 이승만전』, 화산문화기획, 1995.

❖ 손세일, 『이승만과 김구』, 일조각, 1970.

❖ 송남헌, 『해방 삼년사』 I · II, 까치, 1989 ; 『한국현대정치사』, 성문각, 1986.

❖ 이병수, 『대통령들의 초상』, 서당, 1991.

❖ 이승만, 『독립정신』, 1904, 중앙문화협회간, 1947 ; 이승만 · 이종익 역, 『일본 군국주의의 실상』, 나남, 1987.

❖ 이원순, 『인간 이승만』, 신태양사, 1988.

❖ 이인수, 『대한민국의 건국』, 촛불, 1988.

❖ 이정식 외, 『한국현대사와 미군정』, 한림대학교 아시아문제연구소, 1991.

❖ 이현희, 『대한민국임시정부사』, 집문당, 1982.

❖ 조선일보사, 『뭉치면 살고』, 조선일보사 편집, 1995.

❖ 한승조 외, 『해방전후사의 쟁점과 평가』 1 · 2, 형설출판사, 1990.

제 2 장

몽양 여운형의 국가건설사상 :
'진보적 민주주의' 통일국가

홍원표(한국외국어대)

"나는 꿈이 많은 사람이외다. … 꿈이란 과거생활에 재현입니다."

여운형, 『조광』(1938)

Ⅰ. 서론 : 좌절된 꿈의 재현

해방공간에서는 정치적 자유를 확보하려는 국민들의 정치적 열정이 분출하였다. 식민통치의 종말과 한국의 건국 사이에 존재했던 3년간의 해방공간은 정치적 측면에서 새로운 시작의 계기를 제공하였다. 해방공간은 말 그대로 정치적 자유가 숨쉬는 공간이지만 식민통치의 과거와 국가건설의 미래와 무관할 수는 없었다.

해방정국 초기 정치공간의 중심에 서 있었던 몽양은 새로운 국가를 건설하기 위한 정치활동에 적극 참여하였다. 몽양의 정치활동은 식민통치의 과거뿐만 아니라 새로운 국가의 출현이란 미래의 정치적 사건과도 무관할 수 없었다. 그러므로 필자는 식민통치 기간 중의 몽양과 해방정국에 서 있던 몽양의 정치적 행적과 사유에서 일관성을 부각시키고자 한다. 식민통치기 몽양의 행적과 정치적 사유가 한편으로는 해방정국을 주도하는 데 기여하였지만, 다른 한편으로는 일부 세력은 몽양의 새로운 시도와 주도적 활동을 방해하기 위한 수단으로 식민통치기 행적을 악의적으로 부각시키기도 하였다.

국민들의 정치적 삶에 질서를 부여하는 권위가 부재한 상황에서 몽양의 주도적 활동을 방해하는 반정치적 활동에도 나타나듯이 해방정국은 식민통치시대로부터 자유롭지 못하다는 점을 보여주고 있다. 해방정국에서 정치행위자들은 모습을 드러내야만 했지만, 모습을 드러낼 수 없는 세력은 새로운 정치공간의 왜곡을 통해서만 생존을 유지하는 수단을 택하지 않을 수 없었다. 따라서 해방공간의 중심에 서 있었던 몽양에게는 테러의 그림자가 따라다녔다.

몽양은 건국활동에 참여하면서도 12차례나 테러로 위협을 받았다. 이러한 테러에도 불구하고 건국활동에 대한 몽양의 열정은 지속되었다. 테러의 위협에도 불구하고 건국활동에 참여했던 몽양의 정치적 열정은 과연 어디에서 나왔는가? 몽양은 반정치적 테러의 위험을 감수해야만 하였다. 여유 있는 관찰자의 눈에 건국활동이란 역사적 사실은 잘 드러나겠지만 몽양의 활동에 내재된 고뇌와 열정을 드러내기란 쉽지 않을 것이다. 국가건설과 관련한 몽양의 행적과 정치적 사유에 대한 이해는 몽양의 정치적 열정에 대한 이해에서 비롯된다. 조부의 꿈, 즉 중국경륜의 구상은 실패로 끝났지만, 이러한 구상에 대한 조부의 이야기는 어린 시절 몽양의 정신세계에서 중요한 자리를 차지하게 된다. 할아버지의 좌절된 꿈을 재현하려는 몽양의 꿈은 정치적 열정을 유지케 하는 원동력이었다. 이러한 정치적 열정은 해방정국에서 발생하는 새로운 정치적 사건 또는 외부요소들의 등장과 관련하여 다양한 양태로 표출될 수밖에 없다. 해방정국, 강대국의 한반도 진주, 다양한 정치세력의 갈등 속에서 몽양의 일관된 정치적 신념과 사유의 궤적을 표출시키기 어렵다. 따라서 국가건설과 관련한 몽양의 행적과 사유 궤적의 의미를 부각시키기 위해 다음과 같이 몇 가지 사항을 고찰하기로 한다.

첫째, 해방 이전 형성된 여운형주의와 건국동맹 활동을 고찰하기로 한다. 여운형주의는 독립운동의 실천이념이자 건국활동의 실천이념이기도 하다. 몽양은 독립운동 과정에서 실천원리로 택하고 있는 참여조직의 개별성과 유대를 강조하였으며, 이러한 실천원리를 건국활동에도 적용시키고자 하였다.

둘째, 해방정국에서 건국동맹의 위상과 목표에 대해 고찰하기로 한다. 해방정국에서 몽양이 왜 다른 정치지도자들과 달리 주도적 역할을 담당했는가를 이해할 수 있다.

셋째, 해방정국에서 어떠한 형태의 국가를 건설하고자 했는가에 대한 몽양의 정치적 목표를 고찰하기로 한다. 몽양은 건국활동에서 행위자의 역할 인식변화에 따라 한국의 국가형태를 진보적 민주주의 국가에서 자주적 통일국가로 바꾼다. 이러한 전환은 몽양의 실천이념을 일관되게 반영하고 있는가? 제4-5절에서는 이러한 상황을 개별적으로 전개하면서도 여운형주의의 일관된 적용이라는 입장에서 논지를 전개할 것이다. 따라서 결론에서는 몽양이 진정으로 구상했던 국가, 즉 '진보적 민주주의' 통일국가[1]에 대한 필자의 입장을 제시하기로 한다.

Ⅱ. 여운형주의의 실천이념 : 조직의 자율성과 연대

몽양은 조부 여규신으로부터 많은 영향을 받았다. 조부는 중국 정토를 정부에 건의하였다가 평안도 영원에서 유배생활을 하였다. 몽양은 "맛손자 되는 날더러 중국과 조선의 근세사를 이야기하며 북정(北征)의 경륜(經綸)이 결코 그릇된 국책이 아니라는 것과 그 경륜을 펴기 위하여 이러저러한 국가적 준비와 민족적 계획이 잇서야 한다"[2]는 조부의 이야기를 회상하였다. 몽양은 독립운동으로 투옥되었다가 풀려난 직후인 1932년 『삼천리』에 게재한 「자서전」에서 간접적으로 독립운동의 동기를 회고하였다.[3] 몽양의 회고에는 몇 가지 중요한 정

1. 몽양은 정국의 변화 과정에서 두 가지 성격의 국가, 진보적 민주주의 국가와 자주적 통일국가를 제시하고 있지만 실질적으로 통일국가는 민족공동체를 의미하며, '진보적 민주주의'를 통해 국가의 성격을 규정하고 있다. 이러한 측면에서 필자는 몽양의 입장을 고려하는 표현을 차용하였다. 여운홍의 표현를 차용하자면, "자주독립 통일 민주국가"이다. 여운형, 『몽양여운형전집 2』(서울 : 한울, 1993), 177쪽.

2. 『몽양여운형전집 1』, 25쪽.

치적 의도가 담겨져 있다.

조부 여규신의 조선 독립의 구상과 체험담은 몽양의 독립운동 이념에 중요한 기초가 되었다. 규신의 개인적 이야기는 몽양의 정치적 실천의 계기를 제공하였다. 몽양은 자신의 구상을 실천하기 위한 정치적 사유를 통해 그 실현 가능성을 높이고자 하였다. 독립운동의 사상적 기반으로서 여운형주의는 이러한 노력의 결실이며, 해방정국에서도 여전히 실천이념으로 적용되고 있다. 해방정국에서 몽양의 건국활동을 고찰하기에 앞서 여운형주의의 구체화 과정을 독립운동을 중심으로 고찰하기로 한다.

몽양의 해외 독립활동은 제1차 세계대전이 발발하던 1914년부터 본격적으로 시작된다. 몽양은 이때 중국으로 건너갔으며, 1917년과 1918년 국내에 잠시 귀국한 이후 1929년 일본 경찰에 체포되어 부산으로 압송될 때까지 주로 중국에서 활동하였다. 몽양은 신한청년당 조직, 2 · 8독립선언 및 3 · 1운동 관여, 상해임시정부 외무부 차장 활동(1919), 김규식의 파리강화회의 파견(1919), 고려공산당 참가(1920), 모스크바 국동피압박민족대회 참가(1922), 한인노병회 조직(1922) 등 독립운동에 적극적으로 참여하였다.

몽양은 중국혁명 실패 이후 상해 복단대학에서 축구부를 지도하였으며, 1928년 축구팀을 이끌고 말레이시아, 자바, 수마트라, 필리핀 등지를 순회하면서 피압박민족대회를 준비하였다. 몽양은 이 문제

3. 한 가정의 이야기는 몽양의 「자서전」을 통해 우리의 이야기가 되었다. 조부와 부친의 대조적 성격에 대해서는 이기형, 『몽양 여운형 평전』(서울 : 실천문학사, 2000), 29–30쪽을 참조하시오.

때문에 1929년 상해에서 일본 경찰에 체포되어 일본 나가사키를 거쳐 서울로 호송되었다. 몽양의 압송은 개인적으로는 불행이었다. 그러나 몽양은 이를 계기로 자신의 정치행위를 위한 기본 이념을 확고하게 정립하였다. 즉 "몽양의 투옥은 혁명운동 면에서 커다란 과제를 만든 것이다."[4] 약 1년의 예심기간 중 몽양은 독립운동에 대한 자신의 입장을 뚜렷하게 정립하였다. 경찰 심문과정에서 사법경찰관 다나베 다카시(田邊孝)가 "장래의 조선 독립운동에 대한 의견은 어떠한가?"라고 질문하자 몽양은 다음과 같이 답변하였다.

> 3 · 1운동 당시에는 전민족의 응결된 불평에서 조선독립을 얻는 외에는 행복을 발견할 수 없다는 생각이 왕성했다 …. 임시정부위원과 같은 단순히 영웅심리에 지배되어 전민중에 대해서는 하등의 감화력을 주지 못했다. 그와 같은 것은 조선의 독립운동에 대해 악영향을 미칠 뿐 하등의 효과를 거둘 수 없다.[5]

이어서 "너의 조선도착 후의 감상은 어떠했는가"라는 질문에 대한 답변에는 몽양의 개인적 비애가 잘 드러나고 있다.

> 내가 상해에 도착할 때는 유럽대전쟁의 초기였기 때문에 … 내가 10년 내지 15년이 지나 귀국할 경우에는 영광스럽고 빛나는 귀국을 할

4. 이만규, 『여운형선생투쟁사』(서울 : 민주문화사, 1946) 106쪽. 이 책은 『몽양 여운형전집 2』(서울 ; 한울, 1993)에 전면 수록되어 있다.
5. 『몽양여운형전집 1』, 442쪽.

수 있다고 몽상을 했었는데 지금은 완전히 일장춘몽이 되어 … 산하를 접하니 생각할 때 어떻게 혁명가의 일상이라 말할 비분의 눈물을 흘리지 않을 수 없었다.[6)]

이와 같이 몽양은 당시 자주독립에 대해 비관적인 입장을 가지고 있었다. 이 답변내용에는 몽양의 현실인식이 명료하게 드러나고 있다. 몽양의 여운형주의는 임시정부위원의 단순한 영웅심리가 독립운동을 촉진시키기보다 오히려 악영향을 미친다는 현실인식에서 구체화된 처방책이라고 할 수 있다. 몽양은 자주독립에 대한 비관적 인식에 머물지 않고 암울한 난관을 극복하기 위한 실천이념을 정립하였다. 특히, 몽양은 독립운동에 참여하는 정치세력들의 개별적 위상을 존중하되 자주독립이라는 목표를 실현하기 위해서는 대동단결이 절대적으로 필요하다는 실천이념을 강조하게 되었다.

… 장래의 독립운동은 전민중에 기초를 두고 그 조직적 후원 하에서 하지 않으면 소기의 목적을 달성할 수 없으므로 조선민중의 대다수를 차지하는 농민의 고양에 역점을 두고, 사회의 각 계급을 통해 그들 각 단체의 조직을 강고하게 하는 것이 최급선무이다.[7)]

나 개인으로서 주의는 마르크스주의자이다. 또한 조선독립운동에 대해서는 민족주의적 행동을 한 것이다. 러시아에는 레닌주의가 있

6. 앞의 책, 443쪽.
7. 앞의 책, 442-3쪽.

> 듯이, 중국에는 삼민주의(손문주의)가 있고, 조선에는 **여운형주의로써** 하는 것이 조선해방의 첩경이라고 생각한다(굵은 글씨 필자 강조).
>
> 조선에서는 계급투쟁을 해서는 안 된다. 공산주의, 사회주의, 민족주의 등 각 주의를 고집하는 것도 불가하다. 전민족은 각기 그 주의를 버리고 일치단결하여 공공의 이익을 획득하기 위해 현 단계에서 가장 가능 적합한 프로그램에 그 총역량을 집중하여 제국주의에 저항해야 한다고 생각한다.[8)]

몽양이 투옥되어 있던 때인 1931년 민족협동전선을 목표로 하는 신간회가 해소되었으며, 민족주의자 내부의 분화가 심화되었다. 일본이 독일과 함께 국제연맹을 탈퇴하고 만주국을 승인하던 1933년에 몽양은 조선중앙일보 사장으로 취임하여 언론을 통해 일본에 투쟁하였다. 몽양은 독립운동자들 다수를 신문사 직원으로 채용하였으며, 최린 등의 민족적 범죄자나 특권층의 비위와 추행을 보도하는 데 주저하지 않았다.[9)] 몽양은 1936년 초 재정적인 어려움과 경영난, 친일분자들의 파괴공작으로 신문사 운영에 있어서 많은 어려움을 겪고 있었다. 이러한 어려움 속에서도 몽양은 8월 11일자 신문에 올림픽 관련 기사를 게재하면서 일장기가 지워진 손기정 선수의 사진을 실었다. 몽양은 이 일장기 말소사건으로 신문사를 자진 폐간시켰다.

몽양은 「꿈은 과거생활의 재현」에서 건국에 대한 열망을 꿈으로 표현하였다.[10)] 몽양은 일본의 정치적 유린으로 민족정신을 상실한

8. 앞의 책.
9. 이기형, 『여운형평전』, 180쪽.

조국을 신경이 약해진 자신으로 비유하고 있다. 몽양은 일장기 말소 사건으로 조선중앙일보 사장직에서 물러나 있었기 때문에 어려움을 겪고 있던 1938년 "쇠약한 상태에서 꿈을 자주 꾸지만 운동으로 어느 정도 건강을 찾은 뒤에도 꿈이 여전히 자신을 떠나지 않는다"는 정치적 수사를 통해 독립에 대한 열망이 식지 않았음을 밝히고 있다. 청년의 이상을 역설한 『현대 청년론』에는 몽양의 의지가 강하게 반영되어 있다.

몽양은 이미 노구교사변이 발생하였을 때 건국 준비의 필요성을 인식하였다. 몽양은 이만규에게 "여보, 也自(이만규의 호). 인제 일본은 망하오. 전쟁은 장기전에 들어갈 터이고 망할 것은 시간문제뿐이오. 우리도 준비하여야 하겠소"라고 밝혔다.[11] 이만규는 노구교사변에 대한 일반 지식계급의 태도를 4가지로 분류하였다. 이들 가운데 일본이 꼭 진다는 태도를 보였던 소수의 인물들이 몽양과 관계를 유지하였다. 몽양은 이러한 중대한 시기에 소극적 저항과 적극적 준비 두 방면을 택하여 행동하였다.[12]

몽양은 친일파 간담회 출석, 칙임참의, 강연방송을 거부함으로써 일본에 소극적으로 저항하였다. 그러면서도 몽양은 1940년에서 1942년까지 일본을 다섯 차례 방문하였으며, 일본 방문을 통해 일본이 패망할 것을 예감하였다. 몽양은 1942년 4월 18일 미국 비행기가 동경을 폭파한 것을 목격하였으며, 귀국 후 이 사실을 유포하였다. 몽

10. 앞의 책, 186-190쪽.
11. 이만규(1946), 138쪽 ; 이만규(1993), 321쪽.
12. 이만규(1946), 140쪽 ; 이만규(1993), 322쪽.

양은 치안유지법, 육해군형법, 조선임시보안령 위반 죄목으로 투옥되었다. 서대문형무소에 투옥되었던 몽양은 이 기간 중 해방과 건국을 위한 구상을 하게 되었다. 이와 같이 몽상을 실재로 바꾸려는 몽양의 노력은 민족적 개별성을 부정하고 유린하는 제국주의의 억압 속에서 지속되었다.

몽양은 독립운동에 참여하는 과정에서 다양한 조직의 구성과 운영에도 불구하고 개별성과 공동성의 원리를 준수하였다. 몽양은 일본 제국주의의 억압에 의한 민족적 개별성을 확립하려는 노력으로서 독립운동의 정당함을 견지하고자 하였다. 대동아공영권을 획책하는 일본의 창씨개명에 반발하여 "사꾸라만 심어서야 공원이 될 수 없다"는 몽양의 주장은 민족과 민족의 관계에서 개별성을 존중해야 한다는 의지를 담고 있다.

그러나 몽양은 제국주의의 유린에도 불구하고 민족운동단체들 내의 이념적 갈등을 극복하지 않고는 자주독립이 어렵다고 생각하였다. 몽양은 이를 극복하기 위한 원칙으로 자주독립운동에 참여하는 사람들의 다양한 정치이념의 존재를 인정하였다. 몽양은 정치이념의 지형에서 각 영역의 개별성을 인정하였고, 정치영역 내에서 좌파와 우파의 공존을 인정하고 있다. 몽양은 독립운동단체들이 각기 자신의 존재만을 부각시킴으로써 다른 단체들과 갈등만을 심화시키는 상황에 정면으로 대응하여 공통목적을 위한 연대, 즉 대동단결의 필요성을 강조하였다. 자유주의와 사회주의가 각기 상이한 자기 보존원리와 조직화 전략을 가지고 있기 때문에 각각의 원리와 전략이 충돌될 수 밖에 없었다. 몽양은 20년대 독립운동 과정에서 이러한 갈등의 한 가운데 있었으며, 식민화된 민족의 고통을 경험하였다. 몽양은 이러한 경험을 명백히 파악하고 이를 극복하기 위한 정치원리를 정립하였다.

몽양은 독립운동가들의 독자적인 정치이념을 인정함으로써 관용과 포용의 정신을 보여주었다. 이러한 정신은 조선독립운동에 있어서 정치이념의 차이를 뛰어넘는 대동단결, 즉 연대로 구체화된다. 개별성과 공동성이란 상반된 특성을 지니고 있다. 그러나 국가건설과 민족통일이란 목표는 이 상반된 원리들의 균형적 공존을 가능케 한다. 몽양이 독립운동 과정에서 실현하고자 했던 이상적인 이념과 현실 사이에는 심각한 괴리가 있었다. 몽양은 자신의 사상체계인 여운형주의의 실천을 통해 이 간극을 좁히는 데 헌신하였다.

Ⅲ. 건국동맹의 결성과 활동 : 해방과 건국 준비

건국동맹(建國同盟)은 해방과 자유의 실현이란 두 가지 목적을 동시에 추구한 정치조직이다. 건국동맹은 일제 말기 결성된 비밀조직이지만 해방 후 건준 활동과 인민당의 조직화에 있어서 중요한 기초가 된다. 즉 일본 제국주의에 치명상을 가할 뿐만 아니라 건국을 준비하는 데 역점을 두었다. 물론 "건국동맹이란 명칭이 민족해방투쟁보다 해방 후 '건국' 준비사업에 보다 강조점을 둔 것이라"[13]고 평가

13. 정병준, 『몽양여운형평전』(서울 : 한울, 1995), 83쪽.

할 수도 있지만 해방이 선행되지 않는 자유의 확립을 상정하기는 어렵다. "해방과 자유는 동일한 것이 아니다. 해방이 자유의 조건이기는 하지만 결코 자동적으로 자유로 이어지는 것은 아니기"[14] 때문이다. 건국동맹이 건준과 인민당 구성에 있어서 중요한 역할을 했다는 점을 고려할 때, 몽양이 어떠한 계기와 원칙으로 건국동맹을 구성하고 운영했는가를 우선적으로 고찰할 필요가 있다.

몽양은 1942년 조선독립의 필연성을 역설한 혐의로 투옥되었으며, 1943년 7월 2일 집행유예로 가석방되었다. 일제는 가석방을 빌미 삼아 몽양의 전향을 강요하였다. 몽양은 전향으로 심적인 고통을 받았지만 일제와 일정한 관계를 유지하면서 건국활동을 위한 계기를 마련하고자 하였다. 몽양은 이러한 전향 때문에 해방정국에서 반대파들로부터 공격을 받았다. 그러나 미전향상태에서 정치활동을 기대하기란 어려웠다. 미전향상태에서 어떠한 활동도 어려웠기 때문에 몽양은 미전향을 고립무원, 그의 표현대로 "오소리생활"[15]이라고 인식하였다.

출옥 직후 몽양은 조동호, 이상도, 이상백 등과 조선민족해방연맹을 결성하기로 약속하였다. 그러나 대화숙의 전국적인 감시망이 작동되고 있는 상황에서 독립활동은 제약을 받았을 뿐만 아니라 애국자를 물색하는 것도 어려웠다. 몽양은 전민족적 연합전선체인 '조선민족해방연맹'을 구축하지 못하고 1년간 활동을 하면서 다른 대안을 모색하였다. 패망에 직면한 일제에게 결정적인 타격을 가하고 건국사업에 매진할 수 있는 민족통일전선이 바로 그 대안이었다.

14. 아렌트, 『혁명론』(서울 : 한길사, 2004), 96쪽.
15. 정병준, 앞의 책, 73쪽.

몽양은 1944년 4월 거짓 환갑잔치를 열고 조선건국동맹 조직을 결성하기 위한 예비모임을 가졌으며, 8월 조동호, 김진우, 이석구 등과 삼대 철칙인 불언(不言), 불문(不文), 불명(不名)에 입각해 비밀조직인 건국동맹을 결성하였다. 이후 몽양은 이걸소, 최병철, 김세용, 이여성, 박승환, 김문갑, 이상백, 허규, 이만규, 이수묵, 정재철을 가맹시켰다. 10월에는 3부(내무부, 외무부, 재무부)를 구성하고 강령을 작성하였다. 이 강령은 다음과 같다.

① 각인각파를 대동단결하여 거국일치로 일본 제국주의 제 세력을 구축하고 조선민족의 자유와 독립을 회복할 것.
② 반추축 제국과 협력하여 대일 연합전선을 형성하고 조선의 완전한 독립을 저해하는 일체의 반동세력을 박멸할 일.
③ 건설 부면(部面)에 있어서 일체 시위(施爲)를 민주주의적 원칙에 의거하고 특히 노농대중의 해방에 치중할 일.[16)]

건국동맹의 강령은 몽양이 독립운동 과정에서 일관되게 준수하였던 중요한 실천원리들을 담고 있다. 각인각파의 존재와 역할을 인정하는 첫째 강령에는 각 단체의 개별성을 존중한다는 이념이 핵심이다. 둘째 강령에서는 특정 집단이 아닌 민족이 모두 참여해야 한다는 공동성의 이념을 강조하고 있다. 민족의 범주에서 친일분자와 민족반역자는 배제되고 있다는 점에서 민족주의적 이념을 강조하고 있다. 셋째 강령에서는 민주주의 원칙을 강조함으로써 첫째 강령과 둘째 강

16. 이만규, 앞의 책, 188쪽.

령의 핵심 이념의 균형적 실천 가능성을 강조하고 있다. 따라서 건국동맹은 혁명을 추진하는 자발적 기초조직인 타운미팅, 꼼뮌, 평의회과 유사한 성격을 지니고 있다.

제국주의의 억압으로부터 벗어나는 해방은 정치적 자유의 확립을 목표로 하는 건국과 다른 정치행위이다. 몽양은 민족의 해방과 자유의 확립이라는 목표를 추구하는 데 있어서 이념논쟁의 위험성을 경고하였다. 정상적인 정치적 상황에서 개개인 또는 집단들의 이념적 우위성을 드러내려는 논쟁은 합의와 동의를 획득하는 데 한계를 가지고 있기 때문이다. 혁명과정에 존재하였던 평의회가 합의와 동의를 끌어내는 조화적 또는 결사체적 공공영역의 성격을 띠고 있다는 역사적 교훈에 비추어 볼 때, 몽양의 건국동맹은 통합정치의 중요성을 기저로 삼고 있다. 물론 건국동맹은 초기 공개적으로 활동하지 않았지만, 억압적 상황에서 건국을 준비하였기 때문에 공공영역의 주체로서 잠재적인 위상을 가지고 있었으며, 해방과 더불어 주도적인 역할을 담당하게 되었다.

몽양은 자신의 정치적 신념을 고수하지 않고 연대를 통해 조선을 해방시켜야 한다는 입장을 레닌주의나 삼민주의가 아닌 여운형주의로 규정하고 있다. 건국동맹은 계급투쟁을 정당화하는 언행보다 민족해방을 위한 공동의 노력을 강조한다는 점에서 협의체적(조화적) 공공영역의 모델을 기반으로 하고 있다.[17] 건국동맹은 여운형주의의

17. 논쟁적 공공영역은 개인의 잠재력을 부각시키기 위한 활동으로서 다원성을 강화시키는 데 기여하며 아테네 폴리스의 전형이다. 반면에, 결사체적 공공영역은 합의의 창출, 권력을 형성함으로써 분열적 요소를 통제하는 데 기여

실천이념을 충실히 반영하고 있다.

건국동맹은 민족해방과 건국문제를 동시에 고려하고 있지만 건국에 더 역점을 두고 있다. 첫째 강령은 외형적으로 민족해방을 위한 구상을 밝히고 있기 때문에 민족해방에 역점을 두고 있는 듯하다. 자주독립과 건국은 동시에 추진된다는 점을 고려할 때 첫째 강령의 내용은 합당하다고 볼 수 있다. 그러나 연합국의 힘으로 일본의 패망이 결정적인 순간에 와 있기 때문에 둘째 강령은 일본 패망 직후 정치적 공백상태를 해소하기 위한 건국 준비에 더 역점을 두고 있다. 물론 몽양은 일본의 패망을 앞당기고 건국을 준비하기 위해서는 일정한 조직을 갖추어야 한다는 점에서 건국동맹의 조직화에 최선을 다하였다.

몽양은 전국을 망라하고 각계각층의 구성원을 끌어들이는 조직화를 추진하였다. 중앙조직은 3부로 구성되었다. 내무부는 국내의 동지를 규합하고 조직을 관리하는 임무를 맡았으며, 조동호와 현우현이 책임을 맡았다. 외무부는 해외 독립운동단체와 연락을 맡았고, 이기석, 이석구, 황운이 책임을 맡았다. 재무부는 운동자금을 조달하고 관리하는 일을 맡았으며, 김진우와 이수목이 책임을 맡았다.

중앙조직의 인적 구성을 보면 참여자들의 직업과 정치이념은 다양하다. 김진우(화가), 박승환(군인), 현우현(한의사), 김세용과 이여성(문필가), 이상백(체육인)은 직업혁명가들이 아니다. 그리고 민족주의자와 공산주의자가 중앙조직에 참여하고 있다. 이들은 직업혁명가는 아니지만 건국과정에서 중요한 역할을 할 수 있는 전문분야의 인

한다. 홍원표, "언어행위와 공공영역 : 대화, 논쟁, 이야기하기를 중심으로," 『세계지역연구논총』 제22집 1호(2004), 106쪽.

사들이다.[18)]

몽양은 중앙조직과는 별도로 지방조직을 결성함으로써 건국에 대비하였다. 1944년 10월에는 도별 책임위원을 임명하였다.[19)] 이와 같이 몽양은 도별 지방조직을 갖춤으로써 국가를 건설하는 과정에서 전국적인 지지를 확보하기 위한 준비작업을 추진하였다.

몽양은 지역조직을 구성하는 것 이외에 계층별 조직을 구성하여 국민 대다수를 결합시킬 수 있는 기반을 마련하였다. 일부 조직의 활동은 건국동맹의 역할을 이해하는 데 도움이 된다. 몽양은 1944년 10월 용문사에서 양주 · 여주 · 홍천지역 농민 13인과 더불어 농민동맹을 결성하였다. 참석자들은 조선해방을 위한 투쟁을 전개하는 데 합의하였다. 농민동맹은 농민들의 반일투쟁단체로서 역할을 담당하였다.

몽양은 유형의 조직 이외에 무형의 조직형태로서 청년조직, 노동자 · 부녀자 · 사무원 조직뿐만 아니라 학병 · 징병 · 징용 거부자들을 건국동맹에 참여시켰다. 보광당, 조선민족해방협동단, 산악대는 학병 · 징병 · 징용 거부자들로 구성된 조직으로서 건국동맹과 관련되어 있었다. 건국동맹은 일본 패망에 직면하여 국내 무장봉기와 철도파괴 등을 통해 일본군의 후방을 교란할 목적으로 군사위원회를 산하

18. 몽양은 자주독립운동을 혁명으로 규정하면서도 직업혁명가들보다는 각계각층의 전문가들을 주로 참여시켰다. 몽양은 건국과정에 비중을 두고 있었다.
19. 책임위원 명단은 다음과 같다. 신표성 · 김종우 · 유응경 · 장준(충청북도), 명도석 · 김영규(경상남도), 이상훈 · 정운해 · 김관제(경상북도), 정건화 · 정재철(강원도), 황태성(전라남북도), 여권현(황해도), 김유창(평안남도), 이유필(평안북도), 이중림(함경남도), 최주봉(함경북도).

에 두었다.

건국동맹은 지방별, 부문별 조직을 구축하는 활동 이외에 해외 단체와 연계를 유지하였다. 몽양은 3년간 "연안에 있는 독립동맹과 연락하여 지하활동을 해왔으므로 임시정부에 대한 경의를 표하면서" 임시정부와 연합작전을 계획하는 연대사업에 모색하였다. 당시 독립동맹은 40여 분맹이 있고, 5-6만 명의 맹원이 있었다.[20] 이와 같이 몽양은 자주독립과 국가건설에 참여하는 조직들의 개별성과 대동단결의 필요성을 실천하였다.

Ⅳ. 건준, 인공, 조선인민당 활동 : 진보적 민주주의 국가건설 시도

정치적 삶에서 '새로운 시작'이 가장 뚜렷하게 나타나는 정치적 사건들 가운데 하나는 건국이다. 정상적인 상황에서도 정치행위의 전개과정을 예측하기 어렵다. 정치행위는 새로운 시작을 의미하기 때문이다. 따라서 해방정국 하에서 건국활동에 참여하는 정치지도자들 역시 자신들의 새로운 시작이 어떻게 진행될 것인가를 예견하기란 더욱 어려웠을 것이다. 해방 직후 몽양의 정치행적은 바로 새로운 시작의 예측 불가능성을 단적으로 보여주고 있다. 건국준비위원회의 구성

20. 『몽양여운형전집 1』, 218쪽.

과 운영, 그리고 인민공화국의 선포와 건국준비위원회의 발전적 해체에서 나타나듯이 몽양의 건국활동은 긴급성을 요하기 때문에 더욱 불확실했다. 몽양은 인민공화국의 선포에 대해서 탐탁해 하지 않았지만 그 과정을 거부할 수도 없었다. 인민공화국 선포에 대한 부작용은 결국 조선인민당의 결성으로 이어졌다.

새로운 시도만이 '절대적' 의미를 갖는 정치적 상황에서 일관성을 유지하기 어렵다. 물론 정상적인 시기이든 정치변동 과정에서든 정치지도자의 일관성 없는 행위는 당연히 비판의 대상이 되지만 사후 평가의 대상이 될 가치는 없을 것이다. 몽양의 행적은 외형적으로 보면 자신의 새로운 시작을 부정하는 것 같지만 실질적으로는 일관된 목표와 실천원리에 기반을 두고 있었다. 따라서 몽양이 건준, 인공, 인민당의 결성과 활동에서 어떤 사유의 궤적을 보여왔는가를 고찰할 필요가 있다.

해방정국 하에서 가상의 꿈을 정치적 실재로 바꾸려는 몽양의 노력은 건준활동으로 시작된다. 몽양은 8월 15일 엔도 정무총감과 면담을 마친 후 운니동에 기획처를 설치하고 임용상의 집에서 이만규, 이상백, 정백, 최근우를 중심으로 실행부를 구성하였다. 건준은 이 실행부를 중심으로 결성되었다. 여운형은 위원장에, 안재홍은 부위원장으로 추대되었다. 건준은 치안유지뿐만 아니라 정치활동을 담당하게 되었다.

몽양은 8월 16일 휘문중학교 운동장에서 건국과 관련하여 "이 땅에다 합리적이고 이상적인 낙원을 건설하자"는 포부를 밝혔다.[21]

21.『몽양여운형전집 1』, 213쪽. 몽양이 계급투쟁이나 프롤레타리아독재에 대해

몽양은 건준을 통해 이 낙원을 건설하기 위한 준비작업을 하는 데 역점을 두고 있다.[22] 몽양이 영국의 민주주의를 부각시킨 점을 고려할 때, 몽양의 이상은 진보적 민주주의 국가이다. 1945년 8월 28일 건준 선언문에는 건준의 위상을 명백히 밝히고 있다.

> 그러므로 본 준비위원회는 우리 민족을 진정한 민주주의적 정권에로 재조직하기 위한 새 국가 건설의 준비기관인 동시에 모든 진보적 민주주의적 세 세력을 집결하기 위하여 각계각층에 완전히 개방된 통일기관이요, 결코 혼잡된 협동기관은 아니다.[23]

'진보적 제 세력'의 실체는 무엇인가? 이 범주에는 "민족반역자, 친일파 등 일제 잔재와 독점자본가, 모리배, 간상배, 악덕지주, 불

거부감을 가졌다는 점을 고려할 때, 그의 무계급사회라는 개념을 그의 사상에서 중대한 비중을 차지하고 있던 전통유교의 도덕관과 기독교적 평등사상과 연관시키는 견해도 있다. 최상룡, 『계간 사상』(1992 가을호), 85쪽을 참조하시오.

22. 이와 관련한 내용은 건준 집행위원들 앞에서 행한 연설에 언급되고 있다. "지금 우리가 할 일이 정부조직이 아니고 또 어떠한 기성세력을 형성하려는 것도 아니니 물론 무슨 정권이 생날노 아닙니다. 다만 신정권이 수립될 때까지의 준비를 위한 것과 치안을 확보하는 것뿐입니다." (앞의 책, 214쪽)

23. 『몽양여운형전집 2』, 362쪽. 이정식 교수의 지적에 따르면, "8월 28일 자 선언문이 건준내 좌파의 선전포고와 흡사한 내용이 담겨 있다 … . 따라서 이 선언문은 여운형의 구상을 표현한 것이었다고 볼 수 없는 또 하나의 이유는 이 선언문이 건준을 "모든 진보적 민주주의적 제 세력'이라고 규정하고 있기 때문이다. … 몽양은 자본가 · 민주당 · 공산당을 포함한 모든 세력의 대동단결을 주장했지 '진보적 세력만의 단결을 주장하지 않았다."

노유한(不勞遊閑)"[24]은 포함되지 않는다. 그러면서도 몽양은 '진보적'이란 표현을 '적색'과 연계시키지 않고 있다. 이러한 입장은 급진적 좌익이론에 대한 몽양의 비판에 잘 나타나고 있다.[25] 몽양의 언행에서 '진보적'이란 용어는 다의성을 띠고 있는 것 같기 때문에 진보적 민주주의의 실체를 파악하기가 어렵다.[26] 몽양이 보수적 민주주의라는

24.『몽양여운형전집 1』, 380쪽.

25. 앞의 책, 233쪽. 몽양은 "소아병적인 좌익, 즉 비합법 폭력노선을 취하던 박헌영 그룹을 제외한 온건 좌익 세력의 집결을 모색하였다"(정경모, 『찢겨진 산하』, 129쪽).

26. 몽양은 허위민주주의와 진보적 민주주의를 대비하고 있다(『몽양여운형전집 1』, 256쪽). 부르주아지 민주주의혁명을 주장하면서 "자본주의 민주주의의 본산인 영국에서도 … 노동당 아트리가 정권을 잡게 되었다. 그러나 그것은 노동당 독재정치가 아니라 의회를 통해 순민주적 입장에서 개혁하는 것입니다"(앞의 책, 254쪽)라고 언급할 때, '진보적'이란 표현은 '적색'의 의미를 담고 있지 않다.
"그런데 우리는 우익 전체를 비민주주의라고 하는 것은 안이고 봉건잔재와 팟쇼를 배격하는 것이니 이것이 반동자이다. 우익도 애국자이며 우리 독립정부를 민주주의적으로 수립하자는 것이지만 보수적이라고 볼 수 있다"(앞의 책, 300-1쪽). 몽양은 이때 우익/좌익을 진보/보수로 규정하고 있다. 필자의 입장에서 볼 때 진보적 민주주의 세력에 계급투쟁의 필연성을 강조하는 세력만을 포용의 대상으로 삼는다면, 우익세력이 포함된 민주주의는 진보적 민주주의가 될 수 없다. 그러나 몽양은 이러한 민주주의를 지향하지는 않았다. 이와 같이, 몽양은 민족통일전선을 통한 국가건설을 강조하고 있기 때문에 '진보적'이라는 용어를 다의적으로 사용하고 있다. 몽양의 진보적 민주주의는 사회민주주의에 가깝다고 할 수 있다.
필자의 입장과 달리, 한민성은 진보적 민주주의를 다음과 같이 규정하고 있다. "여운형, 박헌영, 김일성이 주장하고 있는 진보적 민주주의는 소비에트 공산주의, 동구의 '인민민주주의,' 모택동의 '신민주주의'와 상통하는 공산주의의 위장 술어이다"(『여운형』, 51-4쪽). 한민성은 자신의 입장을 정당화하기 위해 치밀하게 어의를 분석하고 있다. 한민성은 일제시대 철저한 친일파였

표현을 사용하지 않는 점을 고려할 때, 진보적 민주주의는 사회민주주의와 유사하다.[27)]

미군이 진주하는 상황에 이르게 되면 몽양은 국가에 대한 자신의 입장을 좀더 명료하게 제시한다. 좌익과 우익으로 분열된 상황에서 건준을 거국적으로 구성하려는 시도는 당연히 조직 내 갈등을 수반하였다. 국가건설이라는 고귀한 정치행위는 세력확대를 둘러싼 투쟁, '권력'의 사인화로 변질되어 버렸다. 몽양은 테러로 인해 정치활동을 잠정 중단한 상태에서 좌익에 의해 주도권을 상실하기 시작하였고, 건준의 내분에 직면하게 되었다.

이러한 상황에서 전국인민대표자대회가 경기여고 교정에서 개최되었다. 이때 몽양은 인민위원들에게 "미군 진주라는 비상한 시기에 비상한 방법으로 비상한 일을 하지 않으면 안 된다"는 점을 역설하면서 인민공화국 선포를 정당화하였다. "극렬 공산당원이 전국인민대표대회를 개최한 것은 몽양의 의도에 맞지 않았다."[28)] 그러나 몽양은 이를 선의로 수용하였으며, 인민공화국 선포의 정치적 의미를 강력하게 부각시켰다. 다음의 내용은 인민공화국에 대한 몽양의 입장을 잘 드러내고 있다.

으며, 이승만 시대 반공주의를 옹호하고, 박정희 시대 유신정권을 찬양하였던 인물이다.

27. 이동화에 따르면, "민주주의와 사회주의는 본질적으로 동일하며 민주주의이 완성된 최고 형태야말로 다름 아닌 사회주의, 즉 민주적 사회주의이다."(『몽양여운형전집 2』, 174쪽).

28. 여운홍, 『몽양 여운형』(서울 : 청하각, 1967), 153쪽.

> 조선은 단군 이래 고유명사요 인민이란 문자에 변론이 많은 듯하나 나라의 주권이 인민에게 있다는 것은 백 년 전의 미국은 인민을 주권의 본위로 보지 않았는가?
>
> 대체 조선독립이 단순한 연합국의 선물이 아니다. 우리 동포는 과거 36년간 유혈의 혁명을 계속하여 온 혁명으로 오늘날 자주독립을 획득한 것이다. … 혁명가는 먼저 정부를 조직하고 인민의 승인을 받을 수 있다. 급격한 변화가 있을 때에 비상조치로 생각한 것이 인민공화국이다. 인민이 승인한다면 인민공화국과 정부는 그대로 될 수 있다. 당시에 연합군이 주둔한다면 국권을 받아들일 수 있도록 준비한 것이 즉 인민공화국이다.[29]

몽양은 인민공화국의 정치형태를 민주주의로 규정하고 있으며, 민주주의 국가의 건국에 있어서 주권자인 국민의 승인을 필요로 한다고 밝히고 있다. 몽양은 인민공화국이 비상한 시기에 형성된 과도정부이지만 국민의 승인을 얻었을 경우에 새로운 국가로서 지위를 가질 수 있다는 점을 명시하고 있다. 인공은 임정과 더불어 해방 후 정부를 자처했지만 민족적 활로를 마련하는 데 실패, 마침내 역사 속에 소멸되었으나[30] 다음의 주장에는 민주주의의 성격에 대한 입장이 좀더 구체적으로 나타난다.

29. 『몽양여운형전집 1』, 216－7쪽.
30. 심지연, 「해방정국에서의 주도권 논쟁」, 김영국 외, 『한국정치사상』(서울 : 박영사, 1991), 342쪽.

> 일제로부터 해방된 오늘날 민주주의의 조선을 건설함에 있어서 구태여 빛깔을 문제 삼을 필요가 어디 있느냐. 모두가 합력하여 민주주의국가를 건설하면 그만이 아니겠느냐. … 저 영국을 보라. 전승의 큰 공로자인 처질이 물러나고 노동당이 집권하였다. 그러나 노동당은 결코 적색이 아니다. … 급진적 좌익이론은 나는 정당하다고 보지 않는다.[31)]

인민위원회는 국가로서 인공의 특징적인 권력기관이다. 인민위원회는 1945년 말 현재 남한 145개 시군과 북한 70여 시군에 조직되어 있었다. 타운미팅, 꼼뮌, 소비에트, 레테와 같은 평의회는 혁명과정에서 자율적으로 형성되어 공적인 문제를 논의하는 자치조직의 성격을 띠고 있듯이 인민위원회 역시 비정상적 상황에서 형성된 자치조직의 성격을 지니고 있다. 그러나 인민위원회는 건준 지부의 인적 구성과 비슷하게 공산당 계열 인사들로 구성되어 있었기 때문에 미국인들은 이러한 권력기관이 좌익적이고 공산주의에 동조하는 것으로 생각했다. 몽양의 입장에서 볼 때 인민위원회는 분명히 권력을 창출하는 기본 자치조직의 성격을 띠고 있다. 여기서 우리는 몽양의 이상적 구상과 실제적인 조직화 사이에 간극이 있다는 것을 발견할 수 있다. 이러한 간극은 당시의 정치지형에서 몽양이 해결하기 어려운 구조적 문제로 작용하고 있다. 따라서 몽양의 구상과 의도하지 않은 결과의 차이를 분리할 필요가 있다.

몽양은 해방 직후 '건국동맹'을 개방적인 대중정당으로 전환할

31.『몽양여운형전집 1』, 218쪽.

의도를 가지고 있었으나 건준과 인공의 정치적 위상 때문에 자신의 의도를 구체화하지 못하였다. 몽양은 건국동맹, 건준, 인공 등에서 주도적 역할을 하였음에도 불구하고 테러주의자들에 의해 행동의 제약을 받았을 뿐만 아니라 정적들에 의해 이용당하였다. 몽양은 1945년 11월 재건파 공산주의자들의 독주로 주도권을 상실하였으며, 중도우파였던 안재홍은 국민당을 창당하였다. 인민당의 창당은 바로 이러한 위기의식에서 구체화되었다.

몽양은 10월 10일 정당으로서 건국동맹의 재출발을 선언하였으며, 11월 12일 고려국민동맹, 일오회, 인민동지회를 흡수하여 조선인민당을 창당하였다.[32] 인민당의 강령은 민족통일전선의 결성을 중요한 임무로 삼고 있다.[33] 인민당에 참여한 인사들은 대부분 여운형을 추종하는 사람들로서 전형적인 공산주의자들은 없었다. 따라서 몽양은 미군정 및 한민당의 인식과 달리 조선공산당과 인민당을 엄격히 구분하고 있다. 몽양에 따르면 "인민당은 공산당과 그 조직에 있어서 흡사하고 정치적 성격에 있어서는 애매하다는 것은 인민당의 정강과 건국동맹으로서 인민당까지의 발전과정을 이해치 못한 것이다."[34] 몽양은 인민당을 진보적 민주주의 대중정당으로 규정하고 있다.

32. "이제야 건국동맹은 그 자체의 발전과 외부정세의 변화에 따라 다년 지하시대의 협착한 규모를 버리고 내외동지를 규합하여 개방적인 대중적 정당으로서의 신출발을 보게 되었으니 이것이 곧 우리 조선인민당이다" (『몽양여운형전집 1』, 237쪽).
33. 강령은 다음과 같다. ① 조선민족의 총역량을 집결하야 진정한 민주주의 국가의 건설을 기함. ② 계획경제제도를 확립하야 전민족의 완전 해방을 기함. ③ 진보적 민족문화를 건설하야 인류문화의 향상에 공헌함을 기함.
34. 앞의 책, 250쪽.

몽양은 인민당을 결성하면서 자신의 구상을 구체화하였다. 진보적 민주주의 국가는 몽양이 건설하고자 하는 국가의 형태이다. 그렇다면 몽양이 구상하였던 진보적 민주주의는 어떠한 형태를 띤 정체인가를 밝힐 필요가 있다.

몽양의 진보적 민주주의는 세 가지 측면에서 명백히 그 특성을 지니고 있다. 조선인민공화국 강령에서도 "정치적 · 경제적 · 사회적 기본 요구를 충실히 수행할 수 있는 진정한 민주주의에 충실할 것"을 밝히고 있고, 인민당 강령에서도 "진정한 민주주의 국가의 건설"을 제시하였다. 몽양은 자신의 민주주의와 다른 민주주의를 차별화하고 있다. 즉 "동일하게 민주주의를 주장하더라도 말하는 사람 자신의 해석에 따라 그 구체적인 내용과 실현방법에 대한 의도가 근본적으로 다른 것이다."[35] 몽양은 진정한 민주주의와 허위민주주의를 명백히 대비시기고 있다.

> 진정한 민주주의는 정치형태의 형식과정이 반드시 대중으로부터 조직되어 올라오지 않으면 안 되는 것이니 대중에 뿌리박지 않고 우에서 형성된 정치의식을 민중의 이름을 비러서 합리화하려는 일개 수단으로서의 민주주의는 연합국의 힘으로 타도된 가면 쓴 '파시즘'에 지나지 않는 것입니다.[36]

몽양은 정치와 경제의 관계를 강조하고 있다. 우선, 정치적 맥락

35. 앞의 책, 259쪽.
36. 앞의 책, 247쪽.

에서 민주주의에 관한 입장을 제시한다. 정치제도의 측면에서 제시된 민주주의의 성격에 대한 입장은 「건국사업에 대한 사견」에 명백히 제시되고 있다. 몽양은 인민선거에 기초한 일원제 민주의회, "중앙집권제에 의한 권력의 집약과 지방자치제에 의한 하부기관의 창의성을 종합한 행정기구"[37]를 제안하였다. 몽양은 입법부와 행정부의 권력균형이 인민주권의 실질적 실현에 기반이 된다는 점을 강조하였다.

정치행위의 측면에서 볼 때 몽양은 건국과정의 참여자들이 자율적으로 공조할 수 있는 개방적 입장을 취하였다. 몽양은 결사체의 성격을 띤 공공영역으로서 인민당을 고려하였다. 각계각층의 개별성과 연대의 중요성이 강조되었다. 몽양은 새로운 국가에서 준수해야 할 정치적 덕목, 즉 국민개로, 국민개병, 상호 신뢰, 공동협력, 일치단결을 5륜(五倫)으로 규정하고 있다. 이러한 덕목은 이념논쟁보다 합의의 도출과 긴밀하게 연계되어 있다.

몽양의 경우 "참된 민주주의"는 경제적 민주주의를 전제로 하고 있다. 경제적 민주주의는 "노동층의 경제적 해방을 위하야 그것을 달성할 수 있는 방법으로서의 민주주의"[38]이다. 몽양의 경제정책과 관련된 내용은 건국동맹 정책세목에서 제시되고 있다. 중요한 정책을 보면 최저임금제 확립, 8시간 노동제 확립, 중요 생산·교통·통신기관의 국유화, 중요 기업 및 상업기관의 국영화, 근로자 중심의 기업관리 등이 포함되어 있다.[39] 「조선인민당」의 제2강령에서는 "계획경제

37. 앞의 책, 328쪽.
38. 앞의 책, 247쪽.
39. 앞의 책 207쪽을 참조하시오.

제도를 확립하야 전민족의 완전 해방을 기함"으로 규정하고 있으며, 30개 정책 가운데 11개 항목은 경제정책과 연관된다. 이 가운데 주요 기업의 국영 또는 공영을 제시하고 있으며, 중소기업은 국가의 지도 하에 자유경영을 인정하고 있다.[40)]

몽양은 문화의 특수성과 보편성을 인정함으로써 새로운 국가의 역할을 강조하고 있다. 있다. 국가건설에 있어서 문화의 발전이 한 축이라는 입장은 인민당 당기의 붉은 세 줄이 각기 정치, 경제, 문화를 상징화하고 있는 데에도 나타난다. 아울러 몽양은 문화적 다원성을 인정한다.[41)] 몽양은 전통문화를 계승하고 외국 문화를 수용함으로써 독자적인 문화를 발전시켜야 한다고 주장하였다. 이러한 주장은 문화 영역의 다원성에 기반을 두고 있다.

그렇다면 몽양은 진보적 민주주의 국가를 건설하기 위해 어떠한 원리와 실천전략을 제시하고 있는가? 몽양은 식민지시대의 민족분열의 교훈을 건국과정에 반영시키고자 하였다. 몽양은 친일세력 또는 민족반역자는 건국과정에서 제외해야 하지만 각계각층의 대동단결만이 새로운 국가건설을 성공시키는 원동력이라고 생각하였다. 따라서 몽양은 민족을 구성하는 모든 계층의 개별성을 인정하면서 계층 간의 연대를 강조하였다. 몽양은 건준, 인민공화국, 인민당을 통한 건

40. 앞의 책, 238–9쪽.

41. 이와 관련된 내용은 다음과 같다. "문화라는 것은 때때로 고하가 있고 이것은 인류의 장식품이라고 할 수 있는 것이며, 우리는 우리의 민족문화를 중심으로 장차 세계문화의 이바지하여 할 것이다. 그러나 거기에 때가 묻었다면 그것은 씻쳐버려야 할 것이니 이런 것을 혁명이라고 할 수 있다"(앞의 책, 266쪽).

국활동에 있어서 시종일관 민족통일전선의 중요성을 강조하였다. 민족통일전선은 진보적 민주주의를 구성하고 운영하는 데 있어서 핵심적인 원리인 개별성과 연대의 원리를 담고 있다.

> 우리들이 다 같이 잘 살 수 있는 낙원은 노동자, 자본가, 민주당, 공산당 등 각계각층이 모여서 인민의 총의에 의하여 처음으로 될 것입니다…. 이와 같이 조선도 각 정당이 존재하는 것은 나쁜 것은 아닙니다. 다만 이것이 국가의 건설발전에 조화를 하지 않고 그것을 저지시킨다고 하면 안 될 것으로 오늘날 같아서는 무엇보다도 통일전선을 꾸려 대동단결 완전 자주독립에 전략을 다해야 할 것입니다.[42]

몽양은 건국에 참여하는 세력의 개별성을 인정하고 있기 때문에 특정 집단의 배타적 우위를 부정하였다. 건국활동에서 이러한 원칙을 고수하고 있기 때문에 몽양은 우익과 좌익으로부터 끊임없는 비판을 받아왔으며, 임정과도 불편한 관계에 있게 되었다. 몽양은 건국과정에서 임정의 역할과 관련하여 두 가지 원칙을 반영시키고 있다.

몽양은 임시정부에서 활동하다가 1929년 체포를 계기로 국내에서 활동하면서 임시정부에 협력하였고, 독립동맹과 연락을 취하였기 때문에 임시정부에 대해 경의를 표시하였다. 그러나 몽양은 건국과정에서 임시정부만을 지지하는 것에 대해서는 전적으로 반대하였다. 몽양은 《조선주보》 창간 기념 간담회에서 국민의 총의와 합의에 의한 국가건설을 역설하고 있다.

---

42. 앞의 책, 257쪽.

> 동일민족 간에서 더구나 국가건설 도중에 있어서 국민대회를 두군데서 소집한다는 것은 과연 옳은 일인지요. … 인민공화국을 조직하였다는 한 사람인 이 여운형이로서도 모든 것을 국민의 총의에 물어 하루 바삐 의견을 일치하게 할 것이 올타고 생각합니다. 국민대회를 소집해야 임시정부를 지지하느냐 인민공화국이냐 또는 새로운 무엇을 만들 것이냐를 국민의 총의에 물을 것입니다. 즉 최후의 판결은 반다시 국민이 내려야 할 것입니다.[43]

인용문에서도 나타나듯이 몽양은 각 정치조직의 개별성을 존중하되 각계각층의 연대, 나아가 국민의 합의에 입각해 국가를 건설해야 한다고 밝히고 있다. 몽양은 일치된 언행을 통해 자신의 건국구상을 일관되게 추진하였다. 몽양은 대립이나 경쟁보다는 합의와 조화의 원리를 강조하고 있다. 국가건설에 있어서 이념적 우위, 주도권, 사적 이익의 추구보다 국가건설에 총력을 집중시키는 공통분모를 찾아가는 데 역점을 두고 있다.

43. 앞의 책, 222-3쪽.

Ⅴ. 좌우합작과 남북합작 활동 : 자주적 통일국가 건설 시도

몽양은 1946년 합당 제안문에서 "우리 현 단계의 **민족적** 과업은 자주독립 완수와 **민주주의 국가**의 건설에 있다. 이것은 오로지 민주주의적 세력의 강대화에 의해서 가능한 것이다"[44]라고 언급하였다. 몽양은 단계별로 국가의 형태를 달리 규정하고 있지만 정치통합과 민족통합을 전제한 국가건설을 염두에 두고 있다고 볼 수 있다. 여기에서는 건국과정에서 미소의 존재를 고려하면서 여운형주의의 실천이념을 변형적으로 적용시키고 있다.

몽양은 미소의 이해관계가 충돌되는 상황을 직접 체험하면서 미소의 존재를 인정해야 하기 때문에 자주성과 공조의 원리를 더욱 강조하였다. 해방 직후에는 건국주체로서 각계각층의 대동단결을 주장하였으며, 미군의 주둔 직전에는 인민공화국을 통해 민족통일전선을 구축하여 건국문제를 해결하는 데 역점을 두었다. 그러나 미소 강대국의 존재와 이데올로기적 갈등이 드러나는 단계에 이르게 되자 몽양은 건국활동에 있어서 전략적 인식의 변화를 보이게 된다. 몽양은 또 다른 두 정치주체와의 관계 속에서 건국문제를 고려하지 않을 수 없었다. 국내 각계각층의 완벽한 연대라는 실천적 이념은 이제 미소 강대국에 대한 대외적 자율성이란 이념으로 바뀌게 된다.

44. 앞의 책, 311쪽.

몽양의 국가건설 구상과 실천에 있어서 전략적 차이를 뚜렷하게 드러내는 계기는 모스크바 삼상회의이다. 물론 몽양은 인민당 결성에 이르기까지 진보적 민주주의를 지향하면서 통일국가의 필요성을 인정하였지만, 삼상회의가 개최되던 시기부터 강대국의 존재와 국가건설을 연계시키는 양상을 보이게 된다. 몽양은 자신의 꿈을 정치적 실재로 전환시키기 위해 급변하는 상황을 반영한 생각을 행동으로 옮겼다. 한반도에서 강대국의 이해관계가 충돌함에 따라 건국과정이 지연되는 상황에 직면하여 몽양이 어떠한 구상과 실천에 역점을 두었는가를 살필 필요가 있다. 이를 파악하기 위해서 몽양의 국제정치관 변화, 좌우합작의 참여문제, 그리고 남북합작 문제를 고찰하기로 한다.

우선 탁치문제와 좌우합작 참여의 동기를 이해하기 위해 몽양의 국제정치관 변화과정을 추적하기로 한다. 몽양은 미소의 한반도 진주를 계기로 건국에 있어서 강대국의 입장을 고려하지 않을 수 없었다. 그는 건국에 있어서 미소의 존재를 부정하기보다 이들의 존재와 건국을 연관시키고 있다. 그러나 미군의 존재에 대한 인식의 변화는 있었다. 몽양은 미군정의 실체를 정확하게 파악하지 못하였지만 자주적 건국의 필요성은 역설하였다.

> 나는 연합군에 대한 우리의 태도를 처음부터 이렇게 생각하고 있다. 즉 만났으니 하우 두 유두라고 인사할 것이고, 둘째 번에는 탱큐라고 감사의 뜻을 표할 것이고, 셋째로는 굳바이가 있을 뿐이다. 절대로 멀리서 온 연합군을 괴롭혀서는 안 된다. … 외래세력의 의뢰심은 우리의 결점의 하나이다. 사대주의와 배외사상은 절대적으로 배척하지 않으면 안 된다.[45)]

몽양은 한반도 내에서 미소 간의 갈등이 드러나기 이전에는 미소의 역할에 대해 낙관적인 입장을 보였다. 즉 몽양은 건국에 있어서 미국의 지원을 받아야 하겠지만 주도적 행위자로서 역할을 고려하지 못하였다. 그러나 이러한 인식은 모스크바 삼상회담과 미소공동위원회(이하 미소공위로 표기) 활동을 계기로 바뀌게 된다. 건국에 있어서 강대국의 지원이 필요하다는 것을 인식하였다.

1945년 12월 16일 모스크바에서 미국, 영국, 소련의 3개국 외상회의가 개최되었다. 이 외상회의에서 신탁통치안이 논의되었으며, 12월 27일 공동성명이 발표되었다. 결정서에는 조선 민주주의 정부 수립, 조선 임시정부 구성을 위한 공동위원회 설치, 신탁통치의 협약 작성, 2주일 내 대표회의 소집에 관한 내용을 명시하고 있다. 신탁통치안이 보도되자 정치세력 간의 갈등은 첨예하게 나타났다.[46]

몽양은 이 중대한 시기에 행동을 자제하면서 침묵을 지켰으며, 1946년 1월 14일 회견을 통해 자신의 무기력함을 토로하였다. 몽양은 건준, 인민공화국, 인민당의 구성에 있어서 적극적인 역할을 하였음에도 불구하고 정치공간의 중심에서 언저리로 밀리는 상황을 뼈저리게 느끼고 있었기 때문에 중대한 시기에 정치공간과 일정한 거리를 두고 있었다.

몽양은 미소의 위상과 역할을 인정하지 않고는 국가건설을 촉

45. 앞의 책, 234쪽.

46. 미소간 냉전은 한반도에서 시작되는 가운데 우리 민족이 겪게 된 이데올로기적 갈등이다. 송남헌은 반탁을 불순한 반탁과 민족주의에 근거한 반탁으로 규정하고 있다. 송남헌, 「해방 정국과 몽양 여운형」, 『여운형노트』(서울 : 학민사, 1994), 182–3쪽.

진하기 어렵다고 생각하였다. 『인민평론』에 게재한 글은 몽양의 이러한 입장을 잘 드러내고 있다.

> 이제 양군의 임무는 대부분이 완료되었다. 목적이 완료된 양군의 다수한 군대가 조선을 분할 주둔하고 있음으로 조선은 사실에 있어서 양군의 점령된 바와 같아지고 이것이 조선 신건설의 진척[진보]를 비상히 저해하고 있음을 우리 민족은 솔직히 고백하지 않을 수 없다.[47]

이와 같이 몽양은 정치행위자로서 미소의 개별성을 인정하는 원칙에 따라 좌우합작에 참여하였다. 몽양은 미소의 존재를 인정하지만 국가건설에 있어서 민족의 자주성을 전제하지 않으면 안 된다고 생각하였다. 몽양의 좌우합작 활동은 이러한 인식변화를 반영하고 있다. 무엇보다도 중요한 것은 자율성 확보가 민족 내부의 자율적 통일을 전제로 한다는 점이다. 진보적 민주주의 국가에 대한 구상은 국내정치의 맥락을 주로 반영하고 있지만 자주적 통일국가에 관한 구상에는 국제정치의 맥락을 강하게 반영하고 있다.

1946년 3월 20일 제1차 미소공위가 개최되었다. 미소공위는 임시정부 수립을 위한 단계 발전과정을 합의하였다. 미소공위는 3호 성명에서 미소공위와 정당, 사회단체의 협의, 임시정부 구성, 임시정부 참여 하에 4국 신탁통치협약 작성이란 과정에 합의하였다. 그러나 반탁진영을 협의대상에서 제외할 것을 주장한 소련의 입장과 반탁진영을 수용하려는 미군정의 이해대립 때문에 미소공위는 무기한 휴회하

47. 『몽양여운형전집 1』, 286쪽.

게 되었다.

미소공위의 무기한 휴회는 정치적 진공상태로 이어졌다. 당시 상황에서 한국인들은 미소공위 재개를 위해 단합해야 했기 때문에 몽양은 민족분열주의와 국제고립주의를 극복하고자 좌우합작을 모색하게 되었고, "좌우합작이 제대로 되어야만 자주성을 견지할 수 있다고 확신하였다."[48)]

해방정국의 정치지도자들은 대부분 중도파의 존재를 용납하지 않은 채 극우와 극좌로 치달음으로써 분단상황을 극복하지 못하고 이를 고착화시키는 원인을 제공하였다.[49)] 1946년 6월 3일 이승만의 정읍발언 이후 몽양은 좌우합작을 통해서만 "자주독립의 민주적 통일국가"를 건설할 수 있다는 점을 더욱 강조하였다. 좌우합작에 대한 다음의 내용은 자주적 통일국가에 대한 몽양의 의지가 명백히 나타나고 있다.

> 최근 소위 자율정부 혹은 단독정부에 내가 각원으로 드러갔다 하나 나는 그런 교섭이 있다 하더라고 반대할 것이며 또 수립될 수 없을 것이다. 미소공위의 소극적 개선촉진 달성보다 우리가 주체가 되어 영웅적으로 운동을 전개하여야 한다. … 진정한 통일정부는 좌와 우의 완전한 합작에서 수립될 것이다. 결국 좌나 우나 단독으로는 수립되지 않을 것이며 수립된다 하도래도 지속성이 없을 것이다.[50)]

48. 최장집, 「남북에서 존경받는 포용과 신념의 지도자」, 『몽양여운형전집 3』(서울 : 한울, 1997), 42쪽.
49. 신복룡, 「해방정국에서의 중도파의 좌절 : 여운형의 활동을 중심으로」, 『한국정치학회 200년 정치리더십 기획학술회의 논문집』, 31쪽.

몽양은 좌우합작을 통해 임시정부를 추진하고자 하였다. 미군정은 좌우합작을 주선함으로써 좌우익을 일정한 통제의 범위에 끌어들이려는 의도를 가지고 있었으며, 김규식과 여운형을 그 대상으로 선정하였다. 미군정은 1946년 7월 초 미소공위 재개를 매개로 하여 좌우합작을 적극 지지하였다. 7월 10일에 이르러 좌우합작은 김규식, 여운형 양자의 개인적 접촉에서 발전하였으며, 두 정치지도자는 합작 공식기구인 합작위원회를 결성하고 대표단과 비서국을 선출하였다.

좌익과 우익은 각기 5원칙과 8원칙을 토대로 하여 합작 7원칙을 제시하였다. 좌익측 합작 5원칙의 주요 내용은 신탁통치를 찬성한다는 전제 하에 미소공위 재개 촉구, 토지개혁(무상 몰수 무상 분배), 인민위원회로의 정권 이양, 친일파의 우선적 숙청 등이다. 반면에, 우익측 합작 8원칙의 주요 내용은 미소공위 재개의 인정, 임시정부의 우선적 수립, 신탁통치 및 친일파 처리문제의 유보 등이다.

합작 7원칙은 민전의 5원칙과 우익의 8원칙을 조정한 것이다. 좌우합작의 중요한 목표였던 임시정부 수립, 미소공위 재개가 상위 항목에 제시되었다. 토지개혁, 친일파의 배제, 정치범 석방문제는 좌파의 입장을 반영하고 있으면서 약간 완화되었다. 입법기구 설립문제는 우익과 미군정의 입장을 반영하고 있다.

합작 7원칙이 발표되자 공산당과 한민당은 모두 이를 거부하였다. 박헌영과 조공은 입법기구 수립문제를 중심으로, 한민당은 토지개혁 문제를 중심으로 좌우합작을 비난하였다. 10월 7일 합작 7원칙을 발표하기로 되어 있었다. 그러나 박헌영측은 합작 7원칙 발표를 무산

50. 『몽양여운형전집 1』, 299쪽.

시키고자 몽양을 감금하였다. 이러한 상항에서도 합작 7원칙은 1946년 10월 16일 발표되었다.

합작위원회는 합작 7원칙을 발표한 후 미소공위 재개를 촉구하였다. 하지는 1947년 1월 11일 미소공위 재개에 관한 교섭 서한을 발표하였는데, 이때 합작위원회는 우익의 반탁재개운동에 의해 비난을 받았다. 이러한 분위기 속에서 마샬과 몰로토프는 미소공위 재개에 합의하였으며, 5월 21일 제2차 미소공위를 재개하였다. 그러나 공위는 1차 공위 때와 마찬가지로 협의대상 선정에 대한 이견을 그대로 노출하였다.

좌우합작운동은 미국의 요청뿐만 아니라 임시정부의 조속한 구성을 요망하는 중간파의 자율적이고 자주적인 판단에서 촉진되었다. 몽양은 좌우합작을 통해 좌우연합정부를 구성하는 데 적극적으로 관심을 가졌다. 몽양은 「건국공작 금후 추진은 민족적 제휴통일에 있다」(1946. 7. 2)는 담화에서 좌우합작 4단계의 발전전망을 제시하였다. 몽양의 경우 좌우합작은 남북합작과 연계되었다. 제1단계에서는 각 정당과 단체의 주요 책임자가 개인 자격으로 연석협의체를 구성한다. 제2단계에서는 이 연석협의체가 "격의 없는 이념과 성의를 보임으로써 구체적 합작을 추진한다." 제3단계는 남한 내 주요 정치세력을 포괄하는 협의체가 북한을 방문하여 북한의 주요 정치세력과 합작하는 좌우 · 남북협의체로 발전시킨다. 제4단계는 미소공위와 보조를 맞추어 임시정부를 구성한다. 따라서 남북합작에 대한 구상과 실천과정을 검토할 필요가 있다.

몽양은 다섯 차례 북한을 방문하면서 주로 남한에서 제기되는 문제와 민족통일전선 결성문제를 중점적으로 논의하였다. 몽양은 박헌영의 견제로 야기된 정치적 난국을 타개하고자 편지로 북한과 접촉을 시도하였으며, 1946년 2월 9일 북한에 조선인민당 지부를 만들고자 해방 후 처음으로 38선을 넘었다. 이때 김일성은 이미 조선공산당 북조선분국 책임비서로 추대되어 남한의 상황에 주목하고 있었다. 몽양은 김일성을 만나 이북에 인민당 조직을 만드는 데 협조할 것을 요청하였지만 김일성은 이에 대해 부정적인 입장을 보였으며, 인공 확대문제에 대해서도 명백한 입장을 보였다. 따라서 몽양은 제1차 방문을 통해서 북한 지도자들과 교류할 수 있는 통로를 만들기는 했지만 성과를 이루지 못했다.

몽양은 남북합작에 있어서 자율정부의 구성을 강조하고 있다. 「편향과 의존은 금물」이란 담화에서 "신정부 수립도 조선제가 되어야지 외국제가 되여서는 않된다 … 우리 인민당은 민주주의적 자주적 통일을 위해서 지금도 계속하고 있다"는 점을 역설하고 있다.[51] 「정국과 우리의 임무」에서는 "우리가 주체가 되어 정부를 수립하려면 우리 민족의 자율적 통일이 없어서는 아니된다"[52]는 점을 역설하고 있다. 몽양은 이때 '자율적', '자주적', '통일'이란 표현을 많이 사용하였다.

몽양은 1946년 4월 17일 북한을 두 번째로 방문하면서 김일성과 임시정부의 구성, 정강정책, 좌우의 비율 등의 문제를 논의하였다. 아울러 반탁진영과 민족통일선선 문제가 논의되었다. 따라서 몽양은 남북한을 망라하여 임시정부를 구성하는 구상을 갖게 되었다.[53]

51. 『몽양여운형전집 1』, 284쪽.
52. 앞의 책, 287쪽.
53. 정병준은 이를 다음과 같이 설명하고 있다. "실제로 좌우합작운동은 미·소공위를 통한 임시정부 수립이라는 구체적 목표를 위한 합작이었고, 그 속에

몽양은 좌우파가 각기 합작원칙을 제출한 직후인 1946년 7월 31일 김일성을 연천군당 사무실에서 만났다. 이들은 좌익 3당 합당문제, 좌우합작 문제를 주요 논의주제로 삼았다. 몽양은 귀경하여 두 문제를 추진하였다. 특히, 몽양은 3당 합당 제안서를 제출하였다. 이 문제로 인하여 공산당과 인민당은 각기 자체의 내분으로 난관에 봉착하였다. 몽양은 좌우합작에서 유리한 위치를 차지하고자 시도했던 합당을 추진했지만 오히려 정치적으로 커다란 타격을 입었다. 몽양은 급변하는 상황에 신중하게 대처하지 못하는 실수를 범하였다.

그런데 미군정은 좌우합작운동을 지원하면서 입법기구를 만드는 구상을 추진하고 있었다. 몽양은 이러한 문제를 논의하기 위해 9월 23일 북한을 방문(제4차)하였다. 김일성은 입법기구 설치문제에 대해 부정적인 입장을 보였지만 몽양은 이에 대해 긍정적인 입장을 취했다. 10월 7일 발표된 합작 7원칙에는 입법기구 문제가 포함되었다.

몽양은 10월 16일 사회노동당 창건에 관여하였다가 곧 사로당의 해체를 경험하게 되었으며, 이러한 여파로 12월 4일《중외일보》에 「좌우합작, 합당공작을 단념하면서」라는 자기 비판서를 발표하면서 정계를 은퇴하였다. 몽양은 12월 말 북한을 방문하여 좌익진영의 단결, 정계복귀 문제, 좌우합작운동, 미소공위 재개문제 등을 논의하기 위해 다섯 번째로 북행길에 올랐다. 이후 몽양은 다시 정계에 복귀하여 3당 실패를 수습하고 임시정부 수립에 지속적으로 노력하기 위해

는 남한 내 좌우합작의 완성이라는 하나의 목표와 이에 기초한 남북합작이라는 또 다른 목표가 존재하고 있었다." 정병준, 「그는 진보적 민주주의자였다」, 여연구, 『나의 아버지 여운형』(서울 : 김영사, 2001), 324쪽.

근로인민당을 결성하였다.[54] 몽양은 해방 후 세번 째 정당을 결성함으로써 자신의 꿈을 실현시키고자 노력하였다. 몽양은 정치적 난관 속에서도 통일전선 구축과 남북합작을 추진하다가 7월 19일 테러로 비극적 최후를 맞이하게 되었다. 정치적 죽음은 꿈의 좌절이었다.

모스크바 삼상회의의 결과 발생한 국내의 정치적 분열과 민족분열을 극복하고 통일국가를 실현해야 한다는 민족적 열망과 자신의 꿈을 일치시켰던 몽양에게 좌우합작과 남북합작운동은 개별성과 연대의 정신을 반영하고 있다. 그러나 몽양의 이상적인 구상과 실천은 정치적 실재가 되지 못하고 여전이 가상의 상태로 남아 있다. 그의 이상을 현상으로 바꾸는 몫은 이후 대들의 몫이 되었다.

Ⅵ. 결론 : 꿈길을 따르는 후행자를 위해

"투쟁이 그이의 천직이요 생명이다"[55]라는 이만규의 표현에도 나타나듯이 몽양은 일생을 자주독립과 국가건설을 위해 투쟁하였다. 꿈, 실현가능한 이상을 정치적 실재로 바꾸려는 의지가 투쟁의 원동력이었을 것이다. 몽양의 건국활동은 독립운동 과정에서 정립된 여운

54. "우리 근로인민당은 미소공위와 협력하야 이러한 사명(임시정부 수립)을 다 할 수 있는 진정한 민주주의적 성격을 가진 임시정부가 수립되도록 노력하려고 하는 것입니다"(『몽양여운형전집』 1, 375쪽).

55. 이만규의 『여운형선생투쟁사』 머리말, 『몽양여운형전집 2』, 241쪽.

형주의의 시대적 실천이라고 볼 수 있다.

여운형주의의 정치적 목표는 식민지 상황에서는 자주독립이고, 해방정국에서는 진보적 민주주의 통일국가이다. 목표의 변화에도 불구하고 그 포괄적인 목표는 동일하다고 볼 수 있다. 이를 가능케 하는 실천이념은 자율성과 연대이다. 이러한 실천이념은 정치적 상황의 변화에서 일관되게 적용되고 있다. 독립운동 과정에서 그 실천이념은 참여단체들의 자율성과 연대이다. 건준, 인공, 조선인민당 활동에서도 이 실천이념은 그대로 적용되었다. 몽양은 해방공간 초기에 이러한 실천이념에 기초해 진보적 민주주의 국가를 건설하는 데 역점을 두었다. 해방정국에 참여하는 각 집단의 자율성을 인정하되 연대를 통해 진정한 민주국가를 건설해야 한다는 목표를 실현하는 데 역점을 두고자 하였다.

반면에, 국가건설이 미소의 존재라는 외적 변수에 연계될 수밖에 없다는 인식 하에서 몽양은 두 강대국의 협조를 끌어내되 대외적 자율성을 유지해야 할 뿐만 아니라, 한민족을 포괄하는 정치공동체를 구성해야 하는 현실적 상황을 고려하여 자주적 통일국가를 표방하였다. 그러나 몽양은 통일국가의 정치적 형태를 진정한 민주주의로 규정하고 있기 때문에 진보적 민주주의 국가와 자주적 통일국가 사이에 간극은 없다고 볼 수 있다.

몽양은 중국에서 독립운동을 하면서 이러한 모순을 극복하지 않고 자주독립, 나아가 새로운 민주주의 통일국가를 실현하기 어렵다고 생각하였다. 따라서 이데올로기적 대립을 통해서 자기 세력의 생존을 보장하겠다는 계급적 이해관계는 여운형주의의 정치적 의미를 폄하케 하는 요인으로 작용하였다.

중도파의 존재를 인정하지 않는 해방정국에서 몽양의 꿈은 좌절되었다. 그러나 엄연히 존재하는 실재에 대한 구조적 무시는 우리 민족에게 엄청난 희생의 대가를 지불해야 하는 비용으로 작용하였다. 정치적 의견들이 합리적으로 표출될 수 있는 공간은 고도로 위축될 수밖에 없었으며, 정치의 고유성을 실현할 수 있는 계기와 열린 정신을 펼칠 수 있는 기회마저도 상실되었다.

이러한 구도가 전통으로 고착된 냉전체제 하에서 몽양의 사상은 정치현실과 거리가 먼 이상주의나 기회주의로 치부되기도 하였다. 오늘날의 시각에서 보면 몽양은 열린 정신으로 정치지형 내 갈등을 해소할 수 있는 실천적 지혜를 제공하고 있다. 한국 민주주의의 역사와 통일정책에서 제시되는 다양한 원칙은 자주적 통일국가와 진보적 민주주의의 실현이란 몽양의 정치적 목표에 포함되어 있다.

몽양의 좌절된 꿈은 단지 해방공간이란 상황 속에서 추진되었던 역사적 유물로만 존재하지 않을 것이다. 냉전시대 몽양의 행적에서 의미 있는 것을 부각시키기 어려웠던 구조적 제약이 있었다면, 우리들에게 그러한 제약은 더 이상 존재하지 않는다. 몽양은 어려운 시절의 고뇌를 토로하면서 "나는 꿈이 많은 사람이외다. 꿈이란 과거 생활의 재현입니다"라는 밝혔지만 통일국가를 지향하는 우리 민족에게 몽양의 문구는 여전히 의미를 지니고 있다.

몽양은 건국활동에서 "내가 가는 길은 뒤뒷사람이 밟고 올 길이니 함부로 길을 걷지 못하겠다"는 경구를 좌우명으로 삼았다. 좌우가 극한적으로 대립하는 상황에서 몽양은 좌우합작과 남북합작을 추진하였다. 몽양이 새로이 개척한 길은 이후 누구도 밟기 어려운 길이었지만 족적을 남겼기 때문에 후행자들에게 길잡이 역할을 하고 있다.

몽양이 구상했던 '낙원'은 참된 민주주의가 정착된 하나의 민족공동체, 즉 통일국가일 것이다. 1987년 민주화 이후 한국 민주주의가 비약적으로 발전해 왔다는 점에서 '진보적 민주주의' 구상은 실현되고 있다. 반면에, 자주적 통일국가라는 몽양의 꿈은 여전히 실현되지 못한 상태에 있다. 그러기에 몽양의 좌절된 꿈은 우리들에게 여전히 재현되고 있다.

참고문헌

❖ 몽양여운형선생전집발간위원회 편, 1991, 『몽양여운형전집』 1, 서울 : 한울.

❖ 몽양여운형선생전집발간위원회 편, 1993, 『몽양여운형전집』 2, 서울 : 한울.

❖ 몽양여운형선생전집발간위원회 편, 1997, 『몽양여운형전집』 3, 서울 : 한울.

❖ 몽양연구소 편, 1994, 『여운형 노트』, 서울 : 학민사.

❖ 김광식, 1985, 「해방직후 여운형의 정치활동과 '건준' '인공'의 형성과정」, 최장집 편, 『한국현대사 Ⅰ』, 서울 : 열음사.

❖ 노경채, 1998, 「8 · 15 후 여운형의 정치노선과 활동」, 『사총』.

❖ 송남헌, 1994, 「해방정국과 몽양 여운형」, 『여운형 노트』, 서울 : 학민사.

❖ 신복룡, 2000, 「해방정국 정치지도자들의 사상과 행동 : 한국 정치이념의 모색」, 『한국정치학회 정치리더쉽 기획학술대회논문집』.

❖ 심지연, 1991, 「해방정국에서의 주도권 논쟁」, 김영국 외, 『한국정치사상』, 서울 : 박영사.

❖ 안정애, 1985, 「좌우합작운동의 전개과정」, 『한국현대사 1 : 1945－1950』, 서울 : 열음사.

❖ 여연구, 2001, 『나의 아버지 여운형』, 서울 : 김영사.

❖ 여운홍, 1967, 『몽양 여운형』, 서울; 청하각.

❖ 이기형, 2004, 『여운형 평전』, 서울 : 실천문학.

❖ 이만규, 1946, 『여운형선생투쟁사』, 서울 : 민주문화사.

❖ 이동화, 1989, 「8 · 15를 전후한 여운형의 정치활동」, 송건호 외, 『해방전후사의 인식 1』, 서울 : 한길사.

❖ 이동화, 1993, 「『몽양 여운형』 발문」, 『몽양여운형전집 2』, 서울 : 한울.

❖ 이정식, 1992, 「여운형과 건국준비위원회」, 『역사학보』 제134/135 합집.

❖ 정경모, 2002, 『찢겨진 산하 : 김구 · 여운형 · 장준하가 말하는 한국 현대사』, 서울 : 한겨레신문사.

❖ 정병준, 1995, 『몽양여운형평전』, 서울 : 한울.

❖ 정병준, 2001, 「그는 진보적 민주주의자였다」, 여연구, 『나의 아버지 여운형』, 서울 : 김영사.

❖ 최상용, 1992, 「여운형의 사상과 행동 : 원칙과 타협의 지도자」, 『계간사상』(가을호).

❖ 최장집, 1997, 「남북에서 존경받는 포용과 신념의 지도자」, 『몽양여운형전집 3』, 서울 : 한울.

❖ 한민성 편저, 『추적 여운형』, 서울 : 갑자문화사.

❖ 한나 아렌트 저, 홍원표 역, 2004, 『혁명론』, 서울 : 한길사.

❖ 홍원표, 2004, 「언어행위와 공공영역 : 대화, 논쟁, 이야기하기를 중심으로」, 『세계지역연구논총』 제22집 1호.

제 3 장

백범 김구의 자주통일 국가건설사상

오문환 (경희대)

Ⅰ. '아름다운 나라' 건설의 소원

새로운 국가건설에 대한 백범의 이상이 간결하면서도 잘 다듬어진 글은 중국에서 환국한 뒤 1947년 12월에 발간된 「나의 소원」이라 할 수 있다. 이때는 한국문제가 유엔으로 이관되어 남북에서 단정이 가시화되는 시기였기에 백범의 자주통일국가 건설 구상이 불가능해지는 시점이었다. 현실에서 멀어질수록 "우리나라 대한의 완전한 자주독립"[1]이라는 백범의 소원은 더욱 선명해졌다. 따라서 「나의 소원」에는 백범이 이루고 싶었던 높은 정치적 이상이 잘 표현되어 있다.

백범은 새로운 국가는 '민족자주' 국가여야 하며, '자유' 에 바탕

1. 김구 · 도진순 주해, 『백범일지』, 돌베개, 2004, p. 423.

한 민주주의 국가여야 한다는 점을 「나의 소원」에서 명료하게 제시했다. 백범에게 민족자주는 종교이며, 생명이며, 진리였다. 백범에게 민족은 인간 삶의 토대였다. 그렇기 때문에 백범은 어떤 종교, 어떤 철학, 어떤 사상, 어떤 사람이라도 민족이라고 하는 공동체적 삶을 넘어서지는 못하는 것으로 보았다. 「나의 소원」에는 이러한 입장이 아주 선명하게 그려지고 있다.

> 현실의 진리는 민족마다 최선의 국가를 이루어 최선의 문화를 낳아 길러서 다른 민족과 서로 바꾸고 서로 돕는 일이다. 이것이 내가 믿고 있는 민주주의요. 이것이 인류의 현 단계에서는 가장 확실한 진리다. 그러므로 우리 민족으로서 하여야 할 최고의 임무는. 첫째로 남의 절제도 아니 받고 남에게 의뢰도 아니하는 완전한 자주독립의 나라를 세우는 일이다. 이것이 없이는 우리 민족의 생활을 보장할 수 없을 뿐더러. 우리 민족의 정신력을 자유로 발휘하여 빛나는 문화를 세울 수가 없기 때문이다.[2]

백범에게 민족자주는 다른 어떤 정치적 가치나 정치적 권력과도 거래하거나 타협할 수 없는 절대가치였다. '자주독립국가' 는 백범의 삶의 원천이었다라고 할 수 있을 정도로 강조되고 있다. 그러나 이러한 비타협적 민족주의는 결과론적으로 국가건설전략이나 정책으로서는 유효하지 못했다.

백범은 또한 독재가 아닌 민이 주인이 되는 민주주의 국가를 지

2. 김구, 2004, 425쪽.

향했다. 그러므로 백범은 "나의 정치이념은 한 마디로 표시하면 자유다"라고 하였다. 여기서 백범이 말하는 '자유'는 오늘날의 자유주의보다는 '자유민주주의'의 의미에 가깝다. 백범이 자유를 어떻게 이해했는지를 다음 말은 잘 보여준다. "자유 있는 나라의 법은 국민의 자유로운 의사에서 오고, 자유 없는 나라의 법은 국민 중의 어떤 일 개인 또는 일 계급에서 온다"[3]고 하여 자유로운 시민에 의한 선거, 국민의 대표에 의한 입법, 그 법에 의한 통치라는 자유민주주의를 뜻하고 있음을 알 수 있다. 개인 독재적 유교 왕권체제나 계급독재의 공산정권이 아닌 민주주의를 지향하고 있다고 하겠다. 이러한 이유로 백범을 '자생적 민주주의'[4]로 평가하는 것도 무리가 아니다. 백범의 '자유' '민주' 정신은 동학혁명과 3 · 1독립운동의 연장선상에서 형성되었으며 임시정부와 4 · 19혁명의 바탕이 되었다는 것이다. 한국 민주주의가 단순히 밖으로부터 수입 · 이식된 것이 아니라 자생적으로 태어나 성장 · 발달되었다는 주장이다. 백범은 한국민의 자유로운 의사가 실질적으로 반영된 '민족자주'의 민주주의 국가를 건설하려고 하였다고 할 수 있겠다.

마지막으로 백범이 건설하고자 했던 국가는 무력과 경제력에 기반한 국가가 아니라 문화력에 기초한 국가라는 점이 흥미롭다. 「나의 소원」에서 백범은 '아름다운 나라'가 되기를 바랐으며, 널리 사람을 이롭게 하는(弘益人間) '문화국가'를 건설하고자 했으며, 동양 도덕국가의 전통을 연상시키는 국민들을 '모두 성인(聖人)을 만드는'[5] 국

3. 김구, 2004, 427쪽.
4. 장을병, 1987, 「백범 김구의 민주주의론」, 『백범연구』 3집 참조.

가가 꿈이라고 했다. 미 · 소에 의하여 극도로 제한된 '민족자주' 와 결국 다수결의 원리로 귀결되는 절차적 '자유' 민주주의에서 이러한 '도덕문화국가' 의 이상은 기적이 아니면 실현할 수 없는 불가능한 꿈이었다. 어쩌면 백범을 지탱한 원동력은 이와 같은 높은 이상이라고 해도 과언이 아닐 것이다.

「나의 소원」에는 이처럼 백범의 새로운 국가건설 구상이 비교적 선명하고 또렷하게 그려져 있다. 그렇지만 이러한 '소원' 을 현실에서 구현하는 것은 또 다른 문제이다. 현실정치에서는 국민들을 설득하고 다른 정치이념들과 차별되는 논리적이고도 체계적인 정치사상을 구성 · 제시하고, 실천 가능한 전략과 치밀한 정책을 창안하여 제시하여야 한다. 빛나는 국가건설의 높은 이상을 백범은 비교적 선명한 정치전략과 정책구상을 통하여 구현하고자 하였다. 그렇지만 현실을 움직이는 권력구조에 대한 지혜로운 전략이 빈약하였다고밖에 말할 수 없다. 새로운 국가건설의 이상이 해방정국의 정치현실 속에서 어떻게 실패의 길을 걷게 되는가?

「나의 소원」이 현실정치에서 구현하지 못한 백범의 소원을 담아냈다면, 일본 패망이 예견되는 상황에서 작성된 「대한민국건국강령」은 임시정부의 이념적 지향을 제시한 문건이며, 해방 직후인 9월 3일에 발표한 「국내외동포에게 고함」은 임시정부의 새로운 국가건설 절차를 제시하고 있다. 「나의 소원」에서 세 가지로 압축된 새로운 국가의 이상을 달성하기 위하여 백범은 선명한 정치노선을 걷는다. 하나는 민족자주노선이고 다른 하나는 통합의 정치노선이다.

---

5. 김구, 2004, 432쪽.

Ⅱ. 새로운 국가건설의 기본 노선 : 민족자주와 통합의 정치

「나의 소원」에 표현된 민족, 자유, 문화의 새로운 국가건설의 이상은 백범이 자신의 과거 정치활동을 되돌아 보면서 정리하였을 것이다. 상당히 성제된 국가상은 식민지시대의 녹립운농과 해방정국에서의 정치활동을 통하여 성립된 것일 것이다.

백범의 새로운 국가상은 임시정부의 헌장에서 크게 벗어나지 않는다. 임시정부가 구상하는 새로운 국가건설사상의 대강은 조소앙의 사회민주주의적인 삼균주의라 할 수 있다. 일본의 패망이 예상되는 상황에서 임시정부는 「대한민국건국강령」[6]을 통하여 국가건설의 기본 방향을 제시하였다. '신민주국가'로 부른 새로운 국가는 삼균주의를 골격으로 개인이나 계급의 독재를 거부하는 민족주의에 기초한 민주주의 국가건설사상이었다. 정치적으로는 국민 기본권과 지방자치에 기초한 민주주의 정체를 주장하고 있다. 경제적으로는 일본과 친일세력이 대거 점유하고 있던 토지와 기간산업의 국유화와 균등의 경제를 강조한다. 사회문화적으로는 균등한 교육을 매우 강조하였다. 대외적으로 국가 간 평등을 주장하고 있다.

새로운 국가건설의 정치이념을 구현하기 위한 보다 구체적인

6. 국사편찬위원회, 1971, 『韓國獨立運動史資料 2(臨政篇 11)』, 국사편찬위원회, 29−34쪽.

절차로 제시된 것이 해방을 맞이하면서 발표된 「국내외 동포에게 고함」[7]이다. 이 문건에 임시정부의 국가건설사상이 일목요연하게 개진되고 있다. 또한 주어진 해방을 맞이하면서 설계한 구체적 국가건설 프로그램 절차가 제시되고 있다. 백범이 양보할 수 없는 기본 원칙과 절차로 제시한 새로운 국가건설 절차는 무엇인가? 「나의 소원」에서

---

7. 김구, 2004b. 『白凡金九先生言論集(상)』, 나남출판, 157쪽. 1945년 9월 3일자로 발표되었다. 내용은 아래와 같다.

① 본 임시정부는 최속 기간 내에 곧 입국할 것.

② 우리 민족의 해방 및 독립을 위하여 혈전한 중 · 미 · 소 · 영 · 불 등 우방민족으로 더불어 절실히 제휴하고 연합국 헌장에 의하여 세계일가의 안전 및 평화를 실현함에 협조할 것

③ 연합국 중의 주요국가인 중 · 미 · 소 · 영 · 불 5강에 향하여 먼저 우호협정을 체결하고 외교경로를 특별히 열 것.

④ 동맹군 주재기간 내에 일절 필요한 일을 적극 협조할 것.

⑤ 평화회의 및 각종 국제집회에 참가하여 한국의 응유(應有)한 발언권을 행사할 것.

⑥ 국외 임무의 결속과 국내 임무의 전개가 서로 접속됨에 필수한 과도조치를 집행하되 전국적 보통선거에 의한 정식 정권이 수립되기까지의 국내 과도정권을 수립하기 위하여 국내외 각 계층. 각 혁명당파. 각 종교집단. 각 지방대표와 저명한 각 민주영수회의를 소집하도록 적극 노력할 것.

⑦ 국내 과도정권이 수립된 즉시에 본 정부의 임무는 완료된 것으로 인정하고 본 정부의 일절 직능급 소유물건은 과도정권에게 교환할 것.

⑧ 국내에서 건립된 정식정권은 반드시 독립국가. 민주정부. 균등사회를 원칙으로 한 신헌장에 의하여 조직할 것.

⑨ 국내의 과도정권이 성립되기 전에는 국내 일절 질서와 대외 일체관계를 본 정부가 책임지고 유지할 것.

⑩ 교포의 안전 및 귀국과 국내외에 거주하는 동포의 구제를 신속처리할 것.

⑪ 적의 일체 법령의 무효와 신법령의 유효를 선포하는 동시에 적의 통치하에서 발생된 일체 벌범(罰犯)을 사면할 것.

⑫ 적산(敵産)을 몰수하고 적교(敵僑)를 처리하되 동맹군과 협상진행할 것.

표현된 국가이상과 「대한민국건국강령」에서 제시된 국가정체를 어떻게 실현할 것인가의 문제가 「국내외 동포에게 고함」이라는 문건에서 선명하게 제시된다. 이 문건은 일종의 새로운 국가건설의 청사진이라고도 할 수 있다. 이 문건은 귀국 이후 백범의 정치활동을 분석하는 중요한 맥을 제공해 준다. 그러므로 간략하게나마 백범과 임시정부가 생각한 새로운 국가건설 절차를 되짚어 볼 필요가 있다.

첫째, 해방을 가져오는 데 결정적 역할을 한 강대국과의 관계강화를 제일 중시하여 맨 앞에서 다루고 있다. 임시정부로서가 아닌 개인 자격으로라도 가장 빠른 시일 안에 입국하여 중 · 미 · 소 · 영의 우방들과 협력하고 연합국과의 긴밀한 관계를 유지하면서 협조하는 외교문제를 1항에서부터 5항에서 다루고 있다.[8)]

강조와 중시에도 불구하고 백범은 실제로 미 · 소와의 협력관계를 원만하게 유지하는 데 그다지 성공적이지 못했다. 미 · 소 갈등은 '민족자주'라는 백범의 기본 사상과 상충되었으며, 반탁운동을 기점으로 미국과도 상당한 거리가 벌어지게 된다. 그리하여 백범은 대한민국 국가건설 과정에서 배제되게 된다. 비타협적 '민족자주'는 미 · 소 대립의 현실에서 받아들여지기 힘든 전략이었다. 반면, 이승만과 김일성은 미 · 소와의 긴밀한 협조를 간과하지 않았다. 물론 원칙론적 '민족자주'를 희생양으로 바친 결과였다.

둘째, 백범은 '민족자주'의 기반을 다양한 정치세력의 통합에서 찾고자 하였다. 즉 임시정부의 법통을 활용하여 국내의 여러 정치세력들이 '민주영수회의'를 통하여 한국민의 의사를 민주적으로 결

8. 김구, 2004b. 『白凡金九先生言論集(상)』, 나남출판, 157쪽.

집하고자 한 것이다. 「국내외 동포에게 고함」의 제6항에서 백범은 임시정부가 '민주영수회의'를 통하여 의사를 통합하고 '과도정권 수립'을 하여 일체의 책임을 넘기겠다고 하였다.[9]

임시정부는 다른 정치세력들에 비하여 정통성에서 단연 우위였으며, 미군정까지도 반탁운동 이전까지는 비교적 우호적으로 보았으며 다른 정치세력도 이의를 제기하기 어려운 상황이었다. 그러나 이러한 임시정부의 입장은 기본적으로 38선 이남의 일체 권한을 장악한 미군정과 대립할 수밖에 없었다. 「국내외 동포에게 고함」의 제9항 "국내의 과도정권이 성립되기 전에는 국내 일절 질서와 대외 일체관계를 본 정부가 책임지고 유지할 것"[10]이라는 규정은 맥아더 사령부에서 발한 "38도선 이남의 한국은 미국 대평양 함대 총사령관에게 각각 항복하도록 한다"는 '일반명령 제1호'와 정면으로 배치되기 때문에 미군정과의 불협화음은 이미 예고되었다고 할 수 있다.

임정주도의 '통합의 정치'는 백범으로 하여금 지속적으로 다른 정치세력들과의 연대와 통합운동을 주도하고 마지막으로는 남북요인회담까지 추진하는 자기 정당화의 기제가 되었다고 할 수 있다. 반탁운동기구나 국민의회 형성 등을 통하여 백범은 임시정부 주도의 통합의 정치를 하고자 하였지만 미 · 소 대립, 좌우갈등, 통합론과 단정론의 분열의 정치를 극복하지는 못했다. '민족자주'와 '통합의 정치'의 마지막 수순으로 남북요인회담을 추진하였으나 분열의 흐름을 바꾸거나 멈추기에는 역부족이었다.

9. 김구, 2004b, 157쪽.
10. 김구, 2004b, 157쪽.

셋째, 민족자주와 통합의 정치에 의하여 결집된 국민의 민주적 의사에 바탕하여 헌법을 제정하고 이에 근거하여 마침내 새로운 국가를 건설하겠다는 것이다. 백범은 이미 과도정권의 기본 방향까지 설정하고 있다. 이는 임시정부의 연장선상에서 과도정부를 구성하겠다는 구상이다. 제8항에서 "정식정권은 반드시 독립국가, 민주정부, 균등사회를 원칙으로 한 신헌장에 의하여 조직할 것"[11]이라고 명시하였다. 백범은 실제로 반탁운동 중에 「국자」 제1호와 제2호를 발령하여 경찰권 장악과 국민보호권을 선언한다. 이는 과도정권 이전까지 임시정부가 국민을 보호할 권한을 갖는다는 주장으로 미군정을 충분히 당혹케 할 사안이었다.

백범은 대외적으로는 '민족자주' 를 신장하고 대내적으로는 '통합' 의 정치를 통하여 새로운 국가를 건설하고자 하였다. 해방정국의 짧은 기간 동안 드러난 백범의 정치활동을 통하여 새로운 국가건설의 전략을 어떻게 실천하고 있는지를 분석할 필요가 있다.

'민족자주' 사상은 '신탁통치 반대운동' 과 '통일운동' 의 실천운동을 통하여 구현하고자 하였다. 또한 '통합의 정치' 는 '민주영수회담', '국민의회', '남북요인회담' 등을 통하여 구현하려고 하였다. 백범이 주도한 정치활동은 국민적 지지를 이끌어낼 수 있었지만 정국운영의 주도권을 장악하지는 못했다. 결과론적으로 보자면 백범의 구상은 현실정치에서 구현되지 못했고 오히려 정치이념만 선명하게 부각되고 있다. 백범의 노선이 '소원' 으로 머물게 된 원인을 그의 정치활동 분석을 통하여 분석해 보자.

11. 김구, 2004b, 157쪽.

Ⅲ. '민족자주'의 국가건설운동 : 반탁운동과 통일운동

살아 있는 진리이며 생명이었던 민족은 백범에게 있어서 종교나 성인을 앞선다. "나는 공자 · 석가 · 예수의 도를 배웠고 그들을 성인으로 숭배하거니와, 그들이 합하여서 세운 천당 · 극락이 있다 하더라도 그것이 우리 민족이 세운 나라가 아닐진대, 우리 민족을 그 나라로 끌고 들어가지 아니할 것이다."[12] 무상한 현실세계에서 무상하지 않은 오직 한 가지는 민족으로 그려진다. 그러므로 백범은 "철학도 변하고 정치 · 경제의 학설도 일시적이거니와 민족의 혈통은 영구적이다. … 오늘날 소위 좌우익이란 것도 결국 영원한 혈통의 바다에 일어나는 일시적인 풍파에 불과하다는 것을 잊어서는 아니된다"[13]고 말한다.

이러한 민족의 생명을 갉아먹는 것은 바로 자기의 민족 자존성을 잃고 외국에 의존하는 의뢰성이다. 백범은 의뢰는 망국의 원이라고 통렬하게 비판한다. 백범이 공산주의를 비판하는 근거도 의뢰성이다. "정주(程朱)의 방귀를 '향기롭다'고 하던 자들을 비웃던 그 입과 혀로 레닌의 방귀는 '달다'"[14]고 한다고 공산주의를 비판한다. 민족

12. 김구, 2004, 424쪽.
13. 김구, 2004, 424−5쪽.
14. 김구, 2004, 353쪽.

자주는 구호가 아니라 삶이었다. 일본인 쓰치다를 살해하고 감옥에 갇히면서 시작되는 그의 사회활동[15]은 민족에 대한 그의 태도를 상징적으로 보여준다. 이토록 선명한 '민족자주'는 백범의 최대 강점이자 동시에 최대 약점이기도 하였다.

1. 반탁운동과 미군정과의 갈등

백범은 임시정부가 새로운 국가건설의 주인이 되어야 한다는 점에 추호의 의심이 없었던 것 같다. 그러나 백범이 이끈 임시정부의 귀국은 전국적으로 대대적인 환영을 받았지만 임시정부의 요인으로서가 아니라 개인 자격으로서였다. 이는 새로운 국가건설의 '희망'과 미군정의 '현실'의 괴리를 단적으로 보여주는 사건이었으며, 향후 '민족자주'노선의 한계를 암시하고 있다.

많은 정치지도자들과 국민들은 임시정부의 법통을 인정하였지만 미군정은 공식적으로 인정하지 않았다. 그렇기 때문에 '민족자주'를 뚜렷하게 하기 위해서는 우선 국민적 지지를 주도적으로 조직화할 필요가 있었다. 그리하여 탄생한 것이 '특별정치회의'였다. '특별정치회의'에 대한 호응도 좋았다. 특별정치회의의 중앙위원으로 조소앙, 김붕준, 김성숙, 최동오, 장건상, 유림, 김원봉 등이 활동하고 1946년 1월 4일에는 여운형이 주도한 인민공화국과 교섭하는 등 활동

15. 김구, 2004, 90-113쪽.

의 범위를 넓혀나갔다.[16] 이승만은 독자적으로 '독립촉성중앙협의회'를 결성하여 임시정부의 법통을 부인하지는 않으면서 자신의 독자적인 조직을 결성하는 데 주력하였지만 백범은 특별정치위원회로 제반 정치세력의 조직화를 추진하였다.

백범은 환국 이후 국내 정치세력들의 통합에 의한 국민의사 결집 노력에 전념하고자 하였으나 1945년 12월 27일 모스크바 삼상회의에서 결정된 신탁통치안[17]은 해방정국을 반탁과 찬탁의 소용돌이로 몰고 갔다. 신탁통치는 이미 전후 질서를 매우 정교하게 준비한 미국과 소련 간의 정치적 야합에 의거한 대한반도 정책이었다. 백범은 열강의 이러한 신탁통치안에 대한 반대투쟁에 자신의 정치적 역량을 집중함으로써 민족자주를 실현하고자 하였다. 백범의 반탁투쟁은 이미 1943년부터 시작되었다.

미국과 소련은 카이로 회담과 테헤란 회담에서 이미 한국의 '신탁통치'를 야합하였으며, 얄타회담에서 연합국 공동의 '군사점령'과 '군정'을 합의했으며, 1945년 8월 13일 포츠담 회담에서 미·소에 의한 '남북분단 점령'과 야합을 결정했다. 한국의 기본적인 정치구조를 형성한 모스크바 삼상회의의 남북분단과 '신탁통치' 결정은 "미국이

16. 김희곤, 2004, 「대한민국 정부수립과 백범 김구」, 『광복직후의 건국운동과 백범 김구 : 백범기념관 개관2주년기념 학술회의 자료집』, 백범김구선생기념사업회·백범학술원, 100쪽.

17. 미국·소련·영국의 3개국 외무장관이 1945년 12월 16일부터 27일까지 모스크바에서 ① 신탁통치 기간을 최고 5년으로 하고, ② 조선 임시정부를 수립하여 미·영·중·소가 신탁통치를 할 것이며, ③ 조선임시정부 구성을 협의하기 위해 조선주둔 미·소 양군 대표의 미·소공동위원회를 2주일 이내에 개최한다는 것이었다.

주도하고 소련이 호응한 양대국의 정치적 야합"[18]이라 하겠다. 신탁통치는 세계 정치질서의 재구성에서 나온 것이다. 백범은 이에 항거한 것이다.

1943년 언론에 보도된 미국의 루즈벨트와 영국 외상 이든 사이에 합의된 한국의 '신탁통치' 안을 듣고 백범은 1943년 4월 29일 국무위원 회의를 통하여 4개 항에[19] 걸쳐서 반탁운동을 전개할 것으로 결의하고 다른 독립운동 단체들과 협력하여 반탁운동을 시작하였다. '적당한 순시'에 따라서 한국을 독립시키겠다는 카이로 회담에 대하여 김구는 "무조건 자유독립"을 원하며 만약 그렇지 않을 시에는 "우리는 어떤 침략자나 또는 침략하는 단체가 그 누구임을 물론하고 우리의 역사적 전쟁을 계속할 것"[20]이라고 강경하게 반대했다.

모스크바 삼상회의에서의 결정에 대하여 백범은 '탁치반대국민총동원위원회'를 조직하고 위원장에 권동진이 선출되어 거족적인 반탁운동에 나서게 된다. "5천년의 주권과 3천만의 자유를 전취하기 위하여는 자기의 정치활동을 옹호하고 외래의 탁치세력을 배격"[21]함

18. 신용하, 2004, 「열강의 한국 南北分斷 및 信託統治 정책과 白凡 金九의 노선(1943–45)」, 『광복직후의 건국운동과 백범 김구 : 백범기념관 개관2주년기념 학술회의 자료집』, 백범김구선생기념사업회 · 백범학술원, 31쪽.

19. 『韓國獨立運動史資料』 3, 238쪽. ① 우리 외무부에서 중국 외교부에 향하여 그 사실의 유무를 질문하고 아울러 반대 의사를 표시할 것. ② 미 · 영 · 러 각국 원수에 반대하는 전보를 보내고, 중국에는 당국자에 향하여 정식으로 그리고 신문지상에 반대성명서를 발표하도록 요구할 것. ③ 선전부에서는 우리측 간행물과 외국 간행물을 이용하여 반대하는 논문을 발표하고 아울러 반대하는 의사를 널리 알릴 것. ④ 정치 · 경제 · 문사 각 수뇌자를 소집하여 그 진상을 보고하고 대책을 연구할 것.

20. 김구, 2004b, 144쪽.

을 분명히 하고 있다. 임시정부 시절부터 신탁을 철저히 배격했던 백범이 반탁운동에 나선 것은 당연하다고 할 수 있다. 백범은 신탁통치를 찬성하는 것은 '목이 마르다고 독약을 구하는 것과 같다' 고 하면서 자주독립을 강조하였다. "우리 생존은 자주독립에서만 구할 수 있는 것이다. 화성돈(Washington) 선생도 '자유가 아니면 죽음' 이라고 고함을 친 것이다."[22]

백범에게 있어 '민족자주' 는 양보나 타협의 대상이 아니었다. 연도 미상의 한 문건에 의하면 백범은 소련군을 네덜란드를 구축하고 인도네시아를 점령한 일본군에 비유하면서 오로지 자주독립이야말로 유일한 길이라고 강조한다. "우리를 해방해 주었다는 은인은 이제 또 다시 무력으로써 한국 인민의 자유와 주장을 억압하면서 공산당 독재정권의 수립을 강요하고 있다. 어떤 나라의 독립운동사를 보든지 그 민족 자체의 영용한 투쟁이 없이 독립이 완성된 예가 없다. 우리의 앞에도 이러한 난관이 있다는 것을 알아야 한다."[23] 해방군이 아닌 점령군에 대한 비판이라 하겠다. 이러한 시각은 비단 소련군에게만 해당된다고 보기 어렵다.

비타협적 민족주의로 말미암아 백범의 정치적 입지는 매우 좁아지게 된다. 반탁운동을 주도하면서 백범은 미국의 구상하고 있는 건국과정에서 멀어지게 된다. 백범의 반탁운동 가운데 미군정을 결정적으로 자극시킨 사건은 「국자」 제1호와 제2호의 발령이라 할 수 있다.

21. 宋南憲, 1985, 『解放三年史 I』, 까치사, 248－252쪽.
22. 김구, 2004c, 『白凡金九先生言論集(하)』, 나남출판, 41쪽.
23. 김구, 2004c, 162－163쪽.

「국자」1 · 2호는 임시정부의 주권 장악의 선언이다. 백범은 임시정부 내무부장 신익희를 통하여 「국자」1 · 2호를 선언하였다. 「국자」1호는 "① 현재 선국 행성정 소속의 경찰기구 한인 직원을 전부 본청부 지휘하에 예속케 함, ② 탁치반대의 시위운동은 계통적 · 질서적으로 할 것, ③ 돌격행위와 파괴행위는 절대 금함"이다. 「국자」2호는 "이 운동은 반드시 우리의 최후승리를 취득하기까지 계속함이 요하며 일반 국민은 우리 정부 지도하에 제반사업을 부흥하기를 요망한다"[24]는 것이다. 국민의 절대적 지지를 바탕으로 백범은 주권선언까지 하게 된 것이다. 정치적 해프닝으로 마감되었지만 그렇지만 이 사건을 계기로 백범은 미국의 협력적인 정치세력에서 멀어져 갔다.

미군정은 해방 이후 국민적 적극적 지지를 받고 있던 백범을 남한의 제반 정치세력의 통합의 중심으로 삼으려고도 한때 구상했었다. 미군정청장이었던 하지의 정치고문이었던 랭던(William R. Langdon)은 번즈 국무장관에게 보낸 과도정부 수립안에서 '한국에서 모든 세력과 정당들이 반합법적으로 인정하는 유일한 집단'[25]으로 김구를 주목하면서 '군정 내에 김구를 중심으로 하여 회의체(Council)를 구성하고, 이 회의체가 정무위원회를 조직'케 하며 '임정주도의 정계통합과 정무위원회가 성공할 것'으로 기대하였다.[26] 그러나 백범이 반탁의 선두에 서면서 1946년 5월 22일경 백범은 미국에 의하여 국가건설 과정에서 공식적으로 배제되는 과정을 거치게 된다.[27]

24. 申昌鉉, 1972, 『申翼熙』, 태극출판사, 245쪽.

25. FRUS., vol. 6, p. 1131.

26. FRUS., vol. 6, p. 1141.

백범이 미군정의 협조적인 정치세력에서 멀어지면서 미국은 좌우합작을 통하여 과도입법의원을 수립하고 입법의원에 참가한 중간우파 지도자들을 군정에 받아들이려고 했다. 미군정은 어떻게 하든지 제2차 미 · 소공위 재개 이전에 남한에 과도정부를 설치하려 하였으나 이러한 계획은 미국의 의도대로 진행되지 않았다. 왜냐하면 중간파의 미군정 비협조, 여운형을 중임으로 한 중간파들이 이탈하고 김규식조차 2차 미소공위 재개가 임박하자 미군정의 '과도정부안' 에 대한 기대를 버렸기 때문이다. 이렇게 되자 이제 미군정이 선택할 수 있는 정치세력은 군정기구를 실제로 담당했던 한민당 세력과 이승만이 남게 되었다. 결과적으로 미군정의 '과도정부안' 은 한민당과 이승만을 용인하여 합리화하는 기제로 변질되고 말았다.

제2차 미 · 소공위의 결렬 이후 한국문제는 유엔으로 옮겨지게 된다. 한국문제의 유엔이관 이후 가장 큰 쟁점은 단선 · 단정이 된다. 단선 · 단정정국이 전개되면서 '민족자주' 를 실천할 수 있는 길은 통일운동 이외에 달리 없게 된다.

27. FRUS., vol. 8, pp. 681–682 ; p. 688. 미국무부와 주한미군. 미군정은 김구를 새로운 국가건설 과정에서 배제한다는데 일치하였다. 5월 22일 삼부 장관 회합에서 국무부 극동국은 "김구를 지지한 것은 말(馬)을 잘못 쓴 것"이라 했다. 미군정도 이에 동의하였다.

2. 단정수립 정국과 통일운동

1947년 초부터는 미국의 대외정책의 기조가 소련의 봉쇄정책으로 전환하는 시기였다.[28] 세계적인 흐름을 감지하고 있던 이승만은 1947년부터 남한단독과도정부 노선을 공식화한다. 그리하여 이승만은 미국에 있을 때 하지가 자신과 만나서 "입법의원을 동하여 보선법안을 세워서 총선거를 진행함으로 한국과도정부를 한인들이 원하는 대로 수립하기를 내게다 언급하고 또 공개로 선언"[29]하였다고 강조하면서 단정수립으로 매진하게 된다. 하지는 이 사실을 부인하였지만 미국은 1947년 5월 재개된 2차 미 · 소공위에서 협의대표기구 구성을 통한 임시정부 수립방안을 포기하고 남북한 인구비례에 의한 직접선거를 주장하게 된다. 7월 중순 이후부터는 미 · 소공위 결렬을 기정사실화하면서 미군정은 대비책을 마련하기 시작했다. 하지는 "미 · 소공위 결렬 이후 신속하게 남한 자치정부를 수립"[30]할 계획을 가지고 있었다. 이승만과의 불협화음에도 불구하고 하지는 결과적으로 이승만의 단정론으로 가고 있었으며, 미국무성의 대한정책 담당자들의 기본방향과도 일치하게 되었다. 미국은 1차적인 목표로 남한단정 수립과 그 처리절차로서 한국문제의 유엔이관을 당연한 것으로 받아들였

28. Bruce Cumings, 1990, *The Origins of the Korean War. vol. II*, Princeton University Press. part 2. ch. 2. 참조.
29. 《소선일보》, 1947. 7. 4.
30. 하지장군문서철, 상자번호 1/96. C54133.

다. 그리고 이 시기 미국에게 중요한 것은 한국문제 처리절차가 아니라 단정 수립 이후의 제기될 수 있는 현실적 대비책이었다.

대한정책 방향을 결정하는 기초적 정책문서인 SWNCC 176/30는[31] 주한미군 조기철수를 반대하고 대신 미국의 개입을 줄일 수 있는 방안을 모색할 것을 촉구하면서 한국문제 유엔이관과 남한 단정 수립을 준비할 것을 제기했고, 미국 정부나 미군정은 이 방침에 별다른 이의가 없었다. 미국은 단정수립에 따른 현실적 대응책을 군사·정치·경제의 영역으로 나누어 체계적으로 준비했다.[32] 한국문제를 유엔으로 이관하면서 단정수립은 한국민에게 가시화되기 시작하였다.

한국문제가 유엔으로 이관되고 남북분단이 가시화되면서 국내 정치세력들은 찬반세력으로 명확하게 갈리게 된다. 단정정국에서 중도파 정치세력이 선택할 수 있는 길이 통일운동이었다. 그리하여 중도파는 남북요인회담을 제기하였지만 이승만과 한민당은 물론 남로당도 냉담한 반응을 보였다. 북에서도 별다른 반응을 보이지 않았다. 1948년 1월 하순 김구, 김규식이 남북요인회담이 제안했을 때도, 같은 해 2월 26일 유엔소총회에서 남한만의 총선거를 결의할 때까지도 국내 정치세력은 분단세력과 통일진영으로 양분되어 있었다.[33] 이때

31. SWNCC 176/30.

32. 정용욱, 2004, 「미·소 군정의 對 한국정책(1945−1948)」, 『광복직후의 건국운동과 백범 김구 : 백범기념관개관2주년기념학술회의자료집』, 백범김구선생기념사업회·백범학술원, 56쪽.

33. 서중석, 2004, 「남북협상과 백범의 민족통일노선」, 『광복직후의 건국운동과 백범 김구 : 백범기념관 개관2주년기념 학술회의 자료집』, 백범김구선생기념

백범은 통일진영의 선두에 서게 된다.

한독당은 1947년 10월에 열린 임시중앙집행위원회에서는 남북대표회의를 조직하여 38선의 타개(미 · 소 양군 철퇴), 남북통일선거 실시 등을 결의했다.[34] 동년 11월에는 한독당의 조소앙이 중심이 되어 한독당, 근로인민당, 인민공화당 등 10여 정당은 각 정당협의회를 조직해 미 · 소 양군 즉시 철병 후 총선거를 실시하되 보통선거 실시방법과 양군철퇴 절차, 철병 후 치안확보 문제 등을 협의키 위해 남북정당대표자회의를 소집할 것에 합의했다.[35] 한독당은 부득이한 경우 38이남의 선거에도 참여할 용의가 있다[36]는 견해도 제시했지만 백범은 통일의 이상을 택하였다.

1948년 1월 26일 유엔한국임시위원단 제2분과위원회 초청 회담을 마치고 이틀 뒤 백범은 유엔임시위원단에 보다 정리된 의견서를 보냈다. 이 의견서에는 백범의 입장이 선명하게 개진되고 있다. "① 신속한 총선거에 의한 통일된 완전 자주적 정부를 수립할 것, ② 총선거는 인민의 절대 자유의사에 의해 실시할 것, ③ 북한에서 소련이 입경을 거절하였다는 구실로서 유엔이 그 임무를 태만히 해서는 안 됨. 통일적 한국정부 수립을 포기하면 한국을 분할하는 책임을 미소로부터 유엔이 인계하게 될 것임, ④ 현재 남북한에 구금 체포되어 있는 정치범을 석방할 것, ⑤ 미 · 소 양군은 즉시 철퇴하되 소위 진공상태로

사업회 · 백범학술원, 79쪽.

34. 백범김구선생전집편찬위원회, 1999, 『白凡金九先生全集』 8, 대한매일신보사, 278쪽.

35. 백범김구선생전집편찬위원회, 1999, 281쪽.

36. 백범김구선생전집편찬위원회, 1999, 305−306쪽.

인한 기간의 치안책임은 유엔에서 부담할 것, ⑥ 한국문제를 결국 한인이 해결하기 위해 남북지도자회의를 소집할 것."[37] 의견서에서 일관되게 주장되고 있는 사항은 민족의 자주적 결정권에 대한 강조와 한국민의 민주적 절차와 합의에 의한 총선거이다. 어찌보면 전략-전술의 부재로 볼 수 있다. '민족자주' 와 '민주통합' 의 원칙이 고수되고 있는 것이다. "내가 대한민국임시정부를 주지하는 것도, 한독당을 주지하는 것도 일체가 다 조국의 독립과 민족의 해방을 위한 것뿐"[38]이라는 그의 호소는 민족자주에 대한 그의 심정을 잘 드러내 주고 있다.

'접근가능한 지역에서의 총선거' 가 유엔소총회에서 결정되자 백범은 "나는 조국을 분할하는 남한의 단선도 북한의 인민공화국도 반대한다. 오직 정의의 깃발을 잡고 절대다수의 애국동포들과 함께 조국의 통일과 완전 자주 · 독립을 실현하기 위하여만 계속 분투하겠다"[39]고 선언하였다. 대한민국 국가건국 과정에 참여하지 않겠다는 각오를 피력한 것이라 하겠다. 미국주도의 유엔에 정면으로 반대하면서 백범은 조소앙, 조완구, 조성환, 김규식, 김창숙, 홍명희의 공동명의로 단정수립은 "오직 동족상잔의 참화를 격성(激成)할 뿐"[40]이라고 보아 통일운동에 나서게 된다. 그리하여 통일독립운동자협의회를 결성하여 성명서를 발표하였다.

4월 3일에는 한독당 등 백여 정당 사회단체가 참여해 "① 통일독립운동자의 총역량 집결을 기함, ② 민족문제의 자주적 해결을 도

37. 김구, 2004c, 58-59쪽.
38. 김구, 2004c, 71쪽.
39. 김구, 2004c, 77쪽.
40. 김구, 2004c, 89-90쪽.

(圖)함, ③ 민족강토의 일체 분열공작을 방지함" 등을 강령으로 제시하였다. 백범은 협의회에 "진정한 애국자는 조국을 분열시키려는 북한에 인민공화국을 수립하려는 것을 반대하는 것과 동일한 이유로 남한의 반쪽 정부도 찬성할 수 없는 것"[41]이라는 메시지를 보내면서 남북통일의 노선을 택했다. 그러나 이러한 자주적 중도파의 이상은 당시의 세계 권력정치의 구조를 극복할만한 역량을 발휘할 수는 없었기 때문에 비극적 좌절로 마감하게 된다.[42]

백범의 통일운동은 비군성뿐만 아니라 이승만 등의 정치세력에 의하여 격렬한 비판을 받는다. 이승만은 4월 1일 '소련의 공산화 계획을 지금도 모르고 홀로 요인회담을 주장한다면 대세에 애매하다는 조소를 받을 것'이라는 비난 담화를 발표했고,[43] 하지 주한미군사령관, 딘 군정장관 등도 비난 성명을 냈다.[44] 백범 자신도 통일운동이 통일국가건설로 나아갈 것으로 확신하지는 않았을 것이다. 왜냐하면 백범은 이미 임시정부 시절부터 공산세력과의 협력의 한계를 체험했기 때문이다. 백범이 통일운동을 선택한 것은 현실적 성공을 위한 정치를 선택한 것이 아니라 이상의 고수를 택했기 때문이라 하겠다. 즉 백범은 명분(名分)과 대의(大義)의 정치를 선택했던 것이다. 백범은 "우리의 갈 길은 민족자결정신에 의하여 우리끼리 단결하여 우리의 정성과 우리의 노력으로써 우리의 독립문제를 완성하자는 것뿐"[45]이라 하였

41. 김구, 2004c, 93쪽.
42. 김재명, 2003, 『한국현대사의 비극 : 중간파의 이상과 좌절』, 선인 참조.
43. 국사편찬위원회, 1973, 『자료 대한민국사』 6, 국사편찬위원회, 693−694쪽.
44. 국사편찬위원회, 1973, 728−729쪽.
45. 김구, 2004c, 120−121쪽.

다.

민족자주라는 대의(大義)의 면에서는 성과가 있었지만 현실적 권력정치로 보자면 남북요인회담은 큰 성과는 없었다.

Ⅳ. '신민주국가' 건설을 위한 통합의 정치

「나의 소원」에서 피력되고 있는 '자유의 나라'에 대한 이상도 외국에서 수입한 것이라기보다는 동학에서부터 발전된 것으로 보아도 좋을 것이다. 장을병은 백범의 민주주의를 토착적·자생적 민주주의로 평가했다. 토착적이란 민중에 뿌리내린 민주주의라는 뜻이고, 자생적이란 동학혁명 →3·1운동 → 임시정부 → 대한민국이라는 역사적 연속성을 뜻한다고 하겠다.[46] 백범은 "우리는 우리의 철학을 찾고, 세우고, 주장해야 한다. 이것을 깨닫는 날이 우리 동포가 진실로 독립정신을 가지는 날이요, 참으로 독립하는 날"[47]이라고 자서전의 서문에서 말하고 있다.

백범은 개인독재든지 계급독재든지 어떤 형태의 독재정치로 배격하고 민이 주인이 되는 정치를 지향하고 있다.

46. 장을병, 1987, 참조.
47. 김구, 2004, 14쪽.

우리 동포 각 개인이 십분의 언론 자유를 누려서 국민 전체의 의견대로 되는 정치를 하는 나라를 건설하자고, 일부 당파나 어떤 한 계급의 철학으로 다른 다수를 강제함이 없고, 또 현재의 우리들의 이론으로 우리 자손의 사상과 신앙의 자유를 속박함이 없는 나라, 천지와 같이 넓고 자유로운 나라, 그러면서도 사랑의 덕과 법의 질서가 우주 자연의 법칙과 같이 준수되는 나라가 되도록 우리나라를 건설하자고.[48]

이를 위해서는 국민의 의사결집이 가장 중요했다. 백범의 정치활동에서 뚜렷하게 부각되는 것은 자주적으로 정치세력들을 통합하는 과업이었다. 백범은 귀국하자마자 '특별정치회의'를 주창하였고, '비상국민회의'와 '국민의회'를 통하여 제반 정치세력 통합에 나섰으며, 단정수립의 거센 물결에서도 '남북요인회담'을 위하여 평양행을 택하였다. 다소 무리한 그의 정치행보는 민주적 '통합의 정치'의 맥락에서 보면 보다 쉽게 이해될 수 있다. 백범은 '민족자주' 만큼이나 통합의 정치를 우직할 정도로 고수하는 면모를 보이게 된다. 이러한 점들은 현실 정치가로서의 상황대처 능력을 의심케 하는 점들이다.

48. 김구, 2004, 430쪽.

1. '비상국민회의'와 '국민의회'

환국 이후 백범의 관심사는 임시정부의 주도 아래 다양한 정치세력들을 통합하는 일이었다. 이를 위하여 백범은 환국하자마자 주도적으로 '특별정치회의'를 주장하였고, '민주영수회의'의 제안하였다. 그렇다고 모든 정치세력이 대화와 통합의 대상은 아니었다. 1945년 9월 3일 「임시정부 당면정책」의 제14조에 의하면 "독립운동을 방해한 자와 매국 적에 대하여는 공개적으로 엄중히 처리할 것"[49]을 주장을 볼 때 친일파는 협상대상에서 제외하고자 하였음을 알 수 있다. 민족세력 연합에서도 친일파 문제는 직접적인 걸림돌로 작용했다. 미군정 하에서도 군, 경찰, 공무원의 국가기간조직이 일제총독부 체제대로 대부분 지속되었기 때문에 친일파 문제는 해방정국을 더욱 혼란스럽게 만들었다.

현실정치에서 멀어질수록 백범의 친일파 비판은 강도를 더해갔다. 1948년 3월 말 "이 땅의 우익 중에서는 왕왕 친일파, 반역자의 집단까지 포함하는 것이 큰 문제"라고 지적하면서 그들을 우익을 더럽히는 '군더더기' 집단으로 비판하였다.[50] 이는 한민당을 염두에 둔 발언이라 할 수 있다. 1948년 7월 21일 통일독립촉진회 발기회 겸 결성대회에 참여한 백범은 치사를 통해 "탐관오리, 모리간상, 친일역배,

49. 국사편찬위원회, 1968, 『자료대한민국사 1』, 국사편찬위원회, 47−48쪽.
50. 백범사상연구소, 1973, 241쪽.

악질 반동배들이 발호하고 있음을 통곡할 일"[51]이라고 지적했다. 그리고 반민특위요인 암살음모사건 등으로 국회와 이승만 정권이 갈등하고 있던 1949년 2월 김구는 반민특위활동을 지지하면서 "이를 방해하는 행위는 청소하여야 할 것"[52]이라고 하여 친일파청산에 적극적이었다. 백범의 '통합의 정치'는 결코 친일파까지 포함하는 것은 아니었다.

친일파 · 반민족자 배제 하에서 백범은 여타 정치세력들과의 통합에 나서게 된다. 1946년 1월 7일 경교장에서 5대 정당대표 회합을 가졌는데, 신한민족당을 제외한 인민당, 공산당, 한국민주당, 국민당 등의 대표가 참석한 가운데 합작문제를 논의하였다. 그러나 정국변화로 말미암아 반탁에서 '비상국민회의'로 나가게 된다. 공산당이 찬탁으로 돌아서고, 이승만과 김성수가 좌익과의 합작포기를 선언하고, 미소공동위원회가 현안을 다루기 위하여 진행되자 백범은 반탁운동에서 '비상국민회의'로 방향을 바꾸게 된다.[53] 비상국민회의에 거는 백범의 기대는 매우 컸었다. "비상국민대회가 수십 년래의 독립운동의 법통을 계승하였으니. 나는 민족통일총본부와 독립촉성국민회를 여기에 합류시켜 먼저 3기구를 단일화한 후에 그것을 적당히 확대 강화하여서 독립운동의 최고기구의 임무를 감당할 수 있도록 개조하기를 주장한다"[54]면서 새로운 기구가 창설되면 자신이 주도하던 '반탁독립투쟁위원회'를 해체할 수 있다고 밝혔다.

51. 《서울신문》, 《조선일보》, 1949. 7. 22.
52. 《자유신문》, 1949. 2. 19.
53. 백범김구선생기념사업협회, 1982, 404쪽.
54. 《조선일보》, 1947. 2. 9.

이에 따라 비상국민회의는 1946년 2월 1일 명동성당에서 결성 모임을 가졌다. 167명이 참석한 자리에서 안재홍이 사회를 맡고 임시 의장에 김병로가 선출되었다. 최고정무위원 선임은 백범과 이승만에게 위임됨으로써 두 지도자의 합의에 의해 비상국민회의가 구성되기에 이르렀다. 비상국민회의 조직대강의 제3조는 "본 회의는 대한민국 임시정부 당면정책 제6항에 따른 과도정권 수립에 관한 일체 권한을 유(有)하고 대한민국 임시의정원의 직능을 계승함"[55]이라고 규정하였다.

그러나 백범은 '비상국민회의'를 결성하기는 했지만 자신의 구상대로 임시정부의 법통을 이은 자주적인 대의체로 자리매김하지는 못했다. 미군정의 하지 중장은 비상국민회의 최고정무위원회를 미군정의 자문기구로 변질시켰기 때문이다.

그리하여 1946년 2월 14일 '민주의원'이 결성되었다. 이승만 의장의 인사에 이어 김규식의 선언서 낭독, 하지의 성명서 등에 이어 부의장에 선임된 백범이 치사를 하였다. 이승만이 '민주의원'에 만족감을 표현한 것과 달리 백범은 불평을 표현했다. 이승만은 독립촉성중앙협의회를 자문행정기관으로 만들다 실패하고 임시정부가 주도하는 비상국민회의에 들어와 대표가 된 뒤, 임정법통이 아닌 자문행정기구인 민주의원으로 변환하여 목적을 달성하였다.[56] 백범으로서는 자신의 제안과 주도로 밀고 가던 '비상국민회의'가 한갓 군정의 자문기구가 된다거나 이승만의 수중에 넘어가는 것은 결코 바람직해 보이

55. 중앙선거관리위원회, 1973, 『대한민국정당사 1』, 중앙선거관리위원회, 163쪽.
56. 도진순, 1997, 『한국민족주의와 남북문제』, 서울대출판부, 67－68쪽.

지는 않았을 것이다.

미군정은 비상국민회의 최고정무위원 28명을 그대로 '남조선 대한국민대표민주의원'으로 임명하였다. 임정법통론의 일환으로 형성된 비상국민회의가 결국 국회와 같은 국민조직이면서도 군정청의 고문부가 된 것이다. 그러나 민주의원은 정권인수를 목표로 독자적인 국민대표기관으로서 체제정비를 목표로 삼고 나갔다.[57] 그러나 미군정은 '민주의원'을 임시정부를 계승한 대표기구가 아닌 고문기구로 받아들였다. 따라서 새로운 과도정부 구성을 위한 대표로 인정하지 않게 된다. 백범은 임정법통에 의거하여 대표체를 형성하기는 하였지만 미군정에 의한 변질까지는 막지 못했다.

'비상국민회의'가 '민주의원'으로 변질함에 따라 백범의 임정법통에 따른 대표체 설립의 구상은 실패하게 된다. 반면, 이승만과 한민당은 '민주의원'을 독점하여 미군정과 긴밀한 관계를 형성하게 된다. 결국 "반탁운동을 주도함으로써 우익운동의 주도권을 회복하고 나아가 국민의회를 통해 정부를 수립하려던 김구 · 임시정부계의 시도는 미군정 · 경찰의 저지와 이승만 · 한국민주당 진영의 견제로 '체면만 손상한 채' 또 다시 실패하였다."[58]

1947년 새해 백범은 자주적 통일정부를 수립하기 위해서는 "국제공약에서 해결해 줄 것만을 고대치 말고 우리의 힘으로 해야 되겠다는 자각"을 강조하고 이러한 "거족적인 자각이 있은 후에라야 우리에게 서광이 비쳐올 것"[59]이라고 하여 자주성을 한층 강조하였다. 이

57. 백범김구선생기념사업협회, 1982, 408쪽.
58. 도진순, 1997, 151쪽.

는 '민주의원' 문제로 미군정과의 거리를 확인하였기 때문이라 하겠다.

1947년 1월 11일에 신탁통치 반대자를 협의대상에서 제외시키자는 '12월 24일에 하지가 북한에 보낸 서한'이 공개되었다. 백범은 격분하여 미군정에 대한 불신과 신탁통치반대투쟁의 제1선에 나서기로 작정하였다. 일단 미군정의 강력한 저지로 주춤하긴 했지만, 그는 정국을 풀어갈 방향으로 신탁통치반대투쟁의 재확산과 비상국민회의 중심의 기구 단일화를 계획하였다.[60] 그리하여 1947년 2월 8일 백범은 민족통일총본부, 비상국민회의, 독립촉성국민회 3개 단체의 통합을 촉구하는 비격을 발표하였다.

백범은 실질적으로 미군정과의 결별을 선언하였다. 먼저 자신의 의도와는 달리 변질된 '민주의원 참가'한 것에 대하여 오류를 인정하고, 미·소공위에 협조한다는 '미소공위 제5호 성명'에 서명한 것도 잘못된 것이었다고 시인했다. 또한 미군정에 의하여 주도된 김규식, 여운형의 '좌우합작 지지' 등도 미군정이 민심통합의 정치공작에 불과한 것으로 파악하였다. 이는 미군정에 대한 신뢰를 철회를 뜻하기도 했다.

미군정으로부터의 자주를 선언한 뒤 백범은 비상국민회의를 확대·강화하여 '임정법통'에 기초한 과도정부를 수립하기 위한 '독립운동의 최고기관'[61]을 수립하고자 하였다. 그것이 '국민의회'였다.

59.《조선일보》, 1947. 1. 1.
60. 김희곤, 2004, 107쪽.
61. 도진순, 1997, 148쪽.

그리하여 민족통일전선, 독립촉성국민회, 비상국민회의 통합이 결의되어 '국민의회'가 탄생하게 된다. 의장과 부의장에 조소앙과 유림이 선출되고, 한국독립당 이하 63개 단체 대표와 13도 대표 50명으로 구성되었다. 김구는 '국민의회'를 임시적인 협의기구가 아니라 '상설적 대의조직'이며, '독립운동의 피묻은 최고기관'으로서 '대한민국의 유일한 역사적 입법기관'이라 규정하였다.[62] 백범은 임시정부의 법통을 잇는 '국민의회'를 설립함으로써 여러 정치세력들을 통합하고자 하였다.

그러나 임정을 법통으로 하는 '국민의회'의 설립은 정국에 큰 영향을 미치지 못했다. 분명한 것은 '국민의회'는 미군정과 일정한 거리를 지니는 임정법통의 대표기관인 것은 분명하였다. 백범은 지속적으로 임시정부의 법통을 잇는 정치세력의 규합에 나섰으나 제2차 미·소공위의 결렬로 말미암아 한국문제는 유엔으로 옮겨감에 따라 한국민의 손을 떠나게 되고, 핵심적인 논쟁은 단선·단정이 되게 된다. 이러한 정국에서 백범은 가능성이 매우 낮은 통일운동으로 나가게 된다.

2. 통일운동과 남북요인회담

이승만은 광복과 함께 미국에서 환국하는 길에 일본이 맥아더

62. 조선통신사, 1948, 438－439쪽.

사령부를 방문하면서부터 미 · 소 분할점령이라는 현실 안에서 정치활동을 한 반면, 백범은 대한민국임시정부의 법통에 근거하여 한국민의 자주적인 민주통합을 통하여 이러한 현실적 권력구조를 타개하고자 하였다. 이승만의 단정과 백범의 통일정부노선의 대립은 이미 환국하면서부터 예고되었다고 할 수 있다.

그렇지만 단정문제가 본격화는 1946년 5월 8일 미소공동위원회의 결렬에서 시작되었다. 이때 백범은 비상국민회의의 확대와 강화를 통하여 '자율적 통일정부' 수립을 모색하고 있었다.[63] 반면, 이승만은 '정읍발언'을 통하여 단독정부 수립을 불가피한 선택으로 받아들이고 있었다. 이승만은 "무기 휴회된 미 · 소공동위원회로 통일정부 수립이 여의치 않으므로 남방만이라도 임시정부 혹은 위원회 같은 것을 조직하여 38선 이북에서 소련이 철퇴하도록 세계공론에 호소하여야 할 것"이라고 하였다.[64]

한국문제의 유엔이관은 백범과 임시정부 계열의 인사들에게는 매우 중요한 정치적 의미를 가진다. 임시정부 법통을 근거로 민족의 자주성 제고와 영수회담 등을 통하여 자주적으로 정치통합을 이루려고 하는 백범과 임시정부의 기본 구상이 무의미하게 되기 때문이다. 다시 말하자면, 한국문제가 한국민의 손을 떠나서 미국의 의사가 결정적으로 반영되는 유엔으로 옮겨감으로써 실질적으로 임시정부의 법통이 무력화되기 때문이다. 미국으로서는 유엔을 통하여 자신의 의사를 상대적으로 쉽게 구현할 수 있게 된 셈이다.

63.《동아일보》, 1946. 4. 14.

64.《조선일보》, 1946. 5. 21.

유엔총회는 1947년 11월 13일 토의를 가지고 '총선거 실시 및 통일정부 수립 이후 미소 양군 철수를 감시할 유엔한국임시위원단 파견' 을 결정하였다. 백범은 유엔한국임시위원단의 임무가 남북총선거 감시라고 희망하였지만[65] 미군정은 남한만의 총선거에 대비하여 준비를 진행하였다. 미국은 유엔을 통하여 단선 · 단정을 추진하고자 하였으며, 이러한 정국변화에 대하여 중도파들은 남북 영수회담을 통한 통일운동으로 대응하였다. 이로서 단정론과 통일론의 대립구도가 서게 된다.

그렇지만 백범은 유엔에 대한 기대를 완전히 접지는 않았다. 1948년 1월 1일 신년사에서도 "유엔임시위원단이 내한해 남북총선거에 의한 자주통일의 독립정부를 수립하게 해주면 이보다 더 큰 행복은 없을 것"이라고 피력했다.[66] 그렇지만 백범은 남북요인회담을 통한 자주적 · 민주적 의사결집에 대한 결연한 의지를 보였다. 백범은 1948년 2월 6일 메논(K.P.S. Menon) 의장에게 남북요인회담 개최에 적극적인 협조를 요청하는 서한을 발송하고 2월 10일에 유명한 「삼천만 동포에게 읍고함」을 발표하였다.

> 나는 통일된 조국을 건설하려다가 38선을 베고 쓰러질지언정 일신의 구차한 안일을 위하여 단독정부를 세우는 데는 협력하지 아니하겠다.[67]

---

65. 《서울신문》, 1947. 12. 23.
66. 백범김구선생전집편찬위원회, 1999, 301쪽.
67. 김구, 2004c, 72쪽.

백범은 공산주의자들을 신뢰하지는 않았지만 좌 · 우의 상위에 민족을 놓았기 때문에 남북영수회담은 결코 문제될 것이 없었다. 그는 "나의 흉중에는 좌니 우니 하는 것은 개념조차 없다. 오직 조국의 독립과 동포의 행복을 위하여 분투할 것"[68]이라고 각오를 밝혔다. 또한 "전민족의 완전한 자유가 있은 후에야 계급적 해방도 성공할 것"[69]이라고 하여 민족통합을 지상과제로 설정하고 있다. 1948년 3월 12일에 백범은 김규식, 조소앙, 조완구, 조성환, 김창숙, 홍진과 함께 7거두 공동성명서를 발표하여 민족자결을 선언하며 분단은 곧 동족상잔의 문을 열 뿐이라고 하였다.[70] 남북요인회담은 백범의 '통합의 정치'의 마지막 수순이었다고 하겠다.

여기에서 백범이 왜 이처럼 통일운동으로 반향을 선회하였는가의 문제를 생각해 볼 필요가 있다. 과연 당시의 정국상황에서 백범은 "좌우의 계급적 사고에서 민족문제 중심으로 혁명세력과 반혁명세력으로 정치세력을 인식하는 사상적 전환"[71]을 했는가? 백범이 사상적으로 전환했다고 판단하기에는 어려움이 있다. 즉 반공주의자였던 백범이 좌 · 우를 통합하는 민족주의자로 바뀐 것으로 보기 힘들다는 것이다. 왜냐하면 백범은 이미 상해 임시정부 시절에도 좌 · 우합작을 경험했었다. 물론 상해에서의 좌 · 우통합은 실패했다.

상해에서의 '유일독립당'은 레닌이 "식민지운동은 복국운동

68. 김구, 2004c, 20쪽.
69. 김구, 2004b, 33쪽.
70. 김구, 2004c, 89–90쪽. 이때 성명을 발표한 7거두는 김구 · 조소앙 · 조완구 · 조성환 · 김규식 · 김창숙 · 홍명희이다.
71. 도진순, 1997, 222쪽.

(復國運動)이 사회운동보다 우선한다"라는 발표와 함께 가속화되어 이루어졌다. 좌파가 민족독립을 계급해방보다 우선시하였기 때문에 당시 민족주의자들의 협력의 문이 열려 '유일독립당촉성회(唯一獨立黨促成會)'가 탄생된 것이다.[72] 그러나 통합은 형식적이었고, 내부에서는 양진영의의 권리쟁탈전이 치열하게 전개되었을 뿐이다. 결국 유일독립당촉성회는 해산되고[73] 민족세력들은 결집되어 한국독립당[74]이 탄생하게 되었다. 이러한 경험에도 불구하고 백범이 다시 북으로 가서 요인회담을 하겠다는 것은 당시의 정국상황과 백범의 '민족자주' 지상주의에서 찾아야 할 것이다. 예상되는 실패에도 불구하고 '남북요인회담'을 강행한 것은 '대의(大義)의 정치', '통합의 정치', '민족자주의 정치'에 대한 이상주의적 열망 때문이라고 해야 할 것이다.

아마도 평양행을 하는 백범 자신조차도 회담의 성공 가능성을 크게 기대하지 않았을 것이다. 백범은 회담의 현실적 성공을 기대하였다기보다는 단정이 노골화되고 한국문제의 유엔이관의 상황에서 남북요인회담이 가장 이상적인 대응이라고 보았기 때문에 평양행을 선택했다고 보아야 할 것이다.

백범은 정치를 현실성과 비현실성의 문제라기보다는 옳음과 그름이 문제로 인식했다. 백범은 "현실적이냐 비현실적이냐가 아니라.

72. 1926년 말부터 좌우합작의 유일당 운동이 일어나 국내에서는 신간회가, 만주에서는 삼부통합운동이, 중국 관내지역에서는 한국유일독립당촉성회가 결성되었다.

73. 김구, 2004, 314쪽.

74. 한독당은 순전한 민족주의자인 이동녕 · 안창호 · 조완구 · 이유필 · 차이석 · 김봉준 · 김구 · 송병조 등을 지도자로 하여 창립되었다.

그것이 정도냐 사도냐"[75]가 정치에서 가장 중요하다고 보았다. 적어도 백범은 '정치(政治)를 정치(正治)'로 보았다고 하겠다. 그러므로 그는 정치에서 현실적으로 된다는 것을 노동대신 손쉬운 도둑질을, 가난한 정실부인 대신 애첩이 되는 것과 다르지 않다고 야유하였다.[76] 통일운동으로 백범은 현실정치적 결과를 얻기 위해서가 아니라 대의를 지킨 지조의 정치가로 남기를 원했었다고 하겠다.

그렇다고 백범의 통일운동이 현실적으로 완전히 무의미했다고 판단하기도 어렵다. 왜냐하면 1948년 4월 26일부터 4월 30일 사이에 백범, 김규식, 김일성, 김두봉은 약 4시간 동안 회담을 하였다.[77] 그리하여 4개항의 합의 가운데 백범은 자신의 평생 정치과업으로 삼고 있는 자주적으로 "통일적 조선입법기관을 선거를 통하여 구성하여 통일 민주정부를 구성한다"는 주장을 관철시켜 합의문에 반영시켰기 때문이다. 당시로서는 종이상의 합의에 불과하였지만 통일정부 수립의 대명제를 이끌어냈다는 점에서 의의가 있다고 하겠다.

합의문 제3항의 요지는 외군철거후 하기(下記) 제정당들의(서명한 정당사회단체–필자) 공동명의로 전조선정치회의를 소집하여 민주주의 임시정부를 즉시 수립할 것이다. 이 정부는 첫 과업으로 일반적 직접적 평등적 비밀투표에 의하여 통일적 조선입법기관 선거를 실시할 것이며. 선거된 입법기관은 조선헌법을 제정하여 통일적 민주정부를 수립한다는 것이다.[78] 이 조항은 백범이 임시정부 때부터 가지고

75. 김구, 2004c, 104–105쪽.
76. 김구, 2004c, 104쪽.
77. 이정식, 1974, 『김규식의 생애』, 신구문화사, 197쪽.
78. 보다 자세한 내용은 서중석(2004)의 「남북협상과 백범의 민족통일노선」

있었던 새로운 국가건설 사상과 절차의 핵심이다. 즉 '민족자주' 의 사상과 '통합정치' 의 사상을 새로운 국가건설의 중대 원칙으로 설득하여 북의 합의를 이끌어내는 성과를 거두었다. 그러나 4인 요인회담이 열리던 날 김일성은 북한정권의 태동을 알리는 헌법을 인민대회에서 통과시켰다.

V. 남겨진 과업 : 자주적 통합

전략과 전술만이 난무하는 현실정치의 잣대로 본다면 백범은 대의를 고수하는 원리원칙주의자였다. 임시정부가 주체가 되어 '민족자주' 를 유지하면서 '민주적 의사결집' 을 통하여 새로운 국가를 건설하겠다는 백범과 임시정부의 구상을 백범은 충실하게 이행하고자 하였다고 할 수 있다.

그러나 결과론적으로 보자면 백범은 국민의 대다수가 동의하는 '민족자주' 도 확보하지 못했고, '민주적으로 국민의사를 통합' 하지도 못했다. 오히려 백범은 대한민국 건국과정에서 완전히 이탈되었다. '민족자주' 의 이상은 미 · 소의 분할점령이라고 하는 세계정치적 구조를 넘을 수 없었다. 미 · 소와 좌 · 우 대립의 골은 백범의 '통합정치' 가 메우기에는 역부족이었다. 백범은 이러한 현실의 대립구조를

421－422쪽 참조.

받아들여 적응하는 대신에 이러한 대립구조를 근본적으로 극복 및 타개하고자 하였다. 그러나 백범의 정치력은 그러한 현실구조를 타개하기에는 역부족이었다.

현실과 동떨어질수록 백범의 국가건설노선의 대의명분(大義名分)은 더욱 선명하게 표출되었다. 당시의 객관적 현실을 인정하고 타협하는 자주성이나 민족주의는 백범에게 식민지 상황만큼이나 굴욕적으로 느껴진 것은 아닌지 모르겠다. 식민지의 현실은 백범의 '완전한 자주독립' 노선의 선명성을 빛나게 했지만 미군정은 식민지 현실과 달랐으며, 현실개방적 · 타협적 민족자주의 가능성도 열린 상황이었다고 한다면 백범의 노선은 원리주의적이고 단선적이라는 비판을 면하기 어렵다. 현실정치로부터 이미 멀어진 1949년에 가진 한 인터뷰에서 백범은 다음처럼 민족자주를 강조하였다.

> 소련식 민주주의가 아무리 좋다 하여도 공산독재정권을 세우는 것은 싫다. 소련이 아무리 우리의 우방이요 소련인과 친구 되기를 아무리 원할지라도 소련과 소련사람을 우리나라, 우리나라 사람보다 더 위하기는 싫다. … 미국식 민주주의가 아무리 좋다하여도 독점자본주의의 발호로 인하여 무산자를 괴롭게 할 뿐 아니라, 낙후한 국가를 상품 시장화하는 데는 악질이다.[79]

백범의 대의명분에 동의하지 않을 수는 없을 것이다. 그러나 당시 한국이 미국식 민주주의나 소련식 민주주의와 견줄 수 있는 독자

79. 김구, 2004c, 135쪽.

적인 민주주의를 개발 · 성장시키지 못한 상황에서 이러한 백범의 호언장담은 현실정치가에게는 공허하게 들릴 수밖에 없었을 것이다. 혹 독자적인 민주주의를 갖고 있다고 하더라도 이를 실행할 수 있는 현실적 힘이 없는 상황에서는 공허하게 들릴 수밖에 없었던 것이다.

임시정부 법통의 연장선상에서 국내의 제 정치세력들을 통합하는 회의를 통하여 자주적으로 국민의 대표체를 형성하고, 이곳에서 법을 제정하여 과도정부를 구성하겠다는 백범의 구상은 38선 이남에서 주권을 장악하고 있는 미군정과의 타협과 합의를 통해서만이 실현 가능한 프로그램이었다. 백범은 비록 '반탁운동' 을 통하여 정치세력들을 통합하고자 하였고, '비상국민회의' 를 통하여 민족대표를 구성하고자 하였으며, 임정법통 하에서 민족과 독립의 이상을 추구하고 실천하고자 하는 '국민의회' 의 결성하고 운동하였으며, 남북요인회담을 통하여 한국문제를 한국민의 자주력에 의거하여 해결하고자 노력하였다. 그러나 임시정부가 주체가 된 통합의 정치는 이승만과 한민당 그리고 미군정이라고 하는 중요 정치주체들과 대립 · 갈등하면서 세계적 차원에서 이미 구조화되고 있던 대립의 정치를 극복할 수는 없었다. 한국문제가 유엔으로 이관되면서 한국정치가 한국민의 손에서 떠나는 것은 백범의 임시정부 주도의 통합의 정치의 종식을 뜻하는 것이기도 했다. 남북요인회담은 자주적 통일국가라는 이상을 향한 백범의 마지막 불가능의 시도였다고 하겠다.

참고문헌

❖ Cumings, Bruce, 1990, *The Origins of the Korean War. vol. II*, Princeton University Press.

❖ *FRUS.*, vol. 6; vol. 8.

❖ *SWNCC* 176 series.

❖ 국사편찬위원회, 1968, 『자료대한민국사 1』, 국사편찬위원회.

❖ 국사편찬위원회, 1971, 『韓國獨立運動史資料2(臨政篇11)』, 국사편찬위원회.

❖ 국사편찬위원회, 1973, 『자료 대한민국사』 6, 국사편찬위원회.

❖ 국사편찬위원회, 1973b, 『韓國獨立運動史資料3』, 국사편찬위원회.

❖ 김구/도진순 주해, 2004, 『백범일지』, 돌베개.

❖ 김구, 2004b, 『白凡金九先生言論集(상)』, 나남출판.

❖ 김구, 2004c, 『白凡金九先生言論集(하)』, 나남출판.

❖ 김국태 역, 1984, 『해방 3년과 미국 I』, 돌베개.

❖ 김재명, 2003, 『한국현대사의 비극 : 중간파의 이상과 좌절』, 선인.

❖ 김희곤, 2004, 「대한민국 정부수립과 백범 김구」, 『광복직후의 건국운동과 백범 김구 : 백범기념관 개관 2주년기념 학술회의 자료집』, 백범김구선생기념사업회 · 백범학술원.

❖ 김희곤, 2004, 「대한민국 정부수립과 백범 김구」, 『광복직후의 건국운동과 백범 김구 : 백범기념관 개관 2주년기념 학술회의 자료집』, 백범김구선생기념사업회 · 백범학술원.

❖ 도진순, 1997, 『한국민족주의와 남북문제』, 서울대출판부.

❖ 백범김구선생기념사업협회 백범전기편찬위원회, 1982, 『백범 김구 : 생애와 사상』, 교문사.

❖ 백범김구선생전집편찬위원회, 1999, 『白凡金九先生全集』 8, 대한매일신보사.

❖ 백범사상연구소 편, 1973, 『백범어록』, 사상사.

❖ 서중석, 2004, 「남북협상과 백범의 민족통일노선」, 『광복직후의 건국운동과 백범 김구 : 백범기념관 개관 2주년기념 학술회의 자료집』, 백범김구선생기념사업회 · 백범학술원.

❖ 宋南憲, 1985, 『解放三年史』 I, 까치사.

❖ 신용하, 2004, 「열강의 한국 南北分斷 및 信託統治 정책과 白凡 金九의 노선(1943−45)」, 『광복직후의 건국운동과 백범 김구 : 백범기념관 개관2주년기념 학술회의 자료집』, 백범김구선생기념사업회 · 백범학술원.

❖ 申昌鉉, 1972, 『申翼熙』, 태극출판사.

❖ 이정식, 1974, 『김규식의 생애』, 신구문화사.

❖ 장을병, 1987, 「백범 김구의 민주주의론」, 『백범연구』 3집.

❖ 정용욱, 2004, 「미 · 소 군정의 對 한국정책(1945−1948)」, 『광복직후의 건국운동과 백범 김구 : 백범기념관개관 2주년기념학술회의자료집』, 백범김구선생기념사업회 · 백범학술원.

❖ 조선통신사편, 1948, 『조선연감』.

❖ 중앙선거관리위원회, 1973, 『대한민국정당사』 1, 중앙선거관리위원회.

❖ 하지장군문서철, 상자번호 1/96, C 54133 하지가 합동참모본부에, 1947. 7. 18.

❖《서울신문》.

❖《자유신문》.

❖《조신일보》.

❖《조선일보》.

제 4 장

백남운의 국가건설사상 : 연합성 신민주주의론의 전략과 전술

이완종(국민대)

Ⅰ. 머리말

본 연구의 목적은 동암 백남운(1894–1979)이 해방조선의 신국가건설을 위한 기본 개념으로 제시한 '연합성 신민주주의'의 전략과 전술을 설명하고 그를 비교 · 평가하는 것이다.

흔히 설명되기에, 백남운은 연합성 신민주주의론을 통해 "민족해방과 사회해방의 이중적 과제가 조선민족에 부과된 정치적 사명"이라 주장하며 좌익과 우익의 정치연합 필요성을 역설했고, 자신과 신민당이 추진하는 좌우합작운동을 합리화했다. 계급투쟁이 격화되어 갔던 해방공간에서 그의 노선이 넓은 사회적 지지를 획득하지는 못했지만, 민족분단의 세월이 지속되면서 연구자들은 좌우합작의 방법으로 통일정부를 수립할 수도 있지 않았을까 하는 역사에 대한 아쉬움으로 그의 이론과 실천을 주목했다. 백남운의 글이 전집형태로 출간되어 있는 사실에서 알 수 있듯이 그의 사상과 노선에 관한 연구 성과는 특히 1980년대를 거치며 적잖이 축적되었다.[1] 최근에는 조소(朝蘇)경제문화협정을 체결하기 위해 북한 대표단의 일원으로 1949년 봄 모스크바를 방문했던 백남운이 소비에트 사회주의 건설상을 목격하고 느낀 감동과 스탈린에 대한 경애심을 담아 1950년에 펴낸 소련 방문기가 서울에서 출판되기도 했다.[2] 특히 백남운 연구가 일단락되는 데에는 1993년 방기중이 펴낸 『한국근현대사상사연구 : 1930－40년대 백남운의 학문과 정치경제사상』이 중요한 역할을 했다.

방기중에 따르면 해방정국 국가건설운동과 관련해서 크게 세 계열의 정치적 입장이 대립했다. 일제 하 사회체제의 연장에서 자본주의 국가 유지를 의도한 "민족주의 (우익)진영"의 입장이 그 중 하나였고, 다른 하나는 사회주의 국가건설을 지향하는 좌익진영의 입장이었으며, 이에 병행하여 수정자본주의 내지 사회민주주의 노선을 취하면서 계급협조와 통일민주국가 수립을 주장하는 각종 중간파의 입장이 있었다. 분단이 현실화되면서 최종적으로 남한의 자본주의 국가건

1. 주요 논문들을 열거하면 : 심지연, 1988, 「신민당 백남운의 통일전선론」, 『역사비평』 제2집(111－130쪽) ; 조동걸, 1991, 「연보를 통해 본 정인보와 백남운」, 『한국독립운동사연구 5』(389－408쪽) ; 정윤재, 1992, 「해방 직후 한국정치사상의 분석적 이해 : 안재홍 · 백남운 정치사상의 비교분석」, 『한국정치학회보』 26집 1호(7－56쪽) ; 이준식, 1993, 「백남운의 사회사 인식」, 『한국사회사연구회논문집』 제40집(11－52쪽) ; 도진순, 1995, 「백남운의 지적 성숙과정과 연합성 민주주의」, 『한국사시민강좌』 제17집(61－76쪽) ; 윤기중, 1998, 「백남운의 학문세계와 사상」, 『한국현대사연구』 창간호(221－246쪽) ; 등.
2. 백남운, 2005, 『쏘련인상』(서울 : 역사비평사) 참조.

설노선인 자유민주주의 노선과 북한의 사회주의 국가건설노선인 인민민주주의 노선으로 정리되었고, 중간파는 양 노선에 흡수 · 용해되거나 파편화되었다.[3] 물론 백남운의 노선은 중간파의 입장으로 규정되었다. 실제 백남운은 박헌영의 "이단계 혁명론"을 비판했고, 그럼으로써 자신의 국가건설론을 조선공산당 계열의 그것과 차별화했다. 그가 연합성 신민주주의 구상을 「조선민족의 진로」라는 제목으로《서울신문》에 연재한 것은 좌우대립이 격화되던 1946년 4월이었으며, 이승만의 남한단정론을 비판하고 새로 속개되는 미소공위에 대한 기대를 표현하면서 '인민성 민주주의 단계'라는 개념을 구사한 「조선민족의 진로 재론」이《독립신보》에 연재된 때가 1947년 5월이었다. 또한 1946년 9월 공산당, 인민당, 신민당이 남조선노동당으로 재편 · 통합되는 과정에서 백남운은 박헌영과 대립, 결별하고 사회노동당 창당에 진력하였으며, 1947년 5월에는 여운형이 결성을 주도한 근로인민당에 적극 참여하는 등 백남운의 정치적 행보는 그를 좌우합작운동의 확고한 지지자로, 연합성 신민주주의론을 당시 중도좌파의 정치노선과 광범한 진보적 지식인들의 입장을 대변한 "전략적 · 국가론적 수준"의 것으로 평가할 수 있게 하는 근거가 되었다.[4]

레닌주의적 용법에 따르면 전략과 전술이란 "프롤레타리아트 계급투쟁의 지도에 관한 과학"이었다. 전략은 "주어진 혁명단계에 결정된 프롤레타리아트의 주요 타격방향이며, 이에 상응하여 혁명세력

3. 방기중, 1993, 『한국근현대사상사연구 : 1930－40년대 백남운의 학문과 정치경제사상』(서울 : 역사비평사), 13－14쪽 참조.
4. 위의 책, 369－371쪽.

의 배치를 위해 작성된 계획이며, 주어진 혁명단계 전체에 걸쳐 그 계획을 수행하는 투쟁"이며, 전술은 "운동의 간조 또는 만조, 혁명의 고양 또는 쇠퇴의 비교적 짧은 기간 동안에 결정된 프롤레타리아트의 행동노선이며, 낡은 투쟁형태와 조직 및 슬로건을 새 것으로 교체하고 이러한 형태들을 결합함 등을 통해 그 노선을 수행하기 위한 투쟁"이라고 규정되었다.[5] 의심의 여지없이 백남운의 연합성 민주주의는 조선의 역사발전 단계 혹은 혁명단계 인식을 전제로 한 전략 개념이었다.

방기중은 이렇게 설명한다 : "그[= 백남운]의 '조선인식'이나 정치경제적 전망이 여타 사회주의자들과 반드시 일치하는 것만은 아니었다. [중략] 백남운은 '조선사'의 합법칙적 발전과 '조선민족' 형성의 역사적 특수성, 민족모순과 계급모순의 전일적 성격을 중시하였다. 그런데 당시 맑스주의 과학자들은 많은 경우 교조적인 아시아적 생산양식론과 계급주의적 민족관에 입각하여 '조선사'의 타율적 발전과 정체적 본질을 강조하였고, 이러한 '조선인식' 관점과 밀접한 관련 하에 코민테른의 부르주아 민주주의 혁명논리에 충실하여 민족 내부의 계급모순을 민족모순과 동일시하였다. 이러한 견해 차이는 학문적 차원에 그치는 것이 아니라 내적으로 민족의 진로에 대한 정치적 입장의 차이로 연결되는 것이었다. 그것이 전면화되는 것은 해방 후 국가건설운동을 통해서였다."[6] 즉 그가 보기에 백남운의 노선은 조선공산당의 그것과 완전히 구별되는 전략과 전술이었다. 백남운은 일제

5. Сталин И.В. Соч., т.6, с. 152−154.
6. 방기중, 앞의 책, 367쪽.

"이식자본주의의 지배적 규정성에 의해 민족적 대립(민족모순)과 자본주의적 대립(계급모순)이 일체화"되어 있으며, 따라서 "민족 내부의 계급적 대립은 부차적"이고 "민족 간의 계급적 대립"이 모순구조의 일차성을 갖는다고 인식했다는 것이다.[7)]

위와 같은 일반적 결론에도 불구하고 이 글에서 우리는 연합성 신민주주의가 특히 『8월테제』에서 표현된 조선공산당의 노선에 대해 과연 어떠한 차별성을 갖고 있었는지 다시 면밀하게 검토하려 한다. 이 과정에서 논의의 객관성 확보를 위해 신민주주의론과 인민민주주의혁명론, 그리고 20세기 초 러시아 사회민주노동당 내에서 경쟁했던 혁명노선들에 대한 설명이 필요하다. 그리고 연합성 신민주주의론의 내용을 각 혁명노선들과 비교 · 검토함으로써 그것이 과연 중도좌파의 정치노선으로 정당한 것이었는지 평가할 것이다.

Ⅱ. 신민주주의론과 인민민주주의 혁명론

1. 백남운의 문화건설운동과 신국가건설노선

동경상과대학에 유학한 후 1925년부터 연희전문 상과 교수로

7. 위의 책, 366-367쪽 참조.

재직하며 맑스주의적 관점에서 민족사를 규명하려 한 『조선사회경제사』[8]를 출간하기도 했던 백남운은 1938년 치안유지법 위반혐의로 검거되며 그간의 "학내 적화(赤化)운동"을 마감했다. 1940년 석방된 후 좌절의 세월을 보내던 그는 해방과 더불어 조선학술원 창립을 주도했다. 민족해방 및 신국가건설을 전망하기 위해 과학적 조선인식이 필수적이라 생각한 백남운은 이미 1936년 인문사회과학과 자연과학 전 영역을 포괄하는 중앙연구기관으로 조선인중앙아카데미의 창설을 제안한 바 있었다. 학술원은 의결기관인 상임위원회와 실무담당기관인 서기국으로 구성되었다. 백남운이 상임위원장에 추대되었고, 각 학문분야를 망라한 42명의 학자들이 상임위원으로 선출되었으며, 백남운의 측근인 김양하가 서기장을 맡았다.[9] 사회주의자들이 학술원을 주도했지만 임원선출 요건으로 사상적 동질성이 고려되지는 않았다. 학술원은 이를 테면 학술진영의 통일전선 형태를 취했다.

창립취지문에 나온 것처럼, 학술원은 "민족적 독립해방으로부터 인민본위의 사회해방으로 전진하는 (遜遜) 신국가건설기"에 임하여 "신정부의 요청에 대한 국책적 건설안을 준비"하려 했지만 이렇다 할 활동을 전개하지 못했다. 그것은 건국준비위원회와 인민공화국을 부정한 미군정 당국이 학술원을 무시해 버렸기 때문만이 아니었다. 학술원 지도부는 정치적 "불편부당"의 입장에서 어떤 세력과도 관계

8. 삼국시대까지 연구된 이 책 서문에서 저자는 조선사회의 발전을 원시 씨족공산체, 노예경제(삼국시대 정립기), 아시아적 봉건제(삼국시대 말기부터 최근세까지), 그리고 외래자본주의 사회구성체(일제 하) 등 네 단계로 설정했다. 백남운(심우성 역), 2005, 『조선사회경제사』(서울 : 집문당), 8-9쪽 참조.
9. 임원 구성에 관한 자세한 내용은 방기중, 앞의 책, 228-229쪽 참조.

를 맺지 않는 "순전한 학술단체"로 활동한다는 입장을 표방했다.[10] 또한 한민당의 창당발기인 명단에 이름이 무단 도용되기도 했던 백남운은 요청이 있었음에도 건준에 가담하지 않았고, 인공에도 참여하지 않았다. 해방 직후 정치적 불안정과 함께 계급대립이 심화되는 상황에서 학술진영의 분열은 필연적 현상일 수밖에 없었다. 학술원에서 한민당쪽 인사들의 탈락만 있지 않았다. 오히려 좌익계열의 학자들이 분열에 적극적이었는데, 조선공산당과의 연계 하에 1946년 10월에는 조선과학자동맹, 11월에는 조선산업노동조사소가 창립되었다. 1945년 9월 조공의 정치노선으로 발표된 『8월테제』(「현정세와 우리의 임무」)는 문화단체의 당면임무를 이렇게 규정했다 : "가두층의 인텔리겐챠들은 민족적 · 사회적 개량주의의 영향으로부터 해방되어 혁명적 진영에로 인입되어야 한다. 문화동맹, 과학자동맹, 무신론자동맹, 스포츠단 등 각종 문화단체가 결성되어 당의 지도 하에서 활동하여야 하며 당을 지지하고 협력하고 보조단체로서 활동하지 않으면 안 된다."[11]

백남운이 조선학술원 위원장으로 행한 활동 중 두드러진 것은 경성대학 재건에 관계한 일 정도였다. 그는 미군정 학무국과 학부독립(법문학부를 문학부, 법학부, 경제학부로 개편)과 교수회자치제를 실시한다는 두 가지 원칙에 합의한 뒤 법문학부 개편작업에 착수했으나 곧 그의 역할이 경제학과 재건에 국한되었을 뿐만 아니라, 그의 계획

10. 백남운, 1991, 『백남운전집 4. 휘편』(서울 : 이론과 실천), 443쪽("학술원취지담화") 참조.
11. 박헌영, 2004, 『이정 박헌영전집 5』(서울 : 역사비평사), 63쪽.

자체도 사실상 교육정책을 결정하던 한민당 계열 인사들의 반대에 직면했다. 1946년에 접어들며 정책은 학부 독립과 교수회자치제가 빠진 국대안(國大案)으로 귀결되었는데, 그 추진과정에서 배제된 좌익계 교수와 학생들의 미군정 및 한민당 세력에 대한 저항도 심화되었다. 백남운은 국대안이 대학을 관료주의적 지배에 종속시키고 민주교육을 이해하는 우수한 교수진을 구축하여 교육내용의 질적 저하를 야기하는 등 문제가 많다고 주장하며 그것에 적극 반대했다.[12] 1946년 5월 그는 경성대학 내 직위를 사임하였고, 그로써 미군정과의 협력은 실패로 마감되었다.

해방 직후 학술계의 결집을 시도하며 당면 경제문제와 교육문제에 관심을 갖고 문화건설운동에 주력하던 백남운은 1946년 2월 "민주독립과 구체적인 진리의 실현을 위해" 조선독립동맹 경성특별위원회 위원장직에 오르며 정계에 투신했다. 모스크바 3상회의 결정에 대한 반대운동을 계기로 좌우대립이 극단적으로 확대되고 있는 상황에서 백남운의 정치적 입장은 조선학술원 명의로 발표된 "탁치반대성명서"에서 확인되었다 : "만약 신탁통치가 확정적이라고 할진대 이는 참으로 의외의 일이다. (…) 우리는 결코 실망낙담할 것이 아니라 도리어 용기백배하여 삼천만이 한 덩어리가 되어 민족의 총역량을 집주한다면 신탁통치 문제는 물론, 그 이상의 난관이 닥쳐오더라도 능히 극복할 수 있을 것이라고 생각한다. 그리고 차제에 한 마디 부연하고 싶은 것은 이 문제를 계기로 좌우익의 각 정당이 엄숙한 태도로 자기비판하여 지엽말절의 문제에 구애됨이 없이 대국(大局)을 달관하여 시

12. 백남운, 1991, 454–456쪽("문교부장 유억겸 군에게 보내는 공개장") 참조.

급히 제휴해서 민족통일전선을 하루바삐 결성하는 것이 모든 문제의 결의 선결조건이 될 것이다."[13] 민족의 독립을 위한 "초당파적 대동단결"이 그의 이념이었다. 백남운은 1945년 9월 한민당이 인공을 부인하고 "임정(臨政)봉대"를 주장할 때부터 정치세력의 통일을 강조했다.

백남운은 신탁통치 찬반문제가 극한적 좌우대립으로 발전하고 있는 상황에는 완고한 극우세력 뿐만 아니라 좌익의 편향된 자세에도 그 원인이 있다고 보았다. 공산당의 정치노선이 구체성을 결여한 "일반적 공식론"적 편향을 보인다고도 생각했는데, 그것은 정치적 중립을 표방하며 좌우통일을 주장하던 일부 중도주의적 지식인들의 인식과 정서를 반영했다.

백남운이 1945년 12월 중순 평양에 들어온 조선독립동맹과 어떤 경로로 관련되었는지는 알기 어렵다. 1946년 1월 국가건설의 기본강령이 담긴 성명(「조선동포에게 고함」)을 발표하며 정치활동을 개시한 독립동맹은 2월 신민당으로 개편되었고, 김두봉과 백남운이 각각 평양본부와 경성지부의 위원장을 맡았다. 신민당은 자주적 민주정권과 민주공화국 수립을 위한 기본 전제로서 일체 민주역량이 결집된 민족통일전선의 결성 및 민족적 대동단결, 인민본위의 토지재분배를 통한 민주경제의 수립, 신문화 건설 등을 설정했다. 그리고 그 과업들을 '자산계급성 민주주의단계론'으로 정리하여 자신의 혁명전략으로 삼았다.[14] 국내기반 및 무장력이 없던 독립동맹은 공산당의 영도적 지

13. 위의 책, 444쪽.

14. 심지연, 1988, 『조선신민당연구』(서울 : 동녘), 83-91쪽 참조.

위를 인정하는 가운데 공산당에 편입되지 않은 중간층과 일부 근로계급에서 자신의 기반을 구할 수밖에 없었다. 또한 활동방향도 지식인 역할이 강조되는 상층부 통일전선운동과 문화건설운동에 주안점이 두어졌는데, 맑스주의자였지만 공산당과의 연계가 없던 백남운과 독립동맹의 결합은 한편 자연스러운 것이기도 했다.

신민당 경성특별위원회의 정치적 과제는 쉽게 짐작될 수 있다. 그것은 남한에서의 상층부 민족통일전선 결성과 좌우연합정권 구성을 위한 매개역할, 진보적 중간층의 결집과 민족통일전선 결성을 위한 이론 및 선전활동에 있었다. 그러나 신민당–백남운의 노선 모색과정에서 그간 국가건설운동, 민족통일전선운동을 주도해 온 조선공산당 지도부와의 대립이 야기되었다. 특히 1946년 봄 이후의 정국추이와 관련하여 양당 사이에 불필요한 반목이 생산되기도 했으며, 진보진영의 통일적 결집체로 구상되어 1946년 2월 결성된 민주주의 민족전선이 좌익블록으로 국한되게 되었을 때에도 양자 사이의 갈등은 완화되지 않았다.

신민당 경성특별위원회의 활동은 민족통일전선 형성을 촉구하는 제안에서부터 시작되었다. 민주주의민족전선(民戰) 결성대회에서 공표된 '정치협정안' 등이 바로 그것이었다. 그 요지는 바로 건국과업이 전민족적 통일전선의 결성을 요하는 데 민주주의 민족전선의 기초가 대중적 결집을 갖고 있지 못하며, 따라서 인민당, 공산당, 독립동맹, 신한민족당, 한민당, 국민당, 조선민주당 등 "민중적 근거"가 있는 7개 정당이 연합하여 전선을 강화하자는 것이었다.[15] 이는 당시 조선공산

15. 방기중, 앞의 책, 250–251쪽 참조.

당이 설정한 민족통일전선 노선과 크게 달랐다. 특히 한민당과의 협력문제가 관건이었다. 조선공산당은 "반동적 민족부르조아지 송진우와 김성수를 중심한 한국민수당은 지주와 자본계급의 이익을 대표한 반동적 정당"[16)]이라 규정하며 그들과의 통일전선을 거부했으나 1946년 2월 신민당은 한민당과의 제휴가 필요하다 말하면서 좌우익의 전면적 연합을 주장하고 있었다. 이런 어조는 1946년 3월 백남운이 가진 신민당 발족기념 기자회견에서도 유지되었다. "귀당의 조선 신민주주의는 중국의 신민주주의 및 조선의 진보적 민주주의와 어떻게 다른가?"라는 질문에 그는 "중국과는 경제상태가 다르기 때문에 중국의 신민수주의와 물론 다를 것이고, 진보적 민주주의와도 일률적으로 보지 않는 것이 좋다"는 의견을 피력했다. 그리고 "귀당이 좌우 협조를 실현케 하리라고 기대하는 편이 많은데 무슨 안이 있는가?"라는 질문에 이렇게 답했다 : "허단 겸양 제휴해야 할 것이다. 조선 건국을 위해 진심으로 노력하는 정당이라면 모두 우당(友黨)이라고 생각한다."[17)]

신민당의 조선공산당 비판은 운동노선상의 차이에 대한 자각에 의거하고 있었다. 이는 백남운의 측근 신남철이 1946년 2월 조선문학자 대회에서 행한 특별보고에서도 확인되는데, 요점을 간추리면, 첫째, 공산당의 부르주아 민주주의 혁명 단계설은 "진보적 민주주의"의 내용을 담을 수 없기 때문에 대신 모택동의 신민주주의론을 토대로 진략 개념을 구성해야 하며, 둘째, 공산당이 "좌익편향", "좌익 소아병의 오류"를 범하는 것은 불가피하며, 셋째, "필연적으로 장래할 신민

16. 박헌영, 앞의 책, 55쪽.
17. 백남운, 1991, 445쪽.

주주의적 정치이념"을 실현하기 위해서는 관용성, 자애로운 인간 이해, 고전에 대한 교양을 갖춘 혁명적 휴머니즘이 요구되며, 현 조선은 "슬기로운 지혜와 낭만적 정신을 구비한 선의지의 지도부와 지도자"를 요구한다는 것 등이었다.[18] 백남운은 연합성 신민주주의 개념을 제시한 「조선민족의 진로」를 1946년 4월 1일부터 《서울신문》에 연재하기 시작했는데, 그것은 신민당 경성특별위원회가 그간 과시한 운동노선을 이론적으로 총괄하는 것이었다. 연합성 신민주주의의 전략과 전술에 대한 설명에 앞서 그 이론적 의미의 객관화를 위해 신민주주의론과 인민민주주의 혁명론에 대한 검토가 요구된다.

2. 모택동의 신민주주의론

1940년 중국 인민의 반제 · 반봉건 혁명투쟁 경험을 종합하며 모택동은 "중국민족이 새로운 사회, 새로운 국가를 건설"하는 전략으로 신민주주의 혁명이라는 개념을 제시했다. 그에 의하면 중국혁명의 역사과정은 필연적으로 민주주의 혁명단계와 사회주의 혁명단계라는 두 단계의 걸음으로 진전된다. 먼저, 식민지 · 반식민지 · 반봉건적 사회형태를 개변시켜 독립된 민주주의 사회로 만드는 민주주의 혁명이 시작된 것은 1840년 아편전쟁을 계기로 했으며, 이후 그것은 "태평천국운동, 중불전쟁, 중일전쟁, 무술변법운동, 신해혁명, 5 · 4운동,

18. 방기중, 앞의 책, 251–252쪽 참조.

북벌전쟁, 토지혁명전쟁, 그리고 항일전쟁에 이르기까지 무수한 개별적 단계를 거치며"[19] 한 세기 동안 전개되었다. 이 혁명은 그 사회적 성격으로 보자면 자산계급 민주주의 혁명이 분명했지만 1919년 5·4 운동 이후 러시아 10월혁명이 승리하고 중국에서 공산당이 등장한 이후 그것은 "구(舊)세계 자산계급 민주주의혁명의 일부가 아닌" 전혀 새로운 범주의 민주주의 혁명, 즉 신민주주의 혁명으로 개변되었다는 것이다 : "중국혁명 1단계의 사회적 성격은 새로운 형태의 자산계급 민주주의 혁명이지 무산계급 사회주의 혁명이 아니다. 그렇지만 그것은 이미 무산계급 사회주의 세계혁명의 일부분이 됐으며, 현재는 세계혁명의 더욱 중요한 일부분이 되어 세계혁명의 위대한 동맹군이 되었다. 이 혁명의 제1보, 제1단계에서 결코 중국 자산계급 독재의 자본주의 사회가 건립되지 못할 것이며, 중국 무산계급의 영도 아래 각 혁명계급연합의 전정(專政)이 이루어지는 신민주주의 사회를 건설함으로써 제1단계 혁명을 완성할 것이다. 그리고 다시 제2단계 혁명으로 발전하여 중국 사회주의 사회를 건설할 것이다."[20]

신민주주의론에 따르면, "군사·봉건적 제국주의"를 추구했던 제정러시아의 자산계급은 어떤 혁명성도 갖지 않았으나, 식민지·반식민지 상태에 있는 중국의 자산계급은 일정한 시기에 일정 정도 혁명성을 갖는다. 따라서 중국의 무산계급은 민족자산계급의 그런 혁명성을 경시하지 않고 그들과 함께 반(反)제국주의와 반(伴)관료·군벌정부의 통일전선을 결성하는 데 그 임무가 있었다. 물론 혁명의 적에

19. 毛澤東(이등연 옮김), 1989, 『新民主主義論』(서울 : 두레), 171쪽.
20. 위의 책, 177－178쪽.

타협하는 자산계급의 양면성은 분명한 것이며, 따라서 중국의 무산계급, 농민, 지식분자 그리고 기타 소자산계급이야말로 국가운명을 결정하는 기본 세력이 되어야 했다 : "이들 계급은 필연적으로 중화민주공화국의 국가구성과 정권구성의 가장 기본적 부분이며, 그 중에서도 무산계급이 지도적 역량을 가지고 있다. 현재 건설하려는 중화민주공화국은 무산계급이 영도하는 일체의 반제 · 반봉건 인민의 연합전정 민주공화국이어야 한다. 이것이 바로 신민주주의 공화국이며, 이것이야말로 혁명적 3대 정책의 신삼민주의 공화국이다."[21] 각 혁명계급의 연합전정을 국체로 삼고 민주집중제를 정체로 하는 "항일통일전선공화국"에서 실현되는 것은 소련과 연대하고(聯蘇) 공산당과 연합하여(聯共) 농민 · 노동자를 돕는(扶助農工) 3대 정책이며, 그런 정책이 없으면 또는 그 중 하나라도 없다면 진정한 뜻에서 민족, 민권, 민생을 추구하는 삼민주의가 아니라고 모택동은 강조했다.

신민주주의는 경제에 있어서도 부르주아적 "구(舊)민주주의"와 구별되었다 : "내국인 및 외국인의 기업 중에서 독점적 성격의 기업이나 규모가 너무 커서 개인이 경영하지 못하는 것, 예컨대 은행 · 철도, 항공사업 등은 국가에서 경영 · 관리하여 사유재산제도로써 국민생계를 마음대로 뒤흔들지 못하게 한다. 이것이 바로 자본을 절제(節制)하려는 요지이다."[22] 결국 무산계급이 영도하는 신민주주의 공화국에서 국영경제는 사회주의적 성격을 띠며 국민경제의 지도적 역량을 갖는다. 그렇지만 자본주의적 사유재산제가 존속하며, 국민생계

21. 위의 책, 182쪽.
22. 위의 책, 187쪽.

를 임의로 뒤흔들지 않는 수준에서 자본주의적 생산의 발전이 인정되는데, 왜냐하면 중국경제가 아직 충분히 발전하지 않았기 때문이라는 것이었다. 토지는 경자유전(耕者有田) 원칙에 따라 분배하여 봉건적 농업관계를 근절해야 하지만 동시에 부농(富農)경제의 존재도 용인되어야 하는데, 이것이 신민주주의적 지권평균(地權平均)을 의미했다 : "중국경제의 갈 길은 반드시 '자본의 절제'와 '지권평균'의 길로서, 절대로 '소수인이 사리를 독점'하지 못하게 하고 '소수의 자본가 지주가 국민생계를 마음대로 뒤흔들지 못하게 함으로써 결코 구미식 자본주의 사회를 건립케 하거나 옛날의 반(半)봉건사회가 되지 못하게 해야 한다."[23)]

모택동은 신민주주의 혁명론을 통해 중국공산당 내의 편향들, 즉 무산계급의 영도권을 포기하고 혁명의 진로를 망각하는 이단계 혁명론(-陣獨秀)을 비판했을 뿐만 아니라, 민주혁명과 사회주의 혁명을 동시에 완성하려는 일단계 혁명론(-瞿秋白)에도 반대했다. 중국에서 인민혁명이 완성된 후 자본주의가 자유롭게 발전될 수 있으며 중국이 당연히 자본주의 발전단계를 거쳐야 한다는 인식은 중국혁명이 세계 사회주의 혁명의 일부임을 망각한 처사이며, 자산계급을 배척하고 반(反)군벌을 주장하면서 즉각 사회주의의 실현을 요구하는 것은 중국혁명의 발전단계를 착각한 "좌경 공론주의"에 불과하다는 것이었다. 중국공산당은 현재의 강령(신민주주의적 "최저강령")과 미래의 강령(사회주의적 "최고강령")을 구별하여 전략을 구성해야 하는데, 이는 유기적 혁명구성의 두 부분으로, 세계 혁명시대에 전(全)공산주의 사상

---

23. 위의 책, 188쪽.

체계로부터 도출되는 유일하게 과학적인 결론이었다.

모택동은 신민주주의 혁명이론을 전면적으로 밝혀 서술하면서 식민지 · 반식민지 국가에서 진행되는 자산계급 민주주의 혁명의 기본 법칙을 심도 있게 제시하고 신민주주의 혁명의 기본 강령을 정확히 규정함으로써 중국혁명의 성격, 전도, 노선 등의 문제에 대한 당 내부와 외부의 여러 애매모호한 사상을 제거할 수 있었다는 평가를 받기도 했다.[24] 물론 신민주주의론은 독창적인 것이 아니었으며, 그 기본 이념은 레닌의 연속혁명론에 의존하고 있었다.

3. 연속혁명론과 인민민주주의 혁명론

임박한 러시아혁명의 성격규정 문제는 곧 러시아 혁명운동에 있어서 존재했던 많은 정치조직들과 다양한 이념적 사조들이 상호 연대하거나 편을 가르는 분수령이었다. 그 문제는 러시아 사회민주주의 내에서 갈등만을 조장했던 것이 아니라 노동운동 진영의 조직적 분열을 결과시켰다. 멘셰비즘은 "혁명이 부르주아적인 것이 될 것이며, 그 당연한 결과로서 부르주아 계급에로의 권력 이전과 부르주아적 의회주의의 실현을 위한 조건 창출 등이 혁명 목적이 된다"는 입장에 의거하고 있었다. 러시아 사회민주노동당 내 다수세력이었던 멘셰비키는 "일찍 권력을 장악한 계급은 파멸한다"[25]는 맑스의 묵시록적 예언을

24. 위의 책, 270－271쪽 참조.

성스럽게 여기면서 짜리즘을 타도함과 동시에 노동자 정부를 구성하고 사회주의적 이념을 실현해야 한다고 선전하는 소수세력의 이론적 무지를 비난했나. 맑스주의자로서 멘셰비키는 일부 혁명가들의 의지가 아니라 생산력의 발전수준과 그에 조응하는 생산관계와의 모순, 그것을 토대로 발전하는 계급적 모순의 심화수준 및 노동자들의 계급적 의지(계급의식)에 따라서 사회주의의 가능성이 결정되는 것이라고 주장했다. 생산력의 발전수준에 있어서나 생산관계의 측면에 있어서나 아직 자본주의적 생산양식이 확립되지 못한 러시아에서 요구되고 있는 것은, 멘셰비키가 보기에 역사적 발전의 질곡으로 작용하고 있는 반(半)봉건적 체제 및 그를 유지시키고 있는 짜리즘의 청산, 즉 부르주아 혁명인 것이지, 결코 그것이 전혀 역사적 전망을 가질 수 없는 프롤레타리아트 권력의 수립일 수는 없었다.

레닌이 자신의 혁명이론을 분명한 형태로 제시한 것은 첫 번째 러시아혁명의 와중이었다. 물론 레닌도 러시아에서 사회주의 혁명을 위한 객관적 · 주관적 조건들 모두 성숙하지 않았음을 인정했다. 그럼에도 그는 1905년 4월 작성한 「임시혁명정부에 관한 결의」 초안에서 러시아 사회민주노동당의 전략으로 최소강령과 최대강령이 구분되어야 한다고 주장했다. 그는 자신의 이론적 논거를 이렇게 설명했다: "본 결의안은 최소강령의 즉각적 실현에 관한, 그리고 사회주의혁명을 위한 권력의 획득에 관한 반(半)무정부주의적인 어리석은 생각을 배제했다. 러시아의 경제발전의 수준(객관적 조건)과 광범한 노동자 대중의 의식성 및 조직성의 수준(객관적 조건과 불가분의 관계에 있는 주

25. См.: Маркс К., Энгельс Ф. Соч., т.7, с. 422—423.

관적 조건)은 즉각적인 노동자계급의 해방을 불가능하게 한다. 오직 가장 무지한 자들만이 발발하는 민주주의 혁명의 부르주아적 성격을 무시할 수 있으며, 오직 가장 순진한 낙천주의자들만이 아직 노동자 대중은 사회주의의 목적과 그 실현 방법에 관해 거의 아는 바 없다는 사실을 망각할 수 있다."[26] 그에 의거해 레닌은 짜리즘을 타도한 다음 사회주의 세력이 "민주적 부르주아"에 대해 임시혁명정부의 수립을 강요해야 한다고 주장했다. 사회주의자들은 이 정부의 활동계획으로 "최소강령"을 제시해야만 하는데, 그 내용은 한편으로 기존의 사회경제적 관계들에 의해, 다른 한편으로는 사회주의로의 진전을 위한 필요성에 의해 규정되어야 했다. 하지만 그것만으로 충분할 수는 없었다. 레닌은 사회주의 혁명의 조속한 실현을 위해 임시혁명정부에 대한 계속적인 압박이 필요하다고 강조했는데, 그것은 우선 밑에서는 사회주의에 의해 지도되는 무장한 프롤레타리아트가 부르주아 계급을 물리적으로 견제함으로써, 그리고 위에서는 "모든 반(反)혁명적 시도들에 대한 가차 없는 투쟁과 노동자계급의 자주적 이익의 옹호를 목적으로 임시혁명정부에 사회주의 정당이 참여함으로써" 이루어질 수 있었다.[27]

1905년 여름 저술한 『민주주의 혁명에서의 사회민주주의의 두 가지 전술(Две тактики социал-демократии в демократической-революции)』에서 레닌은 프롤레타리아트 계급이 러시아에서의 부르주아 민주주의 혁명의 지도자가 될 수 있으며 또 되어야 한다는 점을

26. Ленин В.И. Полн. собр. соч., т.11, с. 16.

27. Там же, с. 11.

지적했다. 나아가 그는 혁명의 부르주아적 성격을 인정하면서 프롤레타리아트 계급이 사회주의를 향한 성공적인 투쟁을 위해 "민주주의적 전복"을 최대한 활용해야 한다고 역설하면서, 그 방법으로 '노동자·농민의 혁명적 민주독재'라는 개념을 제시했다. 레닌은 다음과 같이 강조했다 : "우리는 부단한, 연속된 혁명을 지지한다. 우리는 중도에 멈추지 않을 것이다."[28] 프롤레타리아트 계급은 '노동자·농민의 혁명적 민주독재'의 확립을 통해 임시혁명정부에게 민주공화국의 수립, 지주소유의 토지 몰수, 8시간 노동일의 확립 등 정치경제적 분야에서의 당면한 민주주의적 요구들, 즉 최소강령의 실현을 주장할 것이며, 그를 위한 하나의 방법으로 정부에 볼셰비키당의 "전권대표"가 참여하는 것도 용인되었다. 레닌의 주장에 따르면, 농민과 함께 권력을 장악한 프롤레타리아트는 "이념적으로 희망이 없는" 부르주아들에 대해 사회주의사회 건설에 필요한 모든 조건을 조성하도록 압박하고 강제해야만 했다. 그래도 사회주의라는 프롤레타리아트의 계급적 지향과 부르주아적인 객관적 현실 사이에 존재하는 모순은 혁명 이후에 불가피한 것이었으며, 레닌은 그런 모순의 해결 방법을 프롤레타리아트의 정치적 인내 또는 자기규제 속에서 발견했다.

하지만 레닌이 아무리 연속혁명이라는 개념을 통해서 멘셰비즘과 볼셰비즘을 차별화하고, 그럼으로써 러시아에서 혁명적 맑스주의의 전통을 이어갈 수 있었다 하더라도 그의 입장은 물론 트로츠키의 영구혁명론과 부합하는 것이 아니었다. 우리가 간과할 수 없는 것은, 러시아 사회민주주의 안에는 멘셰비즘과 볼셰비즘 말고 트로츠키즘

28. Ленин В.И. Полн. собр. соч., т.11, с.222.

이라는 가장 급진적인 또 다른 흐름이 존재했다는 사실이다. 러시아 노동운동은 두 개가 아니라 세 개의 조류 또는 전략 개념들로 분열해 있었다. 레프 트로츠키(Л.Д. Троцкий)는 영구혁명론에 의거하여 역사 진행을 추측하면서 권력을 장악한 프롤레타리아트가 혁명을 부르주아 민주주의적 강령으로 제한하기를 원하지 않을 뿐만 아니라 또 제한할 수도 없으며, 그렇기 때문에 러시아혁명은 부르주아 혁명으로 남을 수 없고, 그것은 당연히 사회주의적 혁명이 되어야 한다는 것을 확신하였다. 1905년의 첫 번째 러시아혁명을 평가하며 1906년에 저술한 『총괄과 전망(*Итоги и перспективы*)』에서 트로츠키는 분명히 밝혔다 : "러시아의 경제적 상황 하에서 노동자계급의 사회주의 정책은 얼마만큼 진행될 수 있는가? 확신을 갖고 하나는 장담할 수 있다 : 사회주의 정책은 나라의 기술적 후진성에 부딪히기 훨씬 이전에 정치적 장애에 봉착하게 될 것이다. 유럽 프롤레타리아트의 직접적인 국가적 차원의 지원 없이는 러시아 노동자계급은 권력을 유지할 수 없으며, 자신의 일시적 지배를 장기간의 사회주의적 독재로 전환시킬 수 없다."[29] 트로츠키는 멘셰비즘과 볼셰비즘 사이의 이견과 대립을 단지 혁명세력의 힘을 분열시키고 장래의 사회주의 혁명에 지장을 초래하기만 하는 공허하고 불필요한 것으로 취급하였다. 이른바 최소강령과 최대강령 사이의 구별은 프롤레타리아트 계급이 권력을 장악하자마자 소멸할 것이기 때문이었다.

레닌은 1905년 러시아혁명 시기에 트로츠키와 파르부스(А.Л.

29. Троцкий Л.Д. Итоги и перспекитвы.//К истории русской роволюции. М., 1990, с. 108.

Парвус)에 의해 게양된 “짜리 없는 노동자 정부!(Без царя, а правительство рабочее)”라는 슬로건을 배격했다. 당시 뻬쩨르부르크 소비에트 의장인 트로츠키의 정치적 목표는 짜리즘을 타도하고 즉시 프롤레타리아트 독재권력, 즉 노동자 정부를 수립하는 것이었다. 레닌이 보기에 서유럽에서라면 몰라도 아직 자본주의 혁명도 실현되지 않은 러시아에서 프롤레타리아트 독재권력을 수립한다는 것은 완전 시대착오적이며 비(非)과학적인 짓이었다. 또한 레닌은 트로츠키가 특히 농민계급의 혁명성을 부정하며 러시아혁명의 독특한 성격을 무시한다고 비판했다. 트로츠키가 “1905년에 제기한 자신의 독창적인 이론, [즉 프롤레타리아트 독재론]에 의거해 노동자 사회주의정부에 관한 좌익적 수사(修辭)를 되풀이하고 있지만”[30] 농민계급의 역할을 부정함으로써 실제로는 러시아 농촌으로의 혁명 확산을 바라지 않는 자유주의적 정치인들을 지원하고 있다는 것이 그 이유였다. 러시아혁명은 사회주의 혁명이 되어야 하며, 그것은 세계혁명을 통해 완성될 수 있다는 트로츠키의 영구혁명론을 비난하면서 레닌은 임박한 러시아혁명의 부르주아적 성격을 전혀 의심하지 않았다 : “권력획득을 위해, 공화국을 위해, 토지 몰수를 위해, [중략] 군사 · 봉건적 제국주의(=짜리즘)로부터 부르주아러시아가 해방되기 위한 투쟁에 비(非)프롤레타리아트 인민대중이 동참토록 하기 위해 프롤레타리아트는 투쟁했으며 또 헌신적으로 투쟁할 것이다. 프롤레타리아트는 농촌노동자들과, 투생하는 부유한 농민들을 지원하기 위해서가 아니라, 유럽 노동자들과 연대하는 사회주의 혁명의 성취를 위해서 이 짜리즘으로부터

30. См.: Ленин В.И. Полн. собр. соч., т.27, с. 80－81.

의, 토지와 지주권력으로부터의 부르주아 러시아의 해방을 활용할 것이다."[31)]

그렇지만 후에 역사가 입증한 것처럼 볼셰비키당의 연속혁명론은 영구혁명론으로 발전할 큰 잠재력을 지니고 있었다. 사실 연속혁명에 관한 레닌의 구상은 단지 러시아라는 국가적 · 영토적 범주에 국한된 것이었으며, 따라서 러시아혁명에 대한 외부적 환경이나 세계의 지원은 고려될 필요가 없었다. 그러나 자본주의의 최고단계로서의 제국주의를 사회주의 혁명의 전야로 이해하는 가운데 러시아혁명을 국제주의적 차원에서 접근한다면 그것은 자본주의 혁명이 아니라 사회주의 혁명이 되어야 했다. 사회주의 시대에 자본주의 혁명은 분명 시대착오적인 것이었으며, 순수한 노동자권력의 지도와 사회주의적 외부세계의 지원을 통해서 러시아는 보다 급속히 사회주의적으로 발전되어야 하며 또한 발전할 수 있다고 생각되었다.

1917년 봄 레닌은 『4월 테제』를 통해 영구혁명론을 수용하며 볼셰비키에게 혁명사업에서 프롤레타리아트 영웅주의의 기적을 발휘하라고 촉구했다. "러시아에서의 부르주아적 민주혁명은 완결"되었으며,[32)] 이제 혁명의 두 번째 단계에서의 승리를 준비해야 한다는 것이었다. 레닌은 노동자 · 농민적 독재의 정치형태로서의 소비에트공화국에 관한 명제를 제기하였으며, 그로부터 소비에트공화국의 수립이라는 볼셰비키당의 혁명과제가 도출되었다. 『4월 테제』는 "낡은 볼셰비즘"을 대체하는 "새로운 볼셰비즘"의 길을 열었으며, 바로 거기

31. Там же, с. 81.

32. Ленин В.И. Полн. собр. соч., т. 31, с. 132–133.

에 10월혁명의 지도이념이 있었다.

아무튼 10월혁명의 성공 이후 볼셰비키 공산당의 전략목표는 "모든 나라에서 제국주의를 패퇴시키기 위한 거점"으로 "일국에서의 프롤레타리아트 독재를 강화하는 것"이었다. 권력투쟁과 급속한 공업화 및 농업집단화 과정을 거친 후 1934년 스탈린은 사회주의의 승리를 선언했다. 사회주의의 승리 선언은 소연방의 생산력 수준을 지적하며 선언의 허구성을 지적한 트로츠키 등 반대파의 냉소적 비판을 초래하기도 했지만, 스탈린은 1938년 2월 『프라우다』에 자신의 일국사회주의론을 해명하는 글을 게재했다. 그가 내린 규정에 의하면, 일국에서의 사회주의 승리문제는 두 개의 상이한 문제를 포괄하는 것이었다. 그것은 "국내적 관계의 문제, 즉 계급관계의 극복과 완전한 사회주의의 건설문제"와 "국외적 관계의 문제, 즉 군사적 개입 및 구(舊)체제로의 복고 위험성으로부터 나라의 안전을 완전히 보장하는 문제"였다. 따라서 소연방에서 사회주의 승리는 아직 "최종적이고 완전한 것"이 아니었다. 두 번째 문제, 즉 국제적 관계의 문제가 아직 해결되지 않았으며, 그것을 이제 해결해야만 했기 때문이었다. 스탈린은 "부르주아적 관계의 복고로부터의 완전한 보장이라는 의미에서의 사회주의의 최종적 승리가 오지 국제적 규모에서만 가능하다"[33]는 사실을 새사 강조하면서 '사회주의의 완전한 승리'를 볼셰비키 공산당의 다음 단계 전략목표로 설정했다.[34]

---

33. Правда, 12 феврале 1938 г.

34. 1959년 초 개막된 소련공산당 제21차 대회는 스탈린 시대의 전략적 목표였던 '사회주의의 완전한, 최종적 승리'가 달성되었음을 선언했다. 1961년 10

Ⅲ. 연합성 신민주주의론

1. 「조선민족의 진로」 : 연합성 신민주주의

이른바 7당통일론 또는 좌우통일론을 내세운 신민당 경성특별위원회의 활동을 공산당은 즉각 비난하고 나섰다. 민전(民戰)의 노선을 좌익적 편향이라 주장하는 "기회주의자들"에게 그것은 통일에 조급하여 상층부의 야합을 꾀하는 정치적 무원칙의 발로이자 고립을 의미하는 것이라는 비판을 가했다.[35] 1946년 2월 공산당 중앙위원회는 '조선민족문화건설의 노선(잠정안)'을 발표하여 현 단계 문화운동의 기본 노선이 "일본제국적 문화잔재와 봉건적 유물의 청산 등 구문화의 질곡으로부터의 해방을 위한 투쟁"에 있으며, 결국 조선혁명은 "푸로레타리아계단이 아니라 민주주의혁명계단에 처해" 있음을 재차 강조했다. 그리고 문화운동가는 그 노선을 규정한 『8월 테제』를 이론과 실천의 기준으로 삼아야 한다고 주의를 재삼 환기시켰다.[36] 특히, 4월

월에 열린 제22차 당대회는 소련이 '전(全)인민의 국가'로 전환되었음을 선언하고, 동시에 1980년도까지 능력에 따른 생산과 필요에 따른 분배가 실현되는 공산주의사회를 건설한다는 새로운 목표를 설정했다. 계획의 무모함을 차치한다면, 사회주의의 완전한 승리 이후에 공산주의 건설이 다음 단계의 전략 목표로서 설정된 것은 자연스러운 논리적 귀결이었다.

35. 박헌영, 2004, 『이정 박헌영 전집 5』(서울 : 역사비평사), 114−116쪽 참조.

20일에 열린 민전(民戰) 제2회 중앙위원회에서 박헌영은 "민주주의 원칙을 무시하는 친일파민족반역자, 친(親)팟쇼파를 포용하는 민족통일론을 고집함으로써 과거 일본제국주의와 연결된 지주와 대(大)부루주아지-의 이익을 옹호"하는 "반동적 반(反)민주주의자들"에 신랄한 비판을 가했다 : "일부 기회주의자와 중간파들은 [중략] 가장 애민족 애국자 연하여 공정성을 운운하며 『좌우통일』이니 『7당통일』이니 『자유통일』이니 『민주의원에 들어가야 하느니』하는 등 여러 가지 미혹할 만한 표어를 가지고 나오지만, 이런 피상적 형식적 기계본자들은 사물의 관찰을 구체적으로 못할 뿐 아니라 전체적 연관성에서 역사적 발전성에서 국제적 현실을 떠난 전형적 기회주의자들인 것이 분명하다. 어찌 친일파의 이익을 대변하는 반동노선을 집행하는 반동적 반민주주의 정객들과 통일이 가능하겠는가?"[37]

조선공산당의 거센 비판에 직면하여 백남운은 신민당의 정치적 비젼과 전략이 담긴 「조선민족의 진로」를 1946년 4월 《서울신문》에 연재했다. 제1차 미소공동위원회가 열리던 시기에 발표된 「조선민족의 진로」는 조선공산당의 『8월 테제』에서처럼 구체적인 전술적 내용을 열거하지는 않았지만 신민당의 기본 노선에 이론적 근거를 부여하기에 충분한 내용을 담고 있었다.

「조선민족의 진로」에서 백남운은 공산당이 주도하는 "민주주의 민족전선 외에는 민주주의적 요소가 없는 것으로는 결코 규정할 수도 없는 것"이라 강조하면서 "조선정치의 획기적 방향"을 "인민본위의

36. 위의 책, 110-112쪽 참조.
37. 박헌영, 2004, 『이정 박헌영 전집 2』(서울 : 역사비평사), 293쪽.

민주주의정치"로 규정했다. 조선의 민주정치를 규정하는 "정치적 척도가 조선 사회경제의 발전적 현 단계"라는 점을 강조한 그는 "시민 본위, 즉 유산층 본위의 민주주의"인 자유민주주의와 "산업자본가가 독점자본의 주체로서 노자대립을 완화시킴으로써 자신의 권익을 확보하려는 것"을 이론적 배경으로 삼고 있는 사회민주주의 모두가 해방조선의 정치강령으로 적합하지 않다고 주장했다. "18세기 불란서혁명 시대의 정치강령이었던 자유민주주의"는 조선에 적용되기 어려울 뿐 아니라 "자칫 반동주의로 전락되기 쉬운 것"이었는데, 그 이유는 특히 3 · 1운동 이후 지주 및 자본가 등 조선의 "유산계급은 일제의 호부(護富)정책으로 인하야 특권적으로 육성"되어 그들 "대부분이 일제와 결탁 또는 결성"되어 있었고, 더욱이 "민족혁명의 과제가 연합군의 승리로 해결"된 상황에서 "유산계급의 혁명성도 역사적으로 해소"되었기 때문이었다. 또한 "지주와 소작인과의 사회적 관계를 산업자본과 노동자의 관계와 유사한 것으로 간주하여 사회민주주의 이론을 정치강령으로 밀수입하는" 것은 매우 위험한 일이었다. 왜냐하면 "일제의 식민지였던 조선의 토지와 고도자본주의 국가였던 독일의 산업자본과는 그 역사성이 다를 뿐만 아니라 생산관계에 대한 양자의 경제적 범주가 전혀 다른 까닭"이었다.[38)]

백남운의 비판은 조선공산당의 노선에 집중되었다 : "공산계 일부의 논자는 금일의 조선을 부르죠아 민주주의 단계라 규정한 모양이나 타당치 않다고 생각하는 것이니 그 이유는 두 가지가 있다. 첫째, 20세기 초두의 노국(露國)과 금일의 조선과는 토지의 봉건성을 고려

38. 백남운, 1991, 324−328쪽 참조.

할지라도 사회발전단계가 다를 뿐만 아니라 노국은 약체나마 봉건성 제국주의 국가였던 만큼 그 부르죠아지는 혁명성을 갖지 못한 침략자로서 국내의 무산계급과 완전대립이었든 것이나 금일의 조선은 과거 일제의 식민지이었든 만큼 일부 유산자와 전 무산자는 '민족혁명'이라는 공통의 혁명적 목표를 가졌던 것이고 따라서 민족독립을 위한 동맹군을 형성할 가능성을 내포하였든 것이다. [중략] 그러므로 연합군의 전승으로 인하여 조선의 민족혁명이 대행되었다 할지라도 아직 완전독립이 실현되지 못한 정치적 단계에 있어서는 일부 사산가가 아직도 그 혁명성을 내포하고 있다는 점을 무산층도 충분히 이해할 임무를 가진 것이다. 둘째 이유로서 '부르주아민주주의'는 민주주의의 사적 발전의 범주로서 자유민주주의의 어느 발전형태에 대한 비판적 규정인 만큼 [중략] 현 단계에는 부적당한 것이다."[39]

이어 백남운은 극좌적인 트로츠키주의 노선을 고집하는 세력에도 비판을 가했다 : "금일의 조선을 푸로민주주의 단계라고 규정한다면 어떠할까? 푸로레타리아 민주주의는 세계사적 발전형태의 제3범주로서 본질적인 일반민주주의를 의미한 것이다. 그 대표적인 국가는 소연방일 것이며 그 정치형태는 무산계급독재의 공화국인 것이다. 그러나 금일의 조선은 모든 사정이 혁명 당시의 노국과는 다른 것이다. 그러므로 사회발전의 역사적 성격을 엄정하게 검토하지도 않고 주체적 조건과 객관적 정세를 과학적으로 판단하기도 전에 일거에 푸로독재의 공화국을 건설할 것으로 생각한다고 가정한다면 그것은 과학성의 혁명사업이라기보다도 차라리 무책임한 허영의 발작으로 볼 수밖

39. 위의 책, 328쪽.

에 없으며 정치기술의 정도로 보아서 기계적 공산주의의 포로가 아니면 '부랑키주의'를 면치 못한 것이다."[40]

백남운의 애매한 어법에도 불구하고 그의 논지는 이해될 수 있다. 그 자신이 부연 설명하고 있는 것처럼 민주주의의 제1유형으로 미국에 의해 대표되는 자유민주주의는 "산업 및 금융자본의 주체인 만큼 신발족하는" 조선에게는 구형에 속했으며, 제2유형인 사회민주주의는 조선의 현실에 맞지 않는 것이었다. "민주주의 제3유형인 소련식의 민주형태는 정치의 세계사적 범주로서 전후의 구주제국에서는 인민정치의 형태로 진전되는 중"이었다. 결국 조선의 경우 특수한 정치형태를 취할 수밖에 없는데, 그것이 바로 백남운에 따르면 연합성 신민주주의 형태였다. 물론 그가 보기에 "모택동 씨의 신민주주의는 대외적인 반제전쟁과 대내적인 반봉건적 군벌관료투쟁의 과정에서 항일통일전선을 결성하자는 연립정권구성의 기본형태를 주장한 것이나 조선정치의 목표는 당시 중국과는 달라 군사적 항쟁의 적이 없어졌다"[41]는 점에서 조선만의 독특함이 있었다.

백남운이 보기에 "민족혁명이 대행된" 조선에 연합성 신민주주의가 필요한 까닭은 "민족해방과 사회해방과의 이중적인 정치적 과제"가 조선민족에 부과되어 있기 때문이었다. 아직 정치적 자유를 갖지 못한 조선은 완전한 민족해방을 이루지 못하였으며, 이를 위해 자산계급의 일부와 전 무산계급 사이에 형성되었던 종래의 동맹관계를 일정 기간 내에서 연장시켜야 했다. "민족해방이라는 거대한 정치적

40. 위의 책, 328-329쪽.
41. 위의 책, 330쪽.

과제가 조선의 안전에 횡재하고 있는 이상" 민족해방을 위해서는 일부 유산계급과 연합해야 할 것이고, "민족혁명의 대적(大敵)이 해소되었다는 이유로 일부 유산계급의 자유독립 즉 민족해방을 위한 혁명세력이 될 수 있다는 점을 무시하거나 경시하는 것은 부당한 일이며, 무산계급은 자신이 민족해방을 위한 혁명세력인 동시에 사회해방을 위한 혁명세력의 담당자임을 인식해야" 했다.

연합성 신민주주의의 기본 발상은 조선의 민주주의가 "민족해방, 즉 자주독립이 실현되는 순간까지는 양심적인 일부 유산계급과 무산계급이 연합하는 과도기적 형태"를 취해야 한다는 것이었다. 그것이야말로 조선사회 역사발전의 특수한 단계에 조응하는 자연스러운 것이며, "조선민족의 공통 목표인 민족해방, 즉 자주독립의 수행"에 필수적인 "민족적 민주주의"를 뜻하는 것이었다. 백남운이 보기에 좌우정당의 수립은 사회적 계급성의 필연적 결과였다. 그러나 일 계급이나 일 정당에 민족 전체의 정치문제 해결이 독점될 수는 없는 일이었으며, 자주독립이 조선민족의 운명적 목표인 만큼 좌우익 모두는 목표 해결을 위해 협력해야 할 역사적 임무를 가졌다. 결국 연합성 신민주주의는 "조선사회의 혁명적 세력의 역사성에 의거한 좌우익의 정치적 연합 가능성을 규정한 것"으로, "계급적 민주주의"보다는 과도적 형태로서 좌우연합의 민족적 정부만이 "민주적 통일과 자주독립을 수행"할 수 있으며, 동시에 "민주정치와 민주경제 문제의 동시 해결을 국책화"할 수 있다는 생각에 의거하고 있었다.[42]

백남운이 민주경제와 민주정치의 동시 해결을 주장했던 것은

42. 위의 책, 332-333쪽 참조.

경제의 질적 변동이 없는 정치변혁은 잘해야 현상유지로 귀착될 수밖에 없다고 생각했기 때문이었다. 조선의 민주경제 수립은 "토지 및 산림의 원칙적 무상국유"가 실현되는 토지개혁이 필수적이었다. 민주경제의 역사적 필연성은 기본적으로 조선사회의 계급구성으로부터 도출되는 것이었다. 백남운은 이렇게 설명한다 : "'민주경제'의 필요성으로서 빈부대립의 계급구성을 대관한다면 전농업호수 약 305만여 호 중에서 자작농 약 53만 호를 제외하면 소위 자작 겸 소작이 약 73만 호, 소작이 164만 호, 농업노동자(피용자)가 약 10만 호, 화전민이 약 6만 호이므로 경지와 분리된 농업호수는 대체로 253만 호이며, 생산능력을 갖지 못한 대중소지주의 경지소유관계를 통관하건대 5정보 이상 10정보 이하의 소지주는 약 10만 9천 인인데, 그 소유경지는 실로 93만 4천 정보이며, 10정보 이상 정도의 대중지주는 4만 7,387인인데 그 소유경지는 실로 107만 8천여 정보를 산하게 된다. 요약하면 15만 6천 명에 불과한 지주군의 소유경지는 실로 201만 2천여 정보에 달한다. '민주경제'의 요지는 생산력 담당자에게 생산력을 발휘하도록 생산수단을 부여하는 것이며, 생산수단의 재분배로써 갱생의 '민족경제'를 수립하라는 것이다. 일제시대의 노동관계만 볼지라도 조선민족의 공칭자본 1억 3천여 원(일제는 27억 3,700여만 원–1944년 말 현재)에 대한 조선민족의 남녀 노동자는 77만 2천 명이었었다. 공업생산부면의 일제식 구성은 주체적으로 변질시킬 것이며, 민주경제의 일반정책이 수립됨에 따라 공업생산체제도 민주적으로 편성될 것이지마는 반봉건적 토지문제를 민주적으로 재편성하는 것이 '건국민주경제'의 기본공작인 것이며 [중략] '민주정치'와 '자본정치'가 교대되는 유일한 분기점이 되는 것이다. 요컨대 약 5만 명에 불과한 대중지주 및 자본가가 조선민족을 대표하는 것이 아닐진대 조선정치의 임무는 당연히 3천만 민족의 복리를 약속해야 할 것이며, 그 복리의 기초인 '민주경제'를 실현하는 것이 정치가에게 역사적으로 부과된 필연의 사명이 아닌가?"[43)]

백남운의 말대로 "토지재분배의 정치적 기술은 좌우정당의 정치적 시금석"이었다. 반봉건적 토지소유관계, 즉 지주제의 청산은 누구도 그 필요성을 부인 못하는 시대적 명분이었지만, 지주와 자본가 등 조선의 지배계급은 문제해결을 회피 또는 지연시키고자 했다. 그들에게 지주제는 계급지배, 나아가 생존의 토대였다. 그런데 그들이 토지문제와 관련하여 수세적일 수밖에 없었던 또 하나의 이유는 그들의 지배권력이, 백남운의 지적대로, "일제의 호부(護富)정책으로 인하야 특권적으로 육성"되어 그들 "대부분이 일제와 결탁"되어 있었기 때문이었다. 일제 하 친일문제는 개인이 아닌 계급적 차원의 것이었다. 친일–반민족적 계급은 해방과 더불어 존재 자체를 위협받게 되었지만, 한민당 및 일제 관리출신 인사들이 미군과 협력적 관계를 구축하면서 남한에서 자신의 정치적 입지를 강화시킬 수 있었다. 그러다가 1946년 3월 북한에서 무상몰수 무상분배 원칙에 따라 실현된 농지개혁과 그 사회적 결과는 남한의 지배세력과 우익이 "빨갱이"에 대한 불신을 선동하고 적대감을 노골화하는 계기가 되었다. 이후 남한에서 운동으로 넘쳐난 것은 단순한 좌우대립이 아니었다. 그것은 바로 계급투쟁이었다.

「조선민족의 진로」에서 백남운은 "좌우익이 필요 이상으로 대

43. 위의 책, 350–351쪽.

립되어 있는 것은 무슨 까닭인가"를 묻고 나섰다 : "정권을 위한 대립인가? 그럴 듯한 일이다. 그러나 목하 정정(政情)으로 보아서 독재정권을 위한 대립이라면 부당한 일이다. 민중을 위한 대립인가? 정당은 사회계급성의 반영인 만큼 그것은 당연한 대립이다. 그러나 그 정도가 역사적 단일민족의 정치적 분열을 초래할 정도의 대립은 [중략] 정당한 대립은 아니다. 그러면 감정을 위한 대립인가? 계급관의 이론은 결코 감정론이 아닌 것이다. 정당의 감정대립의 영향은 민중에 대한 불안을 초래할 뿐이다. 그 감정의 원인이 정치적 기술의 졸렬에 있었다면 대국적인 상호의 양해와 대담한 자기 비판이 필요하지 않은가?"[44] 인용문에서 보듯 백남운에게 때로 민족은 좌우익을 포괄하는, 즉 계급의 상위 개념으로 설정된다. 하지만 맑스-레닌주의에 있어 민족주의 운동은 계급투쟁이나 사회주의 혁명과의 관련 하에서만 긍정적으로 평가되었다. 민족은 계급의 하위 개념이었다. 민족주의는 언제나 사회주의를 위한 수단으로 평가되었지 그 자체로 독립적 의미를 가진 것이 아니었다. 물론 백남운은 일정한 역사적 기간 또는 단계를 전제로 민족적 범주 내에서 좌우익 간의 협력과 연합활동이 가능하며 또 필요하다고 강조하고 있었지만, 그의 민족주의적 "편향"은 신민당의 노선에 대한 이론화 작업을 산만하게 만든 요인들 중 하나였다.

44. 위의 책, 336쪽.

2. 신민당의 좌우합작노선과 '민전 5원칙'

신민당의 좌우연합정권 수립에 관한 구상은 1946년 2월 경성특별위원회가 개진한 "7당통일론"에서 극명하게 표현되었다. 그것이 거센 비판에 봉착하면서 백남운은 「조선민족의 진로」에서 기존 입장을 수정하였다.

백남운이 좌익과 우익을 말할 때 전자는 공산주의, 후자는 민족주의 세력을 의미했다. 처음에 한국민주당을 민족진영에 포함시킨 것은 기계적 개념 적용의 결과였다. 식민지 조선의 친일 지식인-지주계급 출신들이 주도하는 한민당을 민족주의 정당으로 간주하는 것은 민족운동세력에 대한 모독이었다. 그래서 강조된 것이 "약 5만 명에 불과한 대중지주 및 자본가"를 제외한 나머지 "양심적인 일부 유산계급"과의 협력이었다. 그들도 "민족해방을 위한 혁명세력의 일부를 대표하고 있는 만큼 무산계급과 [그들이] 연합하는 과도적 형태"가 바로 민족적 민주주의, 즉 연합성 신민주주의라는 것이다. 모택동의 신민주주의는 "혁명성을 갖는 중국의 자산계급" 또는 국민당과의 제휴를 근간으로 했다. 신민당의 연합성 신민주주의는 조선의 유산계급 일부와의 연합을 주장함으로써 현실적으로 아주 강력한 정치세력과의 협력을 배제한 채 연합대상을 크게 제한할 수밖에 없었다. 물론 그것은 신민당의 이론적 편협성 탓이 아니었다. 조선의 유산계급이 일제와의 협력 속에서 자신의 계급지배를 강화시켰던 과거 역사 때문이었다.

신민당의 노선이 대중적 지지를 얻지 못했던 것은 조선공산당과의 대립 때문만이 아니었다. 연합성 신민주주의는 "노동자, 농민 등 무산계급이 역사발전의 혁명성을 담당"하고 있으며, 민주주의에서 그들의 "영도권은 역사적 필연"이라는 것을 강조했다.[45] 또한 "토지 및 산림의 원칙적 무상국유"가 실현되는 농지개혁을 주장하면서 신민당이 연합대상으로 설정한 "약 10만 9천 명"에 달하는 소지주들로부터도 지지를 도출하기란 어려운 일이었다. 모스크바 3상회의 결정에 찬성하는 세력을 반(反)민족분자로 매도하는 선동행위가 반공주의로 확산되면서 좌익 전체는 맹목적 비판의 대상이 되었을 뿐만 아니라, 특히, 북한의 개혁정책과 탄압을 피해 빈손으로 월남(越南)한 사람들은 조직적 백색테러로 "빨갱이"에 대한 적개심을 풀기도 했다. 우익의 주도권이 이승만과 한민당으로 몰리는 가운데 도시에서도 농촌에서도 계급투쟁이 치열하게 전개되었으며, 그런 상황에서 좌우연합의 논리는 사회와 유리된 공허한 외침일 수밖에 없었다.

백남운이 「조선민족의 진로」에서 민족주의와 공산주의 간의 상호 이해와 협력 가능성을 역설한 것은 우연이 아니었다. 그가 생각하는 민족주의의 지향점은 "정치적으로 자주적인 독립국가 건설", "자유민주주의의 대표 국가인 미국식 정권형태", 자본주의 체제의 실현, 그리고 "국수적인 국민문화 강화" 등 네 가지였다. 그는 공산주의가 민족과 국가를 무시하지 않으며 "평균분배"와 "파괴주의" 및 "소련의 연방주의"를 지향한다는 비판도 근거 없음을 지적하면서 민족주의와 공산주의에 "연합성 요소"가 공유되고 있음을 주장했다. 공산주의는

45. 위의 책, 329쪽.

사회해방과 민족해방을 지향하기 때문에 민족주의와 정치적으로 대립해야 할 하등 이유가 없었다. 물론 역사성의 문제로 민족주의가 자본주의적 경제를 구현하려 하는데 공산주의는 그것을 해체하려 한다는 것이 지적될 수는 있었다. 그렇지만 일거에 공산주의를 수립할 수 없다는 사실과 "민족경제가 약 5만 명에 불과한 지주 및 자본가를 위한 것이 될 수 없다"는 사실을 고려하면 공산주의자와 민족주의자 간에는 진실로 민주경제를 수립하기 위한 연합 토의가 전개되어야 했다. 결국, 자유민주주의와 공산주의를 대립적으로 규정하는 것은 잘못된 일이었다. 민족주의와 공산주의는 원칙적인 차이에도 불구하고 민족해방과 민주주의와 민주경제의 요소를 공유하고 있으며, 그를 매개로 좌익과 우익은 상호 협력과 연합을 발전시킴으로써 신민주주의라는 시대적 임무에 부응해야 한다는 것이 백남운의 생각이었으며, 그것의 실천이 좌우합작운동이었다.

1946년 5월 8일 미소공동위원회가 무기 휴회됨에 따라 정국은 새로운 단계로 접어들었다. 미군정청은 정판사위폐사건을 구실로 조선공산당에 대한 탄압을 시작했으며, 6월 3일 이승만은 정읍발언을 통해 남한 단독정부 수립을 공개적으로 주장하고 나섰다. 좌우익 간의 분열과 대립이 심화되는 상황에서 합법적 임시정부를 구성할 수 있는 유일한 통로인 미소공동위원회의 속개가 "합작론자"들에게 절실한 정치적 과제가 되었다.

1946년 5월 말부터 여운형, 김규식 등을 중심으로 좌우합작운동이 추진되었다. 물론 백남운은 이 운동을 적극 지지했으며, 또한 밀접한 관계에 있었다. 여운형은 건국동맹 결성 이래 인민대중에 기초한 광범한 민족통일전선의 결성을 강조하는 등 전술적 차원의 과제 설정에 있어서 백남운과 많은 의견을 공유했다. 하지만 두 사람이 합작운동에 전적으로 보조를 같이하지는 않았는데, 이는 '민전 5원칙'의 결정과정에서 확인되었다. 미군정 당국이 좌우합작운동에 대한 지지를 공식 표명한 후 박헌영과 조선공산당은 7월 14일 ① 모스크바 3상회의 결정에 대한 지지, ② 친일파, 민족반역자, 반소(反蘇)·반공파쇼분자 제외, ③ 일체의 테러행위 중지 및 터러단체 해산 등 세 가지 원칙이 전제되어야 합작운동을 지지할 수 있다는 입장을 공표했다.[46] 7월 22일 좌우합작위원회가 첫 회의를 시작하자 7월 하순 박헌영은 허헌, 백남운, 김원봉, 여운형과 민주주의민족전선 의장단 회의를 열고 '민전 5원칙'을 다수결로 채택하여 조공(朝共)의 입장을 관철시켰다. 그것에는 '정당방위를 위한 역공세', 즉 신(新)전술을 예고하는 듯한 항목이 포함되어 있었다. 무상몰수 무상분배의 토지개혁 및 중요 산업 국유화(제2항), 남한 정권의 인민위원회로의 즉시 이양(제4항), 미군정 고문기관 혹은 입법기관 창설 반대(제5항)가 조공의 기존 원칙 위에 추가되었다. 백남운은 '민전 5원칙'에 찬성했지만 여운형은 반대했다.[47]

46. 박헌영, 2004, 『이정 박헌영 전집 9』(서울 : 역사비평사), 350쪽 참조.

47. 7월 29일 합작위원회의 우익 대표들은 '민전 5원칙'이 "조선을 즉시 공산국가화하려는 의도와 동일하다"고 반박하며 합작 8개 원칙을 공표했다. 이를 통해 그들은 "신탁통치" 반대 입장을 재확인하며 토지 문제, 민족반역자 처리 문제 등 정치적 과제들을 차후 구성될 과도입법의원에 맡길 것을 요구했다. 10월 초 여운형은 우익 대표들과 합의하여 좌우합작위원회 명의의 합작 7원칙을 발표했는데, 그 내용은 다음과 같다 : ① 모스크바 협정에 따른 민주주의임시정부를 남북을 망라한 좌우합작으로 수립할 것 ; ② 미소공동위원회의 속개를 요청할 것 ; ③ 토지를 무상 혹은 유상으로 몰수하여 농민에게 무상으로

1946년 7월 29일 평양에서는 북조선공산당과 조선신민당을 합쳐 북조선노동당이라는 대중정당으로 개편키로 합의했다고 발표되었다. 그에 맞춰 남한에서도 좌익 3개 정당의 합당을 위한 정치활동이 8월부터 본격화되었다. 박헌영 등 조공 지도부가 합당을 주도하였으며, 논의 초반부터 심각한 이견과 내부 갈등이 표출되었다. 그 과정에서 노선문제의 합의가 3당 통합의 전제임을 강조한 여운형은 인민당이 추구하는 '인민적 민주주의' 건국노선이 통합신당에 계승되어야 하며, 또 통합신당이 남북통일정부 수립을 위한 좌우합작을 계속 추진하는 주체가 되어야 한다는 입장을 분명히 했다. 반면, 백남운은 박헌영파의 "독선적 종파주의"를 비난하며 "다수당이 소수당을 병탄하는 것이 아니고 일당이 타당에 흡수되는 것이 아닌" 평등적 합당론을 개진했다.[48] 9월 4일 남조선노동당 준비위원회가 출범하며 합당선언과 강령(초안)을 발표하자 공산당의 비주류('대회파'), 인민당의 여운형파, 신민당의 백남운파 간에 별도의 합당교섭이 시작됨으로써 좌익 통합은 물거품이 되었다. 9월 중순 조공 간부 체포령 문제, 좌우합작 및 3당통합 문제를 의제로 5–6차에 걸쳐 민전 의장단 긴급회의가 열렸을 때 박헌영, 허헌 등 남로계와 여운형, 백남운 등 사로계로의 분열은 봉합될 수 없는 사안임이 확인되었다. 10월 중순 사회노동당 준비

분배하고 지방자치제 확립을 속히 실시할 것, ④ 친일파–민족반역자를 처리할 조례를 심의, 제정하여 집행할 것, ⑤ 검거된 정치운동자의 석방에 노력하며 남북 좌우의 테러적 행동을 제지하도록 노력할 것, ⑥ 입법기관의 기능, 구성방법, 운영 등은 합작위원회에서 작성하여 실행토록 할 것, ⑦ 언론, 집회, 결사, 출판, 교통, 투표의 자유가 보장되도록 노력할 것.

48. 백남운, 1991, 482쪽 참조.

위원회가 발족하고 결정서와 강령 초안이 발표되었다.[49]

백남운은 사로당 결성 직후 10월 18일 북한 방문길에 올랐다. 그가 그곳에서 나눈 대화내용은 정확히 알 수 없지만, 귀경하여 11월 9일 사로–남로 양당의 "통일적 합동"을 촉구하는 성명을 발표한 사정으로 볼 때, 평양에서 그는 좌익진영의 분열이 불가하며 그 책임이 사로당에 있다는 비판과 함께 양당 통합에 진력하라는 지침을 받았음이 분명하다. 신민주주의 국가건설이라는 전략적 목표를 위해 수립된 좌우합작노선이 조선의 독특한 사정으로 계급적 기반을 거의 결여하고 있었을 뿐만 아니라, 그나마 "양심적인 일부 유산계급"과의 합작운동조차 좌초된 상태에서 백남운은 자신의 정치적 실천이 "군정에 굴복한 투항주의, 우경 기회주의"로 매도되며 좌익 내의 분열행위로 귀결되는 상황에 곤혹감을 느꼈을 것이다. 분열의 원인은 정치노선상의 차이가 아니었다. 그의 생각에 그것은 박헌영파의 "주관적 감정과 순간적인 중상모략과 편협한 독선적 태도"[50] 때문이었다.

1946년 11월 말 거행된 남로당 결당식을 전후해 사로당은 와해 국면에 직면했다. 북로당 중앙위원회는 남로당 정치노선에 대한 지지를 표명하며 "좌익정당의 분열을 조장하고 민족반역자 진영을 방조"한 사로당의 "중대한 범죄"를 규탄했다. 사로당 위원장으로 선출된 여

49. 사로당 강령은 인민위원회에 기반을 둔 정권 수립, 무상몰수 무상분배 원칙에 따른 토지개혁, 중요 산업 국유화 등을 규정하여 그 내용상 남로당 강령과 차이가 거의 없다. 양당의 강령 및 3당 합당에 관한 자세한 내용은 김남식, 1987, 「조선공산당과 3당합당」, 『해방전후사의 인식 3』(서울 : 한길사), 140–183쪽 참조.

50. 백남운, 1991, 371쪽.

운형은 취임하지 않고 있다가 12월 4일 '좌우합작 · 합당공작을 단념하면서' 라는 일종의 자아비판서를 발표했다. 부위원장 백남운도 12월 7일 "일시적 방편에 불과했던 분립형태를 해소하고 혁명역량의 집중태세로서 남로 사로 양당의 동일 합동을 주장하여 왔으나 실현되지 못하였다. [중략] 자에 정당관계를 떠나 인민의 벗으로서 서재의 본업을 다시 계속하려 한다"[51]는 내용의 성명을 발표하며 정계은퇴를 선언했다.

3. 「조선민족의 진로 재론」: 인민성 민주주의

백남운이 정치활동을 재개한 것은 1947년 4월경이었다. 그의 눈에 남한정세는 더욱 악화되었다. 1947년 3월 22일 총파업을 전후해 군정당국과 반공세력은 좌익에 대한 탄압을 더욱 강화했다. 미국의 남조선 단독조치설과 그에 결부된 경제원조설이 유포되었으며, 분단은 점차 가시화되었다. 그는 정치활동 재개의 변(辨)으로 동년 5월에 발표된「조선민족의 진로 재론」에서 그 동기를 피력했다 : "일반 인민이 생활하기 곤란한 폼이 일제시대보다 심하다는 것과 소위 정상모리배 등 친일파 민족반역자, 전쟁방조자 등의 반동분자들이 발호하는 폼이 어름어름하는 동안에 借廳入房격으로 발전(?)되었다는 사실과 정계의 동향에 있어서 사이비 민주주의의 가두적 선전이 활발하여짐을 따

51. 위의 책, 452–453쪽.

라 테로사건이 빈발할 뿐 아니라 일제식의 요시찰제도가 시행된 점 등등이 나에게는 새삼스러이 공분심의 불기둥이 가슴을 치미는 듯한 실감을 가지게 된 것이다."[52] 또 다른 동기는 미소공동위원회의 속개 소식이었다. 그것은 현실화되고 있는 분단을 저지하고 남북통일정부를 수립할 수 있는 마지막 기회로 생각되었다.

한편, 그 무렵 옛 사로당계 인사들은 여운형을 중심으로 신당결성을 추진하여 4월 중순에 근로인민당 창립선언 초안을 발표하고 5월 24일 결성대회를 가졌다. 여운형, 백남운 등 7인이 당의장에 선출되었으며, 강령은 사로당의 그것과 거의 차이가 없었다.[53] 백남운이 신당 창당에 어느 정도 관여했는지 잘 알 수 없지만 그가 쓴 「조선민족의 진로 재론」은 근로인민당의 정치이념과 노선을 규정하였다.

백남운은 우선 모스크바 3상 결정에 의거한 남북통일의 민주정권을 세우는 것이 현실적이고 구체적인 민주독립의 길이며, 반면 남조선 단독정권을 수립하는 것은 "특권층이 외래 독점자본과 결탁하는 자본지배"의 독립을 꿈꾸는 것으로 민족분열과 내란유발을 감행하는 파쇼정권을 더욱 강화하게 될 것이라고 역설했다. 다음 논의는 「조선민족의 진로」의 반복이었다. 다만 '신민주주의' 대신 '인민성 민주주의'라는 개념을 사용하면서 뉘앙스의 변화가 있었다. 인민이란 "농민 及 노동자를 주도체로 한 소시민층 기술자 及 인텔리층, 양심적인 일부 자산계급과 진정한 정의인사 등을 민주요소로서 포섭하고 집결되어가는 통일적인 민족의 주체를 의미"[54]한다고 규정한 그는 공산

52. 위의 책, 373쪽.
53. 김남식, 1987, 앞의 책, 174쪽 참조.

계의 "섹트주의"를 비난하며 자신의 이론적 입장을 고수했다 : "「조선민족의 진로」에 제시된 정치적 설명은 우선 (1) 원칙적으로 일반적 민주주의＝공산주의 발전방향이 조선민족의 진로라는 것과, (2) 공산주의에 대한 민족진영의 악질적 선입관을 시정함으로써 공산주의의 애족주의적인 점을 천명하려는 것과, (3) 민족독립을 위한 인민정치의 연합성을 제시하려는 데 치중하였던 것이다. 그런데 2−3인의 '연합성 민주주의'에 대한 반박의 결론은 욕설, 기회주의자, 중간파 노선 등 3자로 귀착된 것이었다. [중략] 1년을 경과한 금일에 이르러 회고할 때 조선의 역사운동은 의연히 인민성 민주주의＝자산성 민주주의＝연합성 민주주의 단계를 벗어나지 못하고 있다. 그뿐만 아니라 금일의 조선정치는 부르죠아 민주주의 단계라기보다는 인민성 민주주의 단계인 것이며, 계급혁명이라기보다는 인민혁명의 과정으로서 인민정권의 제1차적인 당면과업은 부르죠아 민주적 혁명인 토지혁명(무상몰수 무상분여)을 단행하여야 할 것인데, 북조선은 [중략]는 혁명사업의 기본과업을 마친 것이다. 계급혁명의 단계로서 계급독재의 꿈을 꾼다면 모르거니와 인민혁명−인민정권−인민경제의 일련관계는 조선현실에 대한 정당한 규정인 것이며, 그것이 정당한 노선이라면 인민의 정치적 연합은 필연성인 것이다."[55]

신민당의 노선을 규정했던 연합성 신민주주의론이나 근로인민당을 위한 인민성 민주주의론은 백남운의 설명대로 조선의 단계에 적응한 민주정치 형태에 관한 이어동의(異語同義)의 반복이었다. 전자가

54. 백남운, 1991, 391쪽.
55. 위의 책, 395−396쪽.

민주요소의 정치적 통일성을 조명한다면 후자는 정권의 주도성을 강조하는 것이었다. 백남운은 인민성 민주주의론의 역사적 정당성을 확신하면서 다시금 조선공산당의 부르주아 민주주의 혁명론과 대립시키고 있지만, 전술적 차원에서조차 두 이론의 근본적 차이는 존재하지 않았다. 그가 「조선민족의 진로」에서 조선공산당의 노선을 비판했던 대목은 정확한 것이 아니었는데, 이는 『8월 테제』를 읽지 않았거나 제대로 이해하지 못한 탓이었다. 물론 『8월 테제』는 "금일 조선은 부르주아 민주주의 혁명의 단계를 걸어가고 있나니 민족적 완전 독립과 토지문제의 혁명적 해결이 가장 중요하고 중심되는 과업으로 서 있다"[56]고 선언했다. 또한 설정된 전술적 과제도 부르주아 민주주의적인 것들이었지만 그렇다고 멘셰비키적 이단계 혁명론을 제시한 것이 아니었다. 그것은 레닌의 연속혁명론에 철저히 의거하고 있었다 : "노동자 농민 도시소시민과 인텔리겐챠는 조선혁명의 현단계인 부르주아 민주주의 혁명의 동력이 되는 것이다. 그리고 이 혁명에 있어서 [중략] 광범한 농민계급을 자기의 동맹자로 전취(戰取)하는 계급만이 혁명의 영도권을 잡을 수 있다. 그것은 곧 조선에 있어서 가장 혁명적인 조선 푸로레타리아트만이 이 혁명의 영도자가 되는 것이다."[57] 또한 조선공산당 노선은 "인민정권"을 수립하기 위한 전국적 투쟁 전개를 당면 임무로 규정함으로써 '연합성' 또는 '인민성' 요소를 내포하고 있었다 : "인민정부에는 노동자 농민이 중심이 되고 또한 도시 소시민과 인텔리겐챠의 대표와 기타 모든 진보적 요소는 정견과 신교(信敎)와 계급과 단

56. 박헌영, 『이정 박헌영 전집 5』, 54쪽.
57. 위의 책, 55쪽.

체 여하를 물론하고 모두 참가하여야 하나니 즉 민족통일전선을 결성하여야 한다."[58]

연합성 신민주주의 이념은 신민당 경성특별위원회의 "7당통일론"에 가장 잘 체현되어 있었으며, 그것으로써 신민당 노선은 조선공산당의 그것과 완전히 구별되었다. 그러나 곧 신민당이 한민당 세력을 배제하고 "양심적인 일부 유산계급"과의 연합을 전술적 목표로 설정하면서 신민당과 조선공산당이 동일한 전략 개념에 의지하고 있음이 확인되었다. 그럼에도 좌우합작운동을 둘러싸고 이견이 남았으나 백남운이 민전의 합작 '5원칙'에 동의하면서 양당 간의 전술상 차이가 해소되었다. 그는 「조선민족의 진로 재론」에서 재차 "민주진영은 민주세력을 이해하는 반(半)민주세력의 우익과도 주체적으로 연합의 형세"를 취해야 하며, "인민연합과 원칙에 의거한 좌우협동은 임정수립에 대한 성공의 비결일 것이고 민족의 임무"라고 재차 강조했지만, 그것으로 근로인민당의 노선이 차별화될 수 없었다.

1947년 7월 여운형이 암살되자 근로인민당은 구심점을 잃었다. 8월 상순 좌익에 대한 대대적 검거선풍이 일었을 때 백남운 역시 이여성(李如星) 등 십수 명의 당원과 함께 검거되었다. 이후 남한에서 그의 행적은 발견되지 않는다. 동년 8월 중순을 지나며 좌익의 활동은 지하에서나 가능했다. 백남운의 월북이 언제 이루어졌는지 확인할 수 없지만, 1948년 4월 평양에서 '全조선제정당사회단체대표자연석회의'가 열렸을 때 그는 근로인민당만이 아니라 비남로당계 좌익 전체를 대표하는 지위와 역할을 부여받았다. 연석회의는 남한과 북한의 정세

58. 위의 책, 67쪽.

보고를 들었는데, 김일성의 '북조선정세보고' 에 이어 백남운과 박헌영은 각각 '남조선정세' 에 관한 별도의 보고를 했다. 그곳에서 백남운은 박헌영보다도 격한 언어로 남한의 우익세력을 비난했다 : "친일반역도당들의 집단이며 반동지주 자본가 간상배의 당인 한국민주당과 그 외곽체인 대한독립촉성국민회 같은 일련의 반동테러 계열의 수괴 이승만, 김성수 등 극악 매국노들이 범한 또 현재 범하고 있는 극악스러운 죄상을 남조선인민들은 격분하고 있습니다. 미국은 이러한 자들을 보호하고 있는 것입니다. [중략] 미제국주의는 패망한 일제보다 강력한 후계자가 되고자 하고, 이승만 등 반동분자들은 이완용의 상속자임을 여실 폭로하였습니다."[59]

Ⅳ. 결론

반탁운동 이후 좌우대립이 전면화되는 와중에 백남운은 신민당 경성특별위원회의 책임자로 국가건설운동에 본격 가담했다. 그가 설정한 신민당의 주요 정치적 과제는 민족통일전선 결성을 위한 이론과 실천 작업이었다. 그는 일제 강점기 이래의 조선인식과 '신조선' 의 구상을 총괄하고 모택동의 혁명론과 국가론을 수용하여 연합성 신민주

59. 백남운, 1991, 407-408쪽. 박헌영의 보고문 "남조선정치정세"는 박헌영, 2004, 『이정 박헌영 전집 3』, 39-58쪽을 참조.

주의를 제창했다.

백남운이 설정한 민족적 진로는 사회주의 국가건설이라는 비자본주의적 발전의 길이었다. 원칙적으로 '일반적 민주주의', 즉 공산주의 발전방향이 조선민족의 진로라는 것이었다. 공산주의자로서 백남운이 보기에 민주주의의 제1유형으로 미국에 의해 대표되는 자유민주주의는 "산업 및 금융자본의 주체인 만큼 신발족하는" 조선에게는 시대착오적인 구형에 속했으며, 제2유형인 사회민주주의는 사회경제적으로 낙후된 조선의 현실에 부합되지 않았다. 결국 민주주의의 제3유형인 소련식의 사회주의 국가, 프롤레타리아트 민주주의에 도달하기 위한 과도적 형태로서 고안된 것이 신민주주의 국가건설노선이었다. 공산당의 계급적 기반이 취약한 상태에서 민족주의적 부르주아계급과의 연대를 통해 좌익권력의 안정과 신속한 사회경제적 발전을 실현하여 사회주의로의 길을 최대한 단축한다는 것이 신민주주의의 기본 구상이었다.

결국 신민주주의의 기본적 특징은 사회주의 세력과 민족주의 세력의 연대성, 연합성에 있었다. 신민당 경성특별위원회는 그 도식에 집착하여 한민당과의 연대까지 포함하는 "7당통일론"을 개진하였고, 그럼으로써 조선공산당과 노선상 완전히 차별화될 수 있었다. 그러나 모택동의 신민주주의론이 의거하는 중국의 상황과 조선의 상황을 혼돈했다. 특히 한국민주당을 중국 국민당과 유사한 반(反)제국주의적 민족주의세력이라 파악한 것은 잘못이었으며, 백남운은 좌익의 연합 내상을 "양심적인 일부 유산계급"으로 국한하며 신민당의 과오를 수정했다. 그럼에도 연합성 개념에 집착한 그는 계급적으로 편협한 좌우합작운동에 주도적으로 참여했으며, 그것으로 신민당 노선을 차별화 하며 조선공산당에 대립했다. 그는 조선공산당의 노선을 부르주아 민주주의 (혁명)단계론 내지 이단계 혁명론으로 규정하며 비판했지만 사실 『8월 테제』에서 규정된 조공의 전략과 전술은 신민당의 그것과 다르지 않았다. 『8월 테제』가 레닌의 연속혁명론을 그대로 반영하고 있었다면, 「조선민족의 진로」는 모택동의 「신민주주의론」에 의존했다는 것 정도의 차이가 있었다. 특히 백남운이 좌우합작에 있어서의 '민전 5원칙'을 지지한 다음 공산-신민 양당의 전술적 차이는 해소되었다.

좌익 3당의 통합 논의 과정에서 대립이 증폭되고, 그것이 결국 남로-사로 양당의 출현으로 결과되고, 이후 사로당이 소멸하는 일련의 과정은 전체적으로 좌익 내에 전략 및 전술상의 노선 차이가 없거나 혹은 극히 적었음을 반증한다. 백남운은 정계 은퇴를 번복하고 근로인민당 의장으로 정치활동을 재개하며 조선공산당에 다시 대립했지만, 「조선민족의 진로 재론」을 통해서도 확인되는 것처럼 강령상 양당의 차이는 없었다. 좌익 내의 대립은 주로 "섹트주의"와 개인적 차원의 문제로 환원되었다. 백남운의 경우 민족주의적 "편향"과 이론적 나약함이 주로 비판을 야기했으며, 점차 그것을 극복하는 모습을 보이기도 했다. 그러나 그의 박헌영에 대한 비(非)호감은 그대로 유지되었다.

해방조선 좌익세력의 전략과 전술이 전체적으로 수렴되었던 것은 그것이 소련의 세계전략과 맞물려 있었기 때문이기도 했다. 제2차 세계 대전 후 소련공산당의 세계전략은 사회주의의 완전한 승리를 실현하는 것이었으며, 그것은 적군(赤軍)이 점령한 지역에서 자신에 우호적인 정부를 수립하는 것을 의미했다. "사회주의 조국"의 안전을 보장하는 완충지대가 되어야 할 동유럽 및 소련 인접지역에서의 상황은 단일적이지 않았지만, 그들에 대한 스탈린의 정책에서 공통적이었던 것은 각 나라의 공산주의자들로 하여금 인민전선 혹은 민족전선을 토대로 형성된 자신들의 정부 내에서 견고한 위치를 차지하도록 적극 지원했다는 사실이었다. 스탈린은 1917년 러시아혁명에서 외면되었던 레닌의 연속혁명론을 "완충지대"에서의 지도이념으로 부활시켰다. 그러면서 그 지역에 제시된 것이 인민민주주의라는 전략 개념이었다. 소련 주변지역은 사회경제적 발전수준에 있어서 상대적으로 낙후되었으며, 또한 스탈린은 그것을 근거로 소련이 동유럽 인민민주주의 국가들과 구별되기를 원했다. 예를 들면, 1945년 4월 유고슬라비아 공산당 지도자들을 크렘린에서 접견하는 자리에서 밀로반 질라스가 "우리나라에는 정부의 주요 직책을 공산주의자들이 장악하고 있고, 어떠한 반대파도 존재하고 있지 않으며, 따라서 유고슬라비아 정부는 본질적으로 소비에트 권력입니다"라고 말하자 스탈린은 이렇게 대꾸했다 : "아니, 그건 소비에트 권력이 아닙니다. 당신들에겐 드골의 프랑스와 소련의 중간 비슷한 그런 권력이 있습니다."[60] 스탈린이 그랬던 것은 사회주의를 구현한 소련공산당 지도자로서의 자부심 말고도, 엄청난 전쟁피해 때문에 소련이 주변 국가들의 사회주의 건설작업을 적극 지원하기 어렵다는 현실적 이유도 있었다.

결국 사회주의의 완전한 승리라는 소련의 세계전략과 인민민주주의(혁명)론으로 집약되는 그 주변국들의 정치노선은 상호 의존적 보완적인 것이었으며, 제2차 세계대전 직후 기간 사회주의 운동 진영

60. Джилас. М. Лицо тоталитаризма. М., 1992, с. 84.

의 발전단계를 반영하고 있었다. 인민민주주의 혁명론과 모택동의 신민주주의론은 본질적으로 동일한 전략과 유사한 전술내용을 담고 있었고, 이는 해방조선에서 부르주아 민주주의 혁명을 주요 과업으로 규정했던 조선공산당의 『8월 테제』도 마찬가지였다. 결국 백남운의 연합성 신민주주의론을 당시 중도좌파의 정치노선과 광범한 진보적 지식인들의 입장을 대변한 "전략적 · 국가론적 수준"의 것으로 평가함은 무지의 소산이며 역사적 과장이라 여겨진다.

참고문헌

❖ 박헌영, 2004, 『이정 박헌영 전집 1−9』, 서울 : 역사비평사.

❖ 백남운, 1991, 『백남운전집 4. 휘편』, 서울 : 이론과 실천.

❖ ______, 2005, 『조선사회경제사』, 서울 : 집문당.

❖ ______, 2005, 『쏘련인상』, 서울 : 역사비평사.

❖ 방기중, 1993, 『한국근현대사상사연구』, 서울 : 역사비평사.

❖ 심지연, 1988, 『조선신민당연구』, 서울 : 동녘

❖ 毛澤東(이등연 옮김), 1989, 『新民主主義論』, 서울 : 두레.

❖ 김남식. 1987, 「조선공산당과 3당합당」, 『해방전후사의 인식 3』, 서울 : 한길사.

❖ 도진순, 1995, 「백남운의 지적 성숙과정과 연합성 민주주의」, 『한국사시민강좌』 제17집.

❖ 심지연, 1988, 「신민당 백남운의 통일전선론」, 『역사비평』 제2집.

❖ 윤기중, 1998, 「백남운의 학문세계와 사상」, 『한국현대사연구』창간호.

❖ 이준식, 1993, 「백남운의 사회사 인식」, 『한국사회사연구회논문집』 제40집.

❖ 정윤재, 1992, 「해방 직후 한국정치사상의 분석적 이해」, 『한국정치학회보』 26집 1호.

❖ 조동걸, 1991, 「연보를 통해 본 정인보와 백남운」, 『한국독립운동사연구 5』.
Джилас М.

❖ Джилас М. Лицо тоталитаризма. М. 1992.

❖ Ленин В. И. Полн. собр. соч., т. 11.

❖ __________, Полн. собр. соч., т. 27.

❖ __________, Полн. собр. соч., т. 31.

❖ Маркс К., Энгельс Ф. Соч., т. 7.

❖ Сталин И.В. Соч., т. 6.

❖ Троцкий Л.Д. К истории русской роволюции. М. 1990.

제 5 장

박헌영의 국가건설사상 :
사회주의 국가건설

조현수(국민대)

Ⅰ. 머리말

유감스러운 일인가! 아니면 의미 없는 작업에 불과하였던가! 역사학에서 이루어지고 있는 활기찬 연구성과 및 작업과는 전혀 다르게 정치학 분야에서 한국 근대사의 발전에서 하나의 큰 정치적 지형을 형성하였던 사회주의 운동에 관한 정치사상적 탐구는 별로 보이지 않고 있다.

주지하다시피 조선 공산주의 운동의 발전 및 노선은 애초부터 그 핍박이 예정되어 있었다. 일본은 "국체를 변혁할 목적으로 결사를 조직한 자 또는 결사의 구성원", "사유재산제도를 부인할 목적으로 결사를 조직한 자"들을 단속하기 위한 법령으로 1925년 4월 치안유지법을 시행하였다. 이 법령은 특히 사회주의 운동을 탄압하기 위한 도구로 사용되었다. 1차 조선공산당이 와해되는 1925년 11월의 신의주 사건을 기점으로 공산당 탄압에 대한 강도는 높아갔고, 1928년에는 조선, 만주, 일본 등지에서 약 3,000명이나 되는 공산당 간부들이 체포·투옥되었다고 한다. 그리하여 1920년대 말 조선 공산주의 운동은 위기에 빠져들었다. 물론 조선 공산주의 운동의 위기를 단지 일본 제국주의자의 강도 높은 탄압 탓으로만 환원시킬 수 없을 것이다. 조선공산당은 1928년 4차 조선공산당까지는 그나마 명맥을 유지하였으나 코민테른이 1928년 12월 테제를 발표하여 조선공산당의 지도부가 지식인과 학생만으로 구성되어 있다는 점, 소부르주아 정당이라는 점, 파벌적이라는 점 등을 이유로 당을 재조직할 것을 지시하였다. 이로써 조선공산당은 해체되었고, 해방 후에서야 비로소 조선공산당의 재건작업이 활발하게 전개되었다.[1)]

다른 한편, 조선공산당의 발전을 저해 내지는 제약한 요인으로

1. 해방 후 재건된 조선공산당도 파벌적 성격을 여전히 지니고 있었다. 1945년 9월 11일에 조선공산당의 재건이 선포되었지만 박헌영파 일색의 당지도부가 구성되었다. 장안파의 중심인물이었던 이영, 최익환, 정백 등은 당 지도부에서 배제되었다. 김남식, 「박헌영과 8월테제」, 『해방전후사의 인식 2』, 1985, 109쪽 참조. 조선공산당 중앙위원회의 위원은 총 28명(박헌영, 김일성, 이주하, 박창빈, 이승엽, 강진, 최용건, 홍남표, 김삼룡, 이현상, 이주상, 이순금, 무정, 서중석, 이인동, 조복례, 권오직, 박광희, 김점권, 허성택, 김용범, 홍덕유, 주자북, 문갑송, 강문석, 최창익, 김근, 오기섭)이며, 중앙검열위원회의 위원으로는 이관술, 서완석, 김형선, 최원택 등이었다. 또한 공산당의 정치노선은 부르조아민주주의혁명단계에 입각하여 국가건설과정을 천명하였다. 즉 민족독립달성, 농업문제 해결(토지개혁), 언론, 출판, 집회, 결사의 자유, 인민공화국 창설이라는 과정이었다. 박헌영, 「조선공산당의 재건과 그 현상황」, 『이정 박헌영전집 2』, 209－210쪽.

이 당이 계급성을 지향하는 계급정당이라는 관점에서 과연 물적 토대 내지는 조건을 지니고 있었는가 하는 점에 주목할 필요가 있다.

1920년대 한국사회의 계급구조라는 관점에서 볼 때, 1920년대 초의 한국사회는 노동자계급이 성숙한 사회세력으로 그 위상을 점하고 있지 못했으며, 또한 혁명적으로 무장된 프롤레타리아의 계급의식 하에 노동자의 헤게모니가 관철되고 있는 노동자 · 농민의 동맹관계도 아니었다. 유진희의 지적처럼[2] 1920년대 초 사회운동에서 화두로 등장한 계급투쟁에 대한 역설은 프롤레타리아의 계급의식운동의 차원이기보다는 봉건적 사회질서 및 구조 하에서 정치 · 경제적으로 핍박받고 있었던 농민대중의 인간의식운동이자 인간권리운동이었다. 서중석은 한국의 경우 "근대적 인권운동 또는 부르주아 민주주의 운동은 부르주아지에 의해 제대로 전개되지를 못하고 소부르주아적인 사회주의자들이 중심이 되어 일으킨 사회운동에 의해서 전개되었다는 것이 한국에서의 반봉건 민주주의 운동의 역사적 특성"[3]이었다는 관점을 피력하고 있다.

이처럼 공산주의 운동이 꽃을 피울 만한 객관적 토대 내지는 기초가 제대로 이루어지지 않은 상태에서 조선공산당이 창당되었던 것이다. 하지만 단지 객관적 기초만을 문제시할 수는 없다. 공산주의 운동이 전진적 발전을 이룩할 수 없었던 이유로 한국의 공산주의 운동사에서 초기부터 존재하였던 파벌 간의 주도권 쟁탈을 지적할 수 있

2. 유진희, 「노동운동의 사회주의적 고찰」, 『공제』 2호, 1920, 한흥구 · 이재화 편, 『한국민족해방운동사료총서』 1

3. 서중석, 『한국현대 민족운동연구 : 해방후 민족국가건설운동과 통일전선』, 역사비평사, 1991, 89쪽.

다. 파벌 간의 주도권 쟁탈은 해방 후에도 지속되며, 박헌영의 『8월 테제』는 조선공산당의 재건에서 핵심적인 위상을 점하고자 하는 정치 권력적 동인을 강하게 발산하고 있었다.[4] 공산주의 운동의 저해요인 또한 이 연구의 논의대상이 아닌 까닭에 더 이상의 천착은 행하지 않기로 한다.

조선공산당의 창당, 고려공산청년회의 결성에 조봉암과 함께 핵심적인 역할[5]을 수행했던 박헌영은 조봉암과는 달리 일생을 공산주의 운동에 매진하였고, '정통 맑스주의' 내지는 '혁명적' 사회주의 노선을 견지하였다. 그러나 미국의 간첩이라는 죄명 하에서 이루어진 박헌영의 최후는 혁명적 실천을 위해 진력하였던 그 자신으로서는 허무 그 자체였다. 1955년 12월 15일 평양최고재판소 특별법정에서 진행된 박헌영의 재판은 "법률에 의한 재판이 아니고 폭력에 의한 암살"이라고 할까. 이승과의 갈림길에서 "역사의 날조자, 혁명의 찬탈자, 민족의 반역자, 인민의 원수 김일성을 타도하라"[6]고 절규하였다고 하는 박헌영.

---

4. 김남식, 「박헌영과 8월테제」, 『해방전후사의 인식 2』, 104－142 ; 김광식, 「8 · 15 직후 정치지도자들의 노선비교」, 『해방전후사의 인식 2』, 19－56.

5. 조선공산당과 고령공산청년회는 각각 1925년 4월 17일과 18일에 결성되었다. 조선공산당이라는 명칭은 김찬의 제의에 따라 이루어졌다. 조봉암은 김찬, 조동우와 함께 조선공산당의 전형위원으로, 윤덕병, 송봉우와 함께 중앙검사위원으로 선출되었다. 조선공산당의 창당 다음 날 훈정동의 박헌영 집에서 결성된 고려공산청년회에서 박헌영과 조봉암은 김단야와 함께 전형위원으로, 김단야, 신철수, 홍증식, 권오설, 김찬 등과 함께 중앙집행위원으로 선임되었다. 또한 박헌영은 고려공산청년회의 책임비서를 맡았다.

6. 박갑동, 『박헌영 : 그 일대기를 통한 현대사의 재조명』, 1983, 279쪽.

여기서 잠깐 박헌영이 경성고보를 다닐 무렵인 1917년과 1919년 사이에 발생한 국제정치적 환경변화에 주목해 보자. 식민지시대의 한국적 상황에서 1917년 10월 러시아에서의 레닌에 의한 볼셰비키 혁명의 성공과 교전 중인 열강들에게 무배상과 무합병의 원칙 하에서 각 민족의 자결권을 보장하는 민주적 평화조약을 체결하라는 호소를 담고 있는 레닌 정부에 의한 「평화에 관한 법령」의 선포, 1918년 1월 윌슨 대통령이 연두교서로 의회에 제출하여 다음 해 파리강화회의에서 제1차 세계대전의 전후처리원칙으로 선언되었던 「민족자결에 관한 선언」, 비록 극히 단명하기는 했지만 1919년 4월 독일 바이에른(Bayern)에서의 소비에트공화국의 탄생 등과 같은 일련의 세계사적 의미를 담고 있는 국제적 사건들은 '신지식층'[7]의 의식과 행위를 촉발시키는 계기로 작용하였다. 이러한 대외적 정치 지각변동은 3 · 1운동[8]을 일으키는 요인으로 작용하였다.

하지만 윌슨의 자유주의 민족주의에 대한 현실적인 실망감 내지는 배신감 혹은 일본의 식민지 근대화에 저항하여 신지식층의 인식론적 균열구조가 형성되었고, 이 균열구조는 이른바 외교론, 실력양성론, 독립전쟁론, 사회주의라는 정치적 지형을 탄생시켰다. 박헌영 또

---

7. 임경식은 신지식층이라는 개념을 한말과 식민지 시대의 역사적 조건 속에서 형성된 사회집단, 예컨대, 서양문명의 이식을 통해 한국사회를 근대화하고자 한 사회집단으로 사용하고 있다. 임경석(2003), 3–4쪽. 이 연구에서는 이 용법이 적절한지에 관해서는 논의대상이 아닌 까닭에 더 이상의 논의는 개진하지 않기로 한다.

8. 박헌영은 「3 · 1운동의 의의와 그 교훈」에서 3 · 1운동을 "반제국주의적 민족해방투쟁"으로 규정하면서 진정한 '혁명당'의 부재가 이 운동의 결점이라고 주장하였다.

한 이러한 현실에 무감각할 수 없었다.

본 연구의 범위와 목적이 해방 후 박헌영의 국가건설사상을 논의하는 데 한정되는 것이기 때문에 일제 식민지 하의 박헌영의 정치적 활동에 대한 진술 내지는 의미는 분석하지 않는다. 이 글에서는 해방 후 박헌영이 활동하였던 해방정국의 시대적 환경에 기초하여 그가 남긴 글들에 대한 독해를 통해 첫째, 그가 추구하였던 정치이념 및 사상에 대해 분석하며, 둘째, 그가 궁극적으로 지향하였던 국가건설사상이 무엇이었던가 하는 문제를 논의하고자 한다. 이러한 논의를 위해 본 연구에서는 박헌영이 조선의 해방과 해방정국을 어떠한 관점에서 인식 · 진단했는가로부터 논의를 출발하고자 한다. 또한 박헌영 및 조선공산당의 국가건설이념은 1945년 8월 20일에 박헌영이 작성한 이른바 『8월 테제』에 잘 나타나고 있다. 그런 까닭에 본 연구는 『8월 테제』에 나타난 국가건설이념을 중심으로 박헌영의 국가건설이념 내지는 철학에 관해 성찰하고자 한다. 박헌영이 시종일관되게 주장한 미래의 국가건설 방향 및 사상은 친일파와 민족반역자를 제외한 민족통일전선, 토지의 국유화, 농민에 대한 토지배분에 기초한 부르주아 혁명을 거쳐 인민민주주의에 기초한 인민공화국의 수립이었다. 연구에 따르면, 1차 미소공동위원회가 결렬되고 1946년 7월 '신전술'이 수용될 때까지 조선공산당의 국가건설 방향은 '진보적 민주주의 국가'를 수립하는 것이라고 주장하고 있다. 하지만 박헌영이 되풀이하여 사용하고 있는 '진보적 민주주의' 내지는 '진보적 민주주의 국가' 개념이 담고 있는 내용[9]을 살펴보면, 진보적 민주주의 국가가 지향하고 있는

---

9. 박헌영은 "우리 조선도 금년(1946년 : 필자)에야말로 민족통일전선을 완성하

국가건설은 인민민주주의 공화국의 수립이었다고 볼 수 있다. 이승만과의 두 차례에 걸친 회담의 결렬, 이승만의 독립촉성중앙협의회의 결성, 조선인민공화국 주석 취임에 대한 이승만의 공식적인 거부 등으로 인해 박헌영은 더 강도 높게 친일파, 민족반역자 등을 배제시킨 민족통일전선 하에서의 "완전한 민주주의적 독립국가" 건설을 주장하게 된다.[10] 본 연구에서는 해방 후의 박헌영의 국가건설사상의 지향점을 인민공화국 내지는 사회주의 국가건설에서 찾고자 한다.

고 진보적 민주주의 국가를 건설"해야 한다고 전제하면서 '진보적 민주주의 국가'의 내용으로 ① 언론, 출판, 집회, 결사, 종교의 자유 ② 토지문제의 정당한 해결 ③ 노동자농민의 급진적 생활개선 ④ 8시간의 노동 실시 ⑤ 남녀 18세 이상의 선거권 및 피선거권 확보 ⑥ 남녀 평등 등을 언급하고 있다. 박헌영, 「朝鮮에 完全獨立, 世界엔 平和의 해로서」『이정 박헌영전집』 2, 143쪽. 이 점은 물론 1945년 8월 20일에 발표한 '8월테제'의 내용을 그대로 이어 받고 있다.

10. 박헌영, 「朝鮮에 完全獨立, 世界엔 平和의 해로서」, 『이정 박헌영전집』 2, 140–143쪽.

Ⅱ. 해방정국과 『8월 테제』

1. 『8월 테제』[11]와 국가건설이념

맑스 레닌주의를 "가장 진보적이며 부동한 진리이며 인류발전사의 필연적 법칙", 즉 "절대적 진리"[12]로 수용하였던 박헌영은 8 · 15 민족해방 후의 시대적 상황에 대한 인식과 실천을 어떠한 언술체계로 진단하고 있는가?

먼저 지적해 두자. 8 · 15해방 이후 박헌영, 여운형, 백남운의 현 단계 규정성에 대한 도출은 추상적인 사유구조 속에서 이루어진 것이 아니고 특권층(지주, 자본가, 관리 등)과 비특권층 사이에 존재하는 균열 시스템이라는 구체적 상황인식에 대한 실천적 사유물이다. 달리 표현하면, 이들의 현 단계 규정성은 "기존의 엘리트와 계급관계, 제도,

11. 이른바 8월 테제로 칭해지는 박헌영이 쓴 「현정세와 우리의 임무」는 해방 후 조선공산당이 재건준비위원회를 발족하면서 '콤그룹'을 대표하여 발표한 조선공산당의 기본노선이며, 9월 20일 당 중앙위원회에서 잠정적인 정치노선으로 채택되었다. 주지하다시피 한국의 공산주의운동은 다양한 집단의 계보 중심으로 전개되었고, 그 대표적인 계보는 화요회계, 서울계, ML계, 콤그룹 등이다. 서중석은 8월 테제는 12월 테제를 해방 후의 실정을 감안하여 약간 바뀐 것으로 골격은 두 테제가 동일하다고 주장하고 있다. 서중석, 앞의 책, 236쪽.

12. 박헌영, 「3 · 1운동의 의의와 그 교훈」.

가치와 상징체계에 대한 폭력적이며 급격한 변화를 요구하는 … 혁명파와 … 반혁명파가 대립하는 '위기의 정치'"[13]라는 현실적인 사회구조에 대한 인식인 것이다.

인민공화국 성립 초기에만 하더라도 여운형과 박헌영의 근대국민국가 건설에 대한 노선 차이는 표출되지 않았다. 해방 직전 여운형은 건국동맹을 조직하였고, 박헌영은 부르주아 민주주의 혁명노선하에 공산당 재건운동을 벌였다. 해방 후 박헌영은 8월 20일 부르주아 민주주의 혁명노선을 공산당노선으로 채택하였지만 현실적인 상황을 고려하여 정치투쟁의 전면에 놓지는 않았다. 하지만 조선공산당이 인민공화국의 중앙위원회를 박헌영 계열이 장악하자 국가건설이념에 대한 노선대립이 표면화되기 시작하였다. 건국동맹세력은 인민공화국과 간격을 두면서 민족국가 건설을 최우선의 과제로 지정하고 인민당을 조직하였다. 이로 인해 여운형은 선민족 국가건설이념으로, 박헌영은 부르주아 민주주의 혁명이념으로 방향을 잡았던 것이다.[14]

해방 후 조선공산당은 장안파를 흡수하여 재건에 성공하였다. 하지만 박헌영 계열이 장안파의 핵심 인물들을 조선공산당의 지도부에서 완전 배제시키고 당을 박헌영당으로 만들었던 것이다. 이로 인해 권력에서 소외된 장안파는 박헌영에 대해 노골적인 비판을 가했다. 9월 15일 장안파는 「조선의 독립과 공산주의자의 긴급임무」에서 행하였던 내용을 『현 단계의 정세와 우리 임무』라는 책자로 발간하여

13. Bruce Cumings, *The Origin of the Korean War*, 1981, 69쪽.

14. 서중석, 『한국현대민족운동연구 : 해방후 민족국가 건설운동과 통일전선』, 2002 (7쇄), 231쪽 참조.

박헌영의 정치노선을 '우경기회주의'로 비판하였고, 이에 대해 박헌영 계열의 중앙위원회는 『8월 테제』(1945년 8월 20일)를 발표한 후의 정치적 환경을 반영하여 9월 25일 「현정세와 우리의 임무」[15]라는 제목으로 장안파를 "탁류"로 자신들을 "한 가지 맑은 물결", "캄캄한 밤중에 밝은 등불"로 비유하면서 조선공산당의 정당한 계승자임을 주장하였다. 『8월 테제』에서 진술되고 있는 박헌영의 장안파에 대한 비판을 적어보자.

> … 조선공산주의 운동에는 모든 탁류의 물줄기가 흘러서 일반 노동자 농민을 미혹에 빠뜨리고 있다. 이러한 탁류가 황폭히 흐르는 금일에 있어 한 가지 맑은 물결이 새암(우물)같이 쏟아져 나오고 있다. 캄캄한 밤중에 밝은 등불의 역할을 노는 진실한 의미의 공산주의 운동이 과거 백색테러적 탄압시대부터 오늘날까지 계속적으로 발전하여 나오고 있다 …[16]

「현 정세와 우리의 임무」가 담고 있는 내용이 그후에 박헌영의 『8월 테제』로 칭해졌다. 이미 언급한 바와 같이 1928년 코민테른이 조선공산당의 파벌성을 비판하고 이 파벌성을 근절한 토대 위에서 당을 재조직할 것을 지시하였다. 하지만 해방 후 조선공산당의 재건에 있어서도 이 파벌성은 해소되지 못했던 것이다. 파벌성의 문제에 관한

15. 이하에서 8월테제의 쪽수 인용은 박갑동, 『박헌영 : 그 일대기를 통한 현대사의 재조명』, 1983, 288−308쪽에 의한 것임.
16. 박헌영, 『8월 테제』, 294쪽.

논의는 이 글의 연구대상이 아니기 때문에 더 이상의 논의는 전개하지 않는다. 이 절에서는 『8월 테제』제가 담고 있는 내용을 분석함으로써 박헌영이 어떠한 국가건설이념 및 철학을 견지하고 있었는가에 대해 논의하고자 한다.

먼저 『8월 테제』의 구성은 아래와 같다.[17)]

1. 현 정세
2. 조선혁명의 현 단계
3. 조선 공산주의 운동의 현상과 그 결점
4. 우리의 당면 임무
   1) 대중운동을 전개할 것
      ① 노동자의 투쟁을 지도하며 조직할 것

17. 조선공산당 중앙위원회, 「현정세와 우리의 임무」, 『이정 박헌영전집』 5, 51–69쪽 참조. 『이정 박헌영전집』 2권에 실려 있는 「현정세와 우리의 임무」와 『이정 박헌영전집』 5권에 실려 있는 「현정세와 우리의 임무」는 내용상에 있어 약간의 차이를 드러내고 있다. 예를 들면, 토지문제의 해결에 대한 입장표명으로 『이정 박헌영전집』 2권에는 "지주의 토지를 몰수하여 농민에게 분배할 것"이라고 적혀 있는 반면에 『이정 박헌영전집』 5권에서는 "소작료를 3할 대 7할 별로 인하하고 이것을 화폐지대로 정할 것이요 … "라고 기술하고 있다. 『이정 박헌영전집』 5권에 있는 「현정세와 우리의 임무」는 『8월테제』(러시아 판)에 비해 좀더 자세한 보충설명을 하고 있으며, 다른 공산주의 분파들에 대해 '옳은 정치노선을 위한 양면투쟁을 전개할 것'이라는 제목 하에 비판하고 있다. 이 두 글에 대한 자세한 설명은 『이정 박헌영전집』 2권과 『이정 박헌영전집』 5권에 있는 해제를 참조. 『이정 박헌영전집』 2, 47–48쪽; 『이정 박헌영전집』 5, 51쪽. 본 논문에서는 『이정 박헌영전집』 5권의 「현정세와 우리의 임무」를 분석대상으로 삼는다.

② 농민운동을 전개할 것

③ 청년운동을 일으킬 것

④ 부녀운동을 일으킬 것

⑤ 문화단체

⑥ 소비조합운동

⑦ 실업자운동

2) 조직사업

3) 옳은 정치노선을 위한 양면전선 투쟁을 전개할 것

4) 프롤레타리아의 헤게모니를 위한 투쟁

5) 민족통일전선의 결성으로 수립된 인민정권을 위한 투쟁을 전국적으로 전개할 것

5. 혁명이 높은 단계로 전환하는 문제

이 장에서는 『8월 테제』를 중심으로 박헌영이 어떠한 국가건설 이념 및 철학을 지향하고 있었는지를 논하고자 한다.

2. 시대사에 대한 인식과 국가건설 방향

"현 정세"의 진단과 관련하여 박헌영은 제2차 세계대전의 시대사적 의미를 "국제파시즘의 전면적 궤멸과 진보적 민주주의와 사회주의 승리"[18)]로 규정하면서 한국의 해방이 민족의 창발성과 주체적 의지에 의해 이루어진 것이 아니라 "진보적 민주주의국가 소 · 영 ·

미 · 중 등 연합국가에 의해 실현"되었다고 진술하였다. 즉 한국의 해방은 "세계문제가 해결되는 마당에 따라서 조선해방은 가능"[19]하였다는 것이다. 이러한 인식은 박헌영만이 가지는 특수한 생각이 아니라 그 당시에는 일반적인 생각이었고,[20] 사실관계에 비추어 볼 때 자연스러운 현상이었다. 또한 박헌영은 국제정치환경에 대해 국제정치를 세계체제론적 관점에서 "편협한 국가주의에 대한 국제주의의 승리"로 발전하였고, 아울러 "국제적 혁명정세는 조선의 해방이 혁명적으로 해결할 만한 유리한 조건"을 창출하였다고 낙관적으로 진단하였다.[21]

그런데 주목해야 할 점은 소련뿐만 아니라 영국, 미국, 중국 등을 '진보적 민주주의 국가'로 분류하였다는 점이다. 조선공산당이 2차 세계대전을 '파시즘 대 민주주의 사이의 전쟁'으로 정의하였다는 점에서 이 개념이 큰 문제가 없는 듯이 보인다. 하지만 영국, 미국, 중국이 '진보적 민주주의 국가"로 표현되었다는 점은 논의의 여지가 존재한다. 왜냐하면 '진보적 민주주의'라는 개념은 자본주의가 아닌 사회주의를 지향하는 과도기적 단계의 체제개념을 의미한다고 볼 수 있기 때문이다.[22] 분명히 영국, 미국, 중국을 '진보적 민주주의 국가' 군

---

18. 「현정세와 우리의 임무」, 『이정 박헌영전집』 5, 53쪽.
19. 같은 책, 52쪽.
20. 김구 또한 이러한 인식 속에서 "우리가 이번 전쟁에 한 일이 없기 때문에 장래에 국제간에 발언권이 바약하리라는 것이다"라는 염려를 하고 있다. 김구, 『백범일지』, 1982, 243쪽
21. 조선공산당 중앙위원회, 「현정세와 우리의 임무」, 52쪽.
22. 김남식, 「박헌영과 8월 테제」, 『해방전후사의 인식』 2, 112쪽.

으로 범주화한 것은 문제가 있기는 하지만[23] 그 당시의 정세판단, 즉 스탈린의 외교적 언술을 고려한다면 이 개념의 정치적 용법을 파악할 수 있을 것이다. 스탈린은 제2차 세계대전을 '반파쇼적 · 해방적'[24] 성격을 지니고 있다고 규정하면서 소련과 미국 및 영국 사이의 관계에 의혹을 가지며 "3국 사이를 이간시키려는 반동분자도 적지 않다"라고 지적하였다. 또한 그는 "3국은 모순과 대립을 내포하고" 있지만 "공통된 이해관계 해결의 정신 밑에서"[25] 3국의 협조가 가능하다는 점을 진술하고 있다.

박헌영 및 조선공산당이 '진보적 민주주의' 개념을 제대로 파악하지 못했을 리는 없다. 박헌영은 조선에서 자주 및 독립에 기초한 근대국가를 건설하기 위해 미국과 소련과의 협조체제가 전제되어야 한다는 점을 필요조건으로 강조하고 있다. 주지하다시피 이 점은 적어도 '신전술'로의 노선전환과 이 노선전환에 의거하여 1946년 7월 27일 민주주의 민족전선 5원칙이 발표되기 전까지에는 정세적 판단 하에서 박헌영이 추구했던 정치노선이었다. "오늘의 조선의 해방은 … 특히 소 · 미의 은혜입니다. 그러므로 우리의 완전한 독립도 소 · 미의 협조에서만 가능한 것입니다. … 소 · 미의 협조없이는 조선의 정부수립도 … 절대로 불가능합니다. … 어느 한 나라도 반대하는 것

23. 1945년 10월 10월 평양에서 열린 북조선분국 창립대회에서는 8 · 15 해방과 관련한 인식에서 소련은 사회주의 국가로, 영국과 미국은 자본주의 국가로 분명하게 표현하고 있다.『옳은 노선』, 1945, 김남식, 앞의 글 112쪽에서 재인용.

24. 《해방일보》, 1946년 2월 23일자.

25. 이강국,「민주주의와 국제노선」,『민주주의 12講』, 서중석, 앞의 책, 423쪽에서 재인용.

은 우리 민족의 자살적 행동임을 인식해야 합니다."[26]

이렇듯 박헌영은 자주, 독립, 통일에 기초한 근대국가의 발전적 형성을 위해 무엇보다도 소련과 미국과의 협조체제를 강조했고, 이러한 인식 하에 영국, 미국, 중국을 '진보적 민주주의' 국가로 표현했다고 해석해 볼 수 있을 것이다.

국제정치환경에 대한 낙관적 해석과는 대조적으로 박헌영은 국내의 정치환경에 대해서는 비판적인 입장을 취하였다. 그는 "우리 민족의 혁명적 투쟁이 대중적으로 전개되지" 못했던 까닭에 "반파시스트 반일전쟁 과정에 있어서 조선 전체로 보아 응당한 자기 역할"을 수행하지 못했던 점에 대해 "민족적 자기 비판"을 행해야 한다는 점을 강조하였다.[27] 박헌영의 입장에서 볼 때, '민족적 자기 비판'은 "조선이 앞으로는 국제정국에 있어서 진보적 역할"을 실행할 수 있는 "전제조건"이었다.[28] 부언하면 '민족적 자기 비판'은 자주, 독립, 통일에 바탕한 근대국가 형성의 필요조건이었다. 더욱이 박헌영이 피력했던 낙관론적 국제정세와는 달리 국내정세는 "혁명세력이 미약하고 혁명적 전위"가 불충분하며, "일반 민중운동의 자연발생성을 완전히 극복하지 못하는" 자체 무력감에 함몰되어 있었던 까닭에 '민족적 자기 비판'은 더욱 절실한 과제였다.[29]

이와 같은 현 정세에 대한 진단 및 위기인식을 토대로 박헌영은 국제 제국주의 체제 또한 독일과 일본 제국주의와 같이 "비극적 운명"

26.《조선인민보》, 1946년 6월 2일자.
27.「현정세와 우리의 임무」,『이정 박헌영 전집』5, 52쪽.
28. 같은 글, 52쪽.
29. 같은 글, 52쪽.

을 피할 수 없다고 예언하면서 미래의 국가건설 방향 및 건설사상의 관점에서 박헌영은 조선이 해방된 '현정세' 하에서 중간노선에 대한 선택의 여지가 없이 두 가지 이념 중에서 양자택일할 것을 주장하고 있다. 요컨대 로자 룩셈부르크의 외침, "사회주의냐 야만으로의 길이냐?"를 연상시키게 하는 언술양식, 이원적인 정치적 지형을 전제로 구체적인 미래의 국가상에 대한 양자택일을 다음과 같이 역설하고 있다.

> 자본주의냐? 사회주의냐? 파시즘이냐? 민주주의냐? … 전후에는 어떠한 사회를 건설하고 사람들은 살아나갈까 하는 문제이다. 착취와 압박과 전쟁과 빈궁과 실업의 원인을 제도 자체 내부에서 포함하고 있는 자본주의제도의 사회를 선택하여야 할 것인가? 그렇지 않으면 자유와 평화의 발전을 보장하는 착취와 압박과 실업이 없는 사회주의제도의 사회를 건설할 것인가?[30]

이 인용문에서 선명하게 알 수 있는 것처럼 박헌영이 사회주의 사회와 자본주의 사회 중에서 양자택일을 제출하고 있기는 하지만 이 이념에 기초한 국가건설을 하기 전에 우선적으로 건설해야 할 전단계의 국가건설이념이 존재한다. "우선 우리에게는 진보적 민주주의 사회냐? 반동적 민주주의 국가의 건설이냐?"[31] 요컨대, 박헌영의 국가건설 단계는 2단계로서 제1단계는 토지 고리대금업자와 반동적 민족 부르주아지 등 친일파 등을 배제한 가운데 "노동자 농민 도시민 인텔리

30. 같은 글, 53쪽.
31. 같은 글, 53쪽.

겐챠 등 근로계급"이 희망하는 "진보적 민주주의 사회" 건설이며, 제2단계로는 "자유와 평화의 발전을 보장하는 착취와 압박과 실업이 없는 사회주의" 사회의 건설이다.[32] 한 연구자는 박헌영의 양자택일의 사유방식이 "중간정치세력과의 관계에서 포용성의 부족, 신축성 있는 정책의 부재"이자 "극좌적 모험주의"라는 오류를 초래하는 요인으로 평가하고 있지만[33] 국제정치의 지형과 해방공간에서의 정치단체 및 개인들의 행적에 관한 정당성 문제를 놓고 평가해 볼 때, 과연 이 평가가 어느 정도의 적합성을 지니는지에 관해서는 문제의 소지가 있다고 할 수 있을 것이다.

3. 사회주의 국가건설을 향한 투쟁방향과 당면과제

1) 토지문제와 '진보적 민주주의 국가'

주지하다시피 사회주의 사상은 개체 내지는 개별성으로서의 존재자가 일정한 사회적 환경 및 구조 속에서 과연 자율적 의지—정치적 자율성—를 제대로 행사할 수 있는가에 관한 질문에서 출발하여 개체성으로서의 존재자의 자유는 사회적인 조건들이 전제되지 않을 경우, 형식적인 의미만을 담지할 뿐이라고 결론을 제시한다. 이 결론

32. 같은 글, 53쪽.
33. 김남식, 「박헌영과 8월 테제」, 『해방전후사의 인식』 2, 1985, 114쪽.

의 결과 개별성의 자율적 의지가 실질적 차원에서 행사되기 위해서는 평등—경제적 평등—이 전제된다. 즉 루소의 표현을 차용하여 표현하면 "어떤 시민이 다른 사람을 살 만큼 충분히 부유하지 않고 어떤 시민도 자신을 팔 정도로 가난하지 않을 것"이라는 전제가 충족될 경우, 개별성으로서의 존재자는 자율성 내지는 자율적 의지를 실질적으로 표현할 수 있다는 것이다. 이러한 점에서 사회주의 사상은 평등주의 및 평등사회를 지향한다. 박헌영의 '진보적 민주주의' 및 진보적 민주주의국가 개념은 이러한 의미에서 독해할 수 있을 것이다.

박헌영은 혁명에 있어 물적 기초와 변혁주체 사이의 관계규정에 대한 레닌의 입장을 수용하면서 해방공간의 한국사회의 성격을 '부르주아 민주주의 혁명' 단계로 규정하였다. 이 단계 규정은 『8월 테제』에서 전개되고 있는 '조선혁명의 현 단계'에 관한 분석에서 등장하고 있다.

그런데 박헌영의 '부르주아 민주주의 혁명단계론'은 레닌의 '연속' 혹은 '지속' 혁명론의 관점[34]을 그대로 이어받고 있다. 레닌의 부르주아 민주주의 혁명단계에 관해 간단히 진술해 보자. 레닌의 부르주아 민주주의 혁명단계론에 따르면, 부르주아 민주주의 혁명단계에서 가장 중요한 사회적 모순은 봉건적 토지소유관계에 따른 지주와 농민 사이의 모순이다. 따라서 부르주아 민주주의 혁명의 핵심적 내용은 봉건적 착취관계를 지양하는 것이다. 또한 레닌은 러시아의 경우 봉건적 제국주의 국가였고, 이로 인해 부르주아 계급이 혁명성을 지니고 있지 못했던 까닭에 혁명 주체세력은 노동자 · 농민이 되어야

34. 레닌, 「민주혁명에서 사회민주주의의 두 가지 전술」(1905).

한다고 주장하였다. 마지막으로 부르주아 민주주의 혁명은 프롤레타리아 사회주의 혁명의 전 단계에 해당한다.

레닌의 입장과 동일하게 박헌영은 부르주아 민주주의 혁명단계에서 가장 중요한 모순을 봉건적 토지소유관계로 보았다.

박헌영과 조선공산당의 조선혁명의 단계 규정에 있어 정치적 자유와 평등이 만인에게 부여되는 부르주아 민주주의 혁명은 프롤레타리아 사회주의 혁명의 전단계를 구성한다. 즉 인민정부는 "점차 '노동자 농민의 민주주의적 독재정권' 으로 발전하여서 혁명의 높은 정도로의 발전을 보장하는 전제조건"[35]을 형성함으로써 프롤레타리아 사회주의 혁명의 전단계임을 분명히 함과 동시에 '연속' 혹은 '지속' 혁명론을 강조하고 있다. 요컨대, 박헌영은 조선혁명의 현 단계를 '부르주아 민주주의 혁명'단계로 규정하고 제국주의 정책에 반대하여 "민족적 완전독립"과 "토지문제의 혁명적 해결"을 가장 중심적인 정치사회적 지축으로 설정했다.[36] 부언하면,

> 조선혁명은 다음의 2대 임무를 담은 부르조아 민주주의 혁명이어야 한다. 제1은 반제국주의 혁명이다. 특히 일제잔재의 청산을 목표로 한다 … 한편, 이와 야합한 모든 반동적 민족부르조아세력에 대하여 철저한 투쟁을 감행할 필요를 느낀다. … 조선의 반제국주의혁명은 세계 반제투쟁의 일환으로서 역사성을 갖는다. 제2는 토지혁명이다. … 토지

35 「현정세와 우리의 임무」, 『이정 박헌영전집』 5권, 67쪽.

36. "금일 조선은 부르조아민주주의혁명의 계단을 걸어가고 있나니 민족적 완전독립과 토지문제의 혁명적 해결이 가장 중요하고 중심이 되는 과업으로서 있다." 「현정세와 우리의 임무」, 『이정 박헌영전집』 5권, 54쪽.

문제의 해결은 현단계에 있어서 중심적인 문제이다.[37)]

사실상 식민지지배체제를 경험한 해방정국에서 이른바 좌·우익 내지는 정당의 정치적 성격을 규정하는 준거로는 토지문제의 해결방식과 친일파 처리문제일 것이다.

박헌영은 토지문제의 혁명적 해결을 "조선사회제도로부터 전자본주의적 봉건적 잔재를 깨끗이 씻어버리고 자유발전의 길을 열어주기" 위한 전제조건으로 규정한 다음 그 해결양식으로 "일본 제국주의자와 민족적 반역자와 대지주의 토지를 보상을 주지 않고 몰수하여 … 토지 없는 또는 적게 가진 농민에게 분배할 것이오. 토지혁명의 진행과정에 있어서 조선인 중소지주의 토지에 대하여서는 자기 경작토지 이외의 것은 몰수하여 … 농작자의 노력과 가족의 인구수비례에 의하여 분배"[38)]한다는 무상몰수 무상분배원칙을 채택하였다. 박헌영이 보기에 토지문제의 '혁명적' 해결이야말로 "근로인민의 이익을 옹호하는" 인민민주주의 정권을 수립하는 결정적인 계기를 제공해 준다고 보았다. 12월 테제에서 천명되었던 것처럼 "조선에서의 혁명은 토지혁명 이외에"는 있을 수 없었다. 그만큼 토지문제는 혁명을 향한 길에서 가장 중요한 실천적 과제였다. 왜냐하면 무상몰수, 무상분배원칙은 공고한 노농동맹에 기초한 인민민주주의를 실현하기 위한 전제이기 때문이다.[39)] 부언하면, 박헌영의 정치이념적 지평에서 볼 때, 토지

---

37. 김동환, 「조선혁명의 현단계—부르조아민주주의혁명에 관한 일고」, 『민심』, 1946. 3, 해방3년사연구회 지음, 『해방정국과 조선혁명론』, 대야출판사, 1988, 41쪽에서 재인용.

38. 같은 책, 54쪽.

문제의 혁명적 해결은 전근대세력의 물질적 토대인 전근대적 토지소유관계를 지양하는 것이며, 전근대적 토지소유관계의 지양은 자주적 국민경제 형성과정의 전제조건임과 동시에 국민통합을 위한 중요한 계기로 작용한다.[40)]

이처럼 박헌영은 부르주아 민주주의 혁명[41)]을 통해 일본 제국

39. 서중석, 「해방후 주요 정치세력의 국가건설 방안」, 『대동문화연구』 제27집, 240쪽.

40. 황한식, 「미군정하 농업과 토지정책」, 『해방전후사의 인식』 2, 1985, 255쪽 참조.

41. 여운형은 현단계를 부르주아 민주주의 혁명 단계로, 백남운은 '연합성 신민주주의' 단계로 규정하고 있다. 여운형, 「우리나라의 정치적 진로」, 『학병』, 1946, 1, 5쪽 참조. 김상협, 『모택동사상』, 지문각, 1967 참조. 하지만 토지문제에 대한 여운형의 입장은 박헌영과 비교해 볼 때, 온건한 입장을 취하고 있다. 예를 들면, 토지몰수의 범위도 조선내 일본인 재산 및 민족반역자의 재산을 몰수하여 국유화한다는 원칙을 내 세우고 있다. 그는 부르주아 민주주의 혁명 단계에서 지주도 정치적 동맹자가 될 수 있다는 견해를 표명하고 있다. 그리하여 여운형의 경우, 부르주아 민주주의 혁명 단계를 거친 이후에 국가체제는 사회민주주의로 발전할 수 있다는 여지를 남겨두고 있다. 백남운은 "금일의 조선은 과거 일제의 식민지였던만큼 일부의 유산자와 전무산자는 '민족혁명' 이라는 공동의 혁명목표를 가졌던 것이고, 따라서 민족독립을 위한 동맹군을 결성할 가능성을 내포하였던 것이다. … 연합군의 전승으로 인하여 조선의 민족혁명이 내행되었나 할지라도 아직 완전독립이 실현되지 못한 정치적 단계에서 일부의 자산가가 아직도 그 혁명성을 내포하고 있다는 점을 무산자도 충분히 이해할 임무를 가진 것이다." 김광식, 「8 · 15 직후 정치지도자들의 노선비교」, 『해방전후사의 인식』 2, 45쪽에서 재인용. 백남운이 사용하고 있는 '연합성 신민주주의' 는 반제 · 반봉건세력을 규합한 '연합성 민주공화국' 을 목표로 하고 있는 모택동의 '신민주주의' 개념을 차용하고 있는 것 같다. 독립동맹이 발전한 신민당은 민족에게 부과된 과제가 민주정권, 민주경제, 그리고 신문화의 건설이라고 규정하고 친일파, 반민족분자 등 일체의 반동세력을 제외한 민족단결을 주장하고 있다. 연합성신민주주의적

주의자, 친일파, 지주계급을 근대국가의 건설에 참여하는 것을 부정함으로써 일차적으로 '진보적 민주주의사회'를 건설하고자 하였다.

진보적 민주주의가 담지하고 있는 내용을 살펴보면 ① 언론, 출판, 집회, 가두행진, 파업의 자유, ② 8시간 노동제의 실시, ③ 대중생활의 급진적 개선, ④ 일본 제국주의자 소유의 모든 토지, 가원, 산림, 광산, 공장, 항만, 운수기관, 전신, 은행 등의 무상몰수를 통한 국유화, ⑤ 의무교육 실시, ⑥ 여성의 사회적 지위향상, ⑦ 단일누진세 실시, ⑧ 조선의 자유와 독립을 확보하기 위한 국민의용병제 실시, ⑨ 18세 이상의 남녀평등 선거권 및 피선거권 부여 등이다. 박헌영의 입장에서는 이러한 요구가 철저하게 실시될 경우, 형식적 민주주의를 탈피하여 민주주의 정치는 구현되고 나아가 진보적 새 조선이 건설된다는 것이다.[42]

박헌영과 조선공산당의 경우, 토지문제와 친일파의 처리문제에 대해서는 강경한 어조로 시종일관하였다. 친일파 처리문제에 관해서는 우익진영과 어떠한 정치적 타협이나 협상이 있을 수 없다는 입장이었고, 이러한 입장이 조선공산당의 해방공간에서의 활동공간을 제약하는 하나의 계기로 작용하게 되었다. 요컨대 이념과 현실의 변증법적 역동성에 대한 오류를 저질렀다고 할까! 토지문제와 친일파의 처리문제 및 통일전선의 형성문제와 관련하여 박헌영과 조선공산당

입장에서 볼 때, 조선의 경우, 토지자본이 민족자본을 대표하고 있는 까닭에 지주도 정치적 동맹대상이었다. 민주주의민족전선 편, 『해방 1년사』, 문우인서관 1946 참조. 여운형과 백남운은 민족국가를 우선적으로 건설하는 데 역점을 두었다고 평가할 수 있다.

42. 「현정세와 우리의 임무」, 『이정 박헌영전집』 5권, 54쪽 참조.

의 정치이념 및 노선은 민주주의 민족전선 5원칙에서 잘 표출되고 있다.

그런데 박헌영과 조선공산당은 조선혁명의 발전단계를 부르주아 민주주의 혁명단계를 규정하면서 토지문제의 혁명적 해결과 관련하여 조선의 전토지를 국유화할 것을 천명하고 있다. 전토지의 국유화는 부르주아 민주주의 혁명 발전국면에서 전개되는 것이 아니라 이 단계를 넘어선 국면에서 일어나는 것으로 부르주아 민주주의 혁명이 담고 있는 내용을 살못 이해하고 있다. 수지하다시피 부르주아 민주주의 혁명단계에서는 봉건적 질서를 폐지하고 노동계급의 혁명투쟁을 발전시킬 토대—정치적 자유와 평등—를 조성하는 단계이긴 하지만 이 국면에서 생산수단의 사적 소유 일반에 대한 전면적인 지양이 행해지는 것은 아니다.

이러한 점을 근거로 한 연구자는 전토지의 국유화를 "극좌적 과오"로 평가하고, 나아가 조선혁명의 단계를 부르주아 민주주의 혁명단계로 설정하기보다는 오히려 인민민주주의 혁명[43]으로 규정하는 것이 적합성이 있다고 주장하였다.[44] 그럼에도 불구하고 전토지의 국

43) 주지하다시피 인민민주주의 혁명은 반제 · 반봉건 민주주의 혁명을 뜻하는 것으로, 식민지 내지는 반식민지 국가에서 노동자계급의 영도 하에 제국주의 침략세력과 국내 반동세력의 통치구조를 폐지하고 민족독립과 봉건적 착취관계를 철폐함으로써 국가의 민주주의적 · 자주적 발전을 구현하는 혁명이다. 하지만 해방공간에서 중요한 문제는 봉건적 착취관계를 철폐하는 것이 시급한 과제였다. 왜냐하면, 제국주의 침략세력은 적어도 그 당시에는 존재하지 않았기 때문이다. 따라서 부르주아 민주주의 혁명 단계에서 핵심적인 모순을 봉건적 생산양식의 철폐라고 규정할 경우, 조선혁명의 단계를 부르주아 민주주의 혁명단계로 규정한 것에는 무리가 없다고 본다.

유화를 통한 토지문제의 해결방식은 "토지는 농민에게 적정분배"라는 '공산당의 토지문제에 대한 결의'에서 "부르주아 민주주의 혁명과정에 있어서 전토지를 국유화하고 이것을 농민의 노력과 그 가족인구수에 비례하야 재분배함으로써 완전해결되는 것이다"라고 천명함으로써 재차 강조되고 있다.[45]

영국, 미국, 중국을 '진보적 민주주의 국가군으로 칭하였던 것과는 다른 차원이지만 박헌영과 조선공산당이 부르주아 민주주의 혁명단계에서 전토지의 국유화를 주장하였던 점 또한 범주상의 오류로 판단해 볼 수 있지 않을까?

결론적으로 말해 박헌영은 토지문제의 혁명적 해결을 토대로 봉건제적 사회구조를 지양함과 동시에 "자본가와 지주의 독재정권"—지주, 고리대금업자, 반동적 민족 부르주아지[46], 친일파 등—인 "반동적 민주주의 국가"[47] 내지는 미국식 민주주의 모델을 최고 이상으로 삼고 있는 "지주와 대자본가의 독재"체제인 "형식적 민주주의 국가"[48]를 탈피하여 사회주의적 정체성 혹은 근대성, 즉 "반파쇼주의적 민주주의 세 질서"[49]에 기초한 '진보적 민주주의 국가' 건설이념

44. 김남식, 앞의 글, 116−117쪽 참조.

45. 《해방일보》 1945년 10월 3일자. 『이정 박헌영전집』 5권, 69−71쪽 참조.

46. 박헌영과 조선공산당에 따르면, 송진우와 김성수를 중심으로 하는 한국민주당은 지주와 자본계급의 이익을 대표하는 반동적 정당이며, 이들은 '반동적' 민족 부르주아지이다. 「현정세와 우리의 임무」, 『이정 박헌영전집』 5권, 55쪽.

47. 같은 글, 53쪽.

48. 같은 글, 55쪽.

49. "반파쇼주의적"이라는 개념은 공산주의 언어사용에 있어 중요한 개념으로

을 지향하였다. 1945년 6월 10일 소련의 군행정부는 당들의 창설을 허가해 주었고, 1945년 6월 11일 베를린에서 독일공산당 중앙위원회는 선쟁 후에 처음으로 공식적으로 나타났다. 소련의 군행정부는 사회주의의 조속한 건설을 촉구하지는 않았다. "우리는 독일을 소비에트체제로 강요하는 그 길이 오류라고 생각한다. 왜냐하면, 이 길은 현재의 독일의 발전에 상응하지 않기 때문이다. 오히려 우리는 독일에서 존재하고 있는 현재의 상황에서 독일국민의 중요한 이해관계들은 하나의 다른 길을 제시하고 있으며, 더욱이 반파쇼주의 민주주의정부의 건설, 즉 인민을 위한 모든 민주주의 권리와 자유들을 지닌 의회민주주의공화국 건설의 길로 향할 것을 촉구하고 있다."[50] 박헌영이 제시하고 있는 '진보적 민주주의 국가' 이념은 다름 아닌 '인민을 위한 모든 민주주의 권리와 자유'를 구현하는 '반파쇼주의 민주주의' 이념에 입각한 통치체제인 것이다.

2) 친일파, 통일전선전술 및 인민정권의 수립 : '적'과 '동지'의 정치이념

박헌영에게 있어 친일파에 대한 처리문제는 부르주아 민주주의

대자본의 세력제거를 항상 내포하고 있다. 이러한 의미에서 대자본 내지는 대자본가는 박헌영의 통일전선 구축의 대상이 될 수 없다.

50. Aufruf der KPD (11. 6. 1945), KPD 1945－1968. Dokumente. Guenter Judick/Josef Schleifstein/Kurt Steinhaus (편집 및 서문), Neuss 1989, Band 1 : 1945－1952, 139쪽.

혁명단계에서 "민족적 완전독립"과 이에 기초한 인민정권을 수립하기 위해 해결해야 할 주요 과제였지만 그는 친일파의 처리문제에 대해 해방공간에서 벌어지고 있는 정치적 역학관계를 벗어나 매우 단선적인 강경한 입장을 취하였다. 요컨대, 박헌영의 정치이념 내지 노선은 '타협' 보다는 적대적 대결구조, 즉 '적' 과 '동지' 라는 사유체계에서 출발하고 있다.

「정부수립과 나의 제언」이라는 글에서 박헌영은 미소공동위원회에 의해 수립될 임시정부가 지켜야 할 네 가지 민주주의 원칙을 제안하고 있다. 이 원칙의 내용을 살펴보면, 첫째, 모스크바 삼상회의의 결정을 진정으로 지지하고, 이 회의가 지니는 의의를 민족에게 성의 있게 선전하고 진정한 민주주의 정당과 대중단체에 자문하며, 둘째, 민주주의를 가장하며, 모스크바 삼상회의 결정을 반대한 친일파, 민족반역자, 신파시스트 집단은 정부수립에 대한 자문이나 구성원에서 배제시켜야 하며, 셋째, 정체는 "인민의 속에서 생장하여야" 하며, "인민위원회만이 통일적 정치형태가 되어야" 하며, 넷째, 국가는 "한 계급이나 한 당파나 한 인물의 전제가 되여서는" 안 되며, 당파의 자유로운 정치활동을 보장하며, 각 계급의 자유로운 평등한 생활과 생활의 향상을 보장해야 한다. 국가는 각각의 계급이 다 각각 자유로운 평등한 생활과 그 생활의 향상을 보장해야 한다.[51)]

이러한 의미맥락에서 박헌영과 조선공산당은 '민족통일전선의 결성으로 수립된 인민정권을 위한 투쟁을 전국적으로 전개할 것' 이라는 항에서 정치지배 형태로 "기본적 민주주의적 여러 가지 요구를

51. 박헌영, 「政府樹立과 나의 提言」, 『이정 박헌영전집』 2, 221-222쪽.

내세우고 이것을 철저히 실천할 수 있는 인민정부"의 수립을 목표로 한다고 전제한 후 "반동적 경향을 가진 반동단체(한국민주당 등)에 대하어는 그 반동성을 폭로"할 것이며, "정권을 인민대표회의로"란 표어를 내세워 "진정한 의미의 진보적 민주주의 정치"를 실현하기 위해 투쟁할 것임을 천명하고 있다. 박헌영과 조선공산당은 이러한 투쟁을 관철시키고 인민정부라는 정치지배 형태를 수립하기 위해 민족통일전선의 결성, 즉 화해의 정치를 촉구하면서도 다른 한편으로는 적대적 대립, 배제의 정치를 강조하고 있다. 자세히 설명하면 노동자, 농민, 인텔리겐차의 대표와 기타 모든 진보적 요소는 "정견과 신교와 계급과 단체여하를 막론하고" 인민정부의 구성 내지는 민족통일전선의 결성에 참여할 수 있는 자격이 주어진 반면에 대지주, 고리대금업자, 반동적 민족 부르주아, 민족 및 사회개량주의자에 대해서는 그 자격을 부정하였다.[52] 달리 표현하면, 박헌영과 조선공산당은 조산혁명의 주체 및 주체세력 그리고 권력의 중심으로 노동자, 농민, 도시 소시민과 인텔리겐챠를 설정하고 있다. 요컨대, "노동자 농민 도시 소시민과 인텔리겐챠는 조선혁명의 현단계인 부르주아 민주주의 혁명의 동력이 되는 것이다."[53]

여기서 하나의 질문을 던져보자. 왜 박헌영과 조선공산당은 이들과 함께 타협의 정치를 추구하지 않고 배제의 정치를 주장했는가? 박헌영은 해방공간에서 전개되는 정치세력들 사이의 치열한 헤게모니 쟁탈전을 누구보다 더 잘 체험하고 있지 않았던가! 한 연구자의 주

52. 「현정세와 우리의 임무」, 『이정 박헌영전집』 5권, 67쪽.
53. 같은 글, 54쪽.

장처럼 박헌영은 지주 부르주아 계급이 자주독립국가를 열망하고 있다는 점을 인정하지 않았던 것이 아니라, 이들의 자주독립 국가건설을 향한 열망을 부정적으로 파악하고 있지 않았을까![54] 「현 정세와 우리의 임무」에 들어 있는 '조선 공산주의 운동의 현상과 그 결점'이라는 항목에서 박헌영과 조선공산당은 민족급진주의자, 민족개량주의자, 사회개량주의자, 사회파시스트들이 주장하는 민주주의, 사회민주주의 그리고 공산주의와의 협력관계를 부정하고 있다. 박헌영은 「조선공산당의 주장–조선민족통일전선 결성에 대해」에서 조선문제의 지축은 완전독립의 달성과 민주주의 국가건설에 있다고 하면서 '우리의 적이 누구인가?'라는 질문에 우리의 적이 일제세력이고 친일파라고 단언하였다.[55]

이와 같이 박헌영과 조선공산당은 민족통일전선, 혁명의 주체 및 권력의 중심 등에 대해 강경한 입장을 표명하였다. 여기서 잠깐 김일성의 정치적 입장을 살펴볼 필요가 있다. 1945년 10월 10일에서 13일까지 평양에서는 북조선 5도 당책임자 · 열성자대회가 개최되었고, 10월 14일에는 김일성 환영 군중대회가 열렸다. 13일 김동무가 당조직문제—북조선분국 설치—에 관해 보고하면서 냉정한 국제정치에 대한 인식을 기반으로 현단계에서는 노동자와 자본가계급이 모두 참여하는 자본민주주의 정권을 수립해야 한다고 주장하였다. 이를 위해 통일전선을 구축해야 하며, 토지혁명의 전제로서 민족해방을 강조하

54. 서중석, 『한국현대 민족운동연구 : 해방후 민족국가건설운동과 통일전선』, 2002, 239쪽.
55. 《해방일보》, 1945년 11월 5일자.

고 일본 제국주의자, 친일적 반동지주의 토지만을 몰수할 것을 결의하였다.[56] 포괄적 민족통일전선전술 내지는 대동단결원칙에 의한 민족국가건설이념에 대한 강조는 14일 열린 민중대회에서 김일성이 행한 연설에서 재차 선명하게 나타난다.

> 조선민족은 … 새 민주조선 건설에 힘을 합하여 나가야 하겠다. 어떠한 당파나 개인만으로 이 위대한 사명을 완수할 수는 없는 것이다. 돈있는 자는 돈으로, 지식있는 자는 지식으로, 노력을 가진 자는 노력으로, 참으로 나라를 사랑하고 민주를 사랑하는 전민족이 완전히 대동단결하여 민주주의 자립독립국가를 건설하자![57]

한반도의 북쪽지역에서 벌어지고 있는 이러한 정황에 영향을 받은 탓인지는 정확하게 알 수 없지만 박헌영과 조선공산당은 민족대단결의 차원에서 민족통일전선과 토지문제에 대한 강경한 입장을 후퇴시켰다. 요컨대, 반일을 목적으로 하는 각 정파, 단체, 계층을 포괄하는 민족통일전선을 결성하여 일제의 잔재를 청산하고 토지문제에 대해서는 토지혁명을 실시할 것이지만, 민족대단합의 차원에서 비친일가의 사유재산 및 토지는 인정하며 단지 일본 제국주의자, 친일적 조선인 그리고 반동지주의 토지만이 몰수한다고 하였다.[58] 박헌영은 1945년 12월 26일 발표한 「민족통일을 기본 완전자주독립에로」라는

56.『옳은 노선』, 민중신문사출판부 전간 참조.
57. 김준엽 외 편, 『북한연구자료집』 1, 고려대학교 아세아문제연구소, 1969, 24쪽.
58.《해방일보》, 1945년 10월 31일자.

글에서 민주성, 민족적 대동단결, 행동성, 하부통일에 입각한 포괄적인 민족통일전선에 대한 4원칙을 제시하고 있다. 첫째, 민족통일전선은 "민주주의적이어야 한다." "우리는 통일전선건립에 있어 … 반민주주의적 운동에 대하야는 적극적 투쟁을 실행"해야 한다. 둘째, "통일전선은 일 계급 일당 혹은 일부 인사의 일이 아니라 전민족적 범위에서 진보적 각당각파 무당무파의 총단결로써 민족의 운명을 민족총의에 의하야 직접 해결하여야 한다. … 이해의 모순이 있더라도 희생과 양보로 민족통일을 실행하여야 한다." 셋째, "통일전선은 조직의 통일로서부터 행동의 통일로 옮길 수 있는 통일이여야 한다." 넷째, "통일전선은 상부통일에만 그쳐서는 안 되고 그 통일의 주력은 하부로부터 통일하는 것이라야 한다."[59]

하지만 박헌영과 조선공산당의 입장은 미소공위의 결렬, 미군정의 좌익세력에 대한 노골적 탄압, 극우세력의 좌익세력에 대한 테러가 전개되면서 '공세적' 입장 혹은 '정당방위의 역공세'로 전환한다. 이러한 노선전환이 1946년 7월 채택한 '신전술'이며, 이에 기초하여 이승만의 반동노선에 불과한 좌우합작에 반대하는 민주주의 민족전선 5원칙이 발표된다. 사실상 『8월 테제』에 나타난 박헌영 · 조선공산당의 기본 노선 및 정치이념은 우익 배격, 중간파 불인정, 좌익블록의 지지를 표명함으로써 1946년 2월 민주주의민족전선이 결성될 때까지 상당 기간 잠복되어 있었고, 비록 정치적 결실은 없었다 할지라도 민주주의민족전선이 결성되기 전까지 적어도 박헌영과 조선공산

59. 박헌영, 「민족통일을 기본 완전자주독립에로」, 『이정 박헌영전집』 2권, 146–147쪽 참조.

당은 한민당, 국민당과 협력관계를 추구함으로써 민족통일전선에 노력하였다고 볼 수 있다.

그렇다면 박헌영이 민족통일전선의 형성을 통해 구축하고자 했던 국가건설이념 내지는 정치지배 형태는 무엇이었던가? 이 글에서는 인민공화국의 실현 가능성 내지는 적합성을 논의하고자 하지는 않으며, 단지 박헌영이 통일전선전술에 기초하여 어떠한 정치지배 형태 내지는 국가건설이념을 지향하고 있었는가에 대한 논의로 범위를 한정하고자 한다. 조선건국준비위원회의 해체와 함께 등장하는 좌파세력의 헤게모니 확립과 계급지향적 이념에 입각한 조선인민공화국은 "일본 제국주의의 잔존세력을 완전히 구축하는 동시에 우리의 자주독립을 방해하는 외래세력과 반민주주의적 반동적 모든 세력에 대한 철저한 투쟁을 통하여 완전한 독립국가를 건설하여 진정한 민주주의 사회의 실현을 기한다"고 선언하였다. 국내적으로는 "노동자 · 농민 기타 일체 대중생활의 급진적 향상"을 추구하는 정책을 정강으로 발표하였다. 요컨대, 민족통일의 방법론상의 차이로 인해 실패하였지만—예를 들면, 이승만은 '선통일 후친일파 제거, 반면에 박헌영은 선친일파 제거 후통일—박헌영은 정치지배 형태 및 권력구조로서 포괄적 통일전선, 즉 '위로부터의' 통일전선—이승만, 임정과의 합작—과 '아래로부터의' 통일전선의 결성을 통해 제국주의 세력과 반동세력의 통치체제를 철폐하고 봉건적 사회구조를 청산하여 노동자 · 농민이 권력의 중심에 있는 진보적 민주주의 이념에 입각한 인민공화국을 수립하고자 하였다.

인민공화국 중앙인민위원회는 … 해외 각층 각파의 모든 진보적 요소를 집결한 민족통일전선 결성에 적극적으로 협력하고, 이 완전한 통일전선의 기초 위에 입각하여 전민족의 총의를 대표하는 통일정부로 발전하는 때에만 정권문제가 해결되며 … 자주완전독립도 성수될 것을 강조한다.[60)]

인민정부에는 노동자 농민이 중심이 되고 … 도시 소시민과 인텔리겐챠의 대표와 기타 모든 진보적 요소는 정견과 신교와 계급과 단체여하를 막론하고 모두 참가하여야 하나니 즉 민족통일전선을 결성하여야 한다. 이런 정부는 일반 근로 인민의 이익을 대표하는 기관이 된다. 이것이 점차 노동자 농민의 민주주의적 독재정권으로 발전하여서 … 대중이 지지하는 혁명적 인민정부를 수립하여야 한다.[61)]

Ⅲ. 신전술과 민주주의 민족전선 3원칙 : 좌파연합블록 형성을 통한 헤게모니 장악과 인민민주주의

1946년 5월 미소공동위원회가 결렬된 후 소련은 미국과의 상호

60.「전국인민위원회 대표자회의 의사록」(1945. 11. 20－22), 김남식 엮음,『남로당연구 III』, 1988, 135쪽.
61.「현정세와 우리의 임무」,『이정 박헌영전집』5권, 67쪽.

협력관계 속에서 한반도문제를 해결하고자 하는 방법론의 문제에 대해 회의적인 시각을 가지게 되었고, 친소적 북한체제 확립과 남북좌익 블록 형성이라는 노선을 추구하였다고 볼 수 있다. 이러한 맥락에서 공위가 결렬된 후 김일성은 미소공위가 파탄된 책임을 미국과 "김구 및 이승만 등 반동도당들"에게 전가하였다. 이를 계기로 북한에서는 사회주의 이념 및 정책이 급진전하였고, 이른바 '민주기지론' 으로 구체화한다. 신전술과 민주주의민족전선이 발표한 5원칙도 북한지역에서 전개되고 있는 이러한 정세변화와 무관하지 않았다. 북한지역에서의 사회주의화 및 민주기지론은 마침내 1946년 7월 22일 북조선민주주의 민족통일전선위원회의 결성과 나아가 공산당과 신민당의 합당이 진행됨으로써 좌익블록의 정치적 지각구도에 변화를 초래하였다. 남한에서는 '위로부터의' 민족통일전선의 결성이 실패로 끝남으로써 우익진영의 비상국민회의(1946. 2. 1)와 좌익진영의 민주주의민족전선이라는 전투적 정치지형이 대치하고 있었다. 미소공위의 결렬, 북한지역에서의 정치적 지형변화, 좌익세력에 재한 미군정의 탄압과 극우세력의 좌익세력에 대한 테러는 조선공산당이 신전술을 채택하게 된 역사적 배경으로 규정지울 수 있을 것이다.

먼저 '신전술' 이 지니는 의미에 관해 고찰해 보자.

> 북조선의 민주주의건설을 위한 투쟁과 민주독립을 위한 남조선 인민항쟁에서 조선노동계급은 일지기 없던 영웅적 진출로써 역사를 창조하며 민주독립 조선인민공화국건설을 위한 투쟁에 있어 농민과 인테리 등 일반인민들을 영도하고 있다. 이에 새 민주조선은 건설되고 있는 것이다.[62]

> … 미국과 미군정에 대하야 과거의 우의적 관계를 지속하지만 동시에 그들의 약속(독립과 민주개혁)과 배치되는 반동정책을 실시함에 우리는 적극적 폭로전술을 채용할 것 … 그러면 우의적이라는 의미는 어데서 찾아야 될 것입니까. 우리는 폭력에 의한 투쟁을 의미함이 아니요 군중을 조직하고 단결시키여 국내외 여론과 우리의 적극적 요구로써 우리 목적을 달성할 수 있다는 점에 확실이 입각하야 선전전을 행하여 대중의 강력한 운동으로서 우리의 독립의 완성 민주개혁을 전취하여야 합니다. 반동테로에 있어 우리는 과거에 거이 무저항적 태세를 취하여 왔읍니다. 그러나 지금부터는 완전한 자위적 전술을 취하여야 할 것입니다.[63]

이 인용문에서 등장하고 있는 '자위적 전술'이란 무엇을 의미하는가? 박헌영이 염두에 두고 있는 자위적 전술이란 대중의 조직화를 기반으로 수세적 입장에서 공세적입장으로의 전술을 의미한다고 볼 수 있다. 즉 "대중을 조직 동원하야 그 인민대중의 위력으로써 테러를 제압하고 민주진영의 위세를 높이고 지도자를 수호하고 전우를 아끼고 반동의 폭력을 숙청"하는 전술을 지칭한다. 나아가 이러한 전술은 "감정적 복수적 방향으로 흐르기 쉬운 것이니 동지들은 냉정한 판단과 기민한 지도로써 사태에" 임할 것을 주문하고 있다.[64]

---

62. 박헌영, 「10월인민항쟁」, 『이정 박헌영전집』 5권, 469쪽.
63. 같은 글, 489쪽.
64. 같은 곳.

신전술이 담지하고 있는 내용 및 의미가 이렇듯이 신전술은 "극좌적 폭력전술"에 바탕한 "전투명령"으로 해석할 문제가 아니라 조선공산낭의 수세적 상황과 탄압 및 테러 등에 정당방위적 차원에서 능동적 · 적극적으로 대처하기 위한 하나의 전술로 이해해야 할 것이다. 미군정의 '신전술을 위한 지시' 문건에서도 '신전술'과 관련하여 남한에서 그들이 목적을 이루기 위해 농민과 노동자를 조직해야 하고, 시위를 하고, 그들의 분노와 요구를 군정에 청원해야 한다고 적고 있다.[65)]

'신전술'은 미군정이 남조선에서 행하고 있는 제국주의 정책의 실시, 즉 "상품시장 투자시장 원료공급지로서 전쟁의 군사기지로서 식민지화" 정책과 "친일파를 중심으로 한 군정을 연장하고 앞으로 삼상결정에 의하야 임시정부가 성립되드라도 미군정의 기존 군정기구를 그대로 존속시키려는"[66)] 정책에 반대하여 미군정과의 직접적인 대결과 함께 대중의 조직화를 기반으로 미군정에 대해 실력행사를 함으로써 미소공위를 재개시키고 모스크바 3상회의에서 결정을 본 통일 임시정부를 수립하고자 하는 전술이었다. 요컨대, 조선공산당의 '신전술'은 정치적 지형의 변화, 즉 미군정의 우경화경향에 대한 반발조치로서 남조선 좌익의 독자성을 확보하고 좌우합작과 미군정 지지의 투항노선을 극복하고자 하는 의도에서 민주주의 민족전선의 5원칙으로 집약되었던 것이다.[67)]

65. HQ, USAFIK G−2 Periodic Report, 『미군사고문단정보일지』 1−6, 한림대학 아시아문화연구소 자료총서 2, 1988−1989 영인, 101−102쪽 참조.

66. 박헌영, 「民主獨立을 爲한 鬪爭의 南朝鮮의 現段階와 우리의 任務」, 『이정 박헌영전집』 2, 439쪽.

67. 같은 글, 442쪽 참조.

1946년 2월 결성된 민주주의 민족전선은 "친일파, 민족반역자, 파시스트, 민족분열자 등의 반민주주의적, 파쇼적 경향을 배제한 민주주의, 민족 총통일체임"을 선언하고 있다. 요컨대, 민주주의 민족전선은 '진보적 민주주의 요소'로 이루어진 통일전선임을 천명하고 있다.[68] 1946년 7월 27일 민주주의 민족전선은 개인 혹은 쌍방의 소속단체에서 합작문제에 관해서는 담화 발표를 절대적으로 금지한다는 좌우합작위원회의 규정을 무시하고 좌우합작 5원칙을 제출하였다.[69] 이 5원칙은 사실상 좌우합작을 반대하기 위해 좌파가 제시한 것으로 조선공산당의 '신전술'로의 노선전환을 의미하였다. 이 5원칙은 박헌영 계열의 좌우합작에 대한 입장을 반영하며, 8월테제를 토대로 한 공산당의 노선이 잠복기를 거쳐 반미적 성격을 띠고 전면에 등장하였던 것이었다. 조선공산당의 '신전술'과 민주주의 민족전선 5원칙은 남북 좌파블록 형성을 지향하는 것으로 12월테제, 8월테제와 깊은 연관성을 지니고 있다.[70] 조선공산당은 5원칙을 우리 민족이 걸어가야 할 가장 정당한 민족통일과 민족독립노선으로 평가하면서 이를 지지하였다.[71]

68. 「민주주의민족전선 결성대회 의사록(1946. 2. 15－16)」, 김남식, 『남로당연구 III』, 1988, 243쪽.

69. 북조선민주주의민족전선(북조선민주주의 민족통일전선위원회)은 5원칙이 발표되기 5일 전인 7월 22일 결성되었고, 곧이어 공산당과 신민당의 합당이 진행됨으로써 정치적 지각변동이 일어나고 있었다. 박헌영은 22일 밤 평양에서 돌아와 여운형에게 "미국의 농간에 놀아나지 마라"고 하면서 민주주의 민족전선을 공산당이 장악해야 한다고 했다. 미국무성비밀외교문서, 『解放3年과 美國』 1, 김국태 역, 돌베개, 1984, 330쪽.

70. 서중석, 『한국현대민중운동연구』(1991), 7쇄, 2002, 411－423쪽 참조.

이러한 맥락에서 민주주의 민족전선이 발표한 5원칙의 내용은 ① 3상회의 결의를 전면적으로 지지, 미소공동위원회 속개, 북조선 민선과 회담하여 전국적 행동 통일, ② 토지개혁(무상 몰수, 무상 분배), 중요산업 국유화, 민주주의 기본과업 진력(민주주의적 노동법령 및 정치적 자유), ③ 친일파[72] 민족반역자 친파쇼 반동거두들을 완전히 배제, 테러박멸, 민주주의 애국지사 석방, ④ 인민위원회로의 정권이양 시도 ⑤ 군정 고문기관 또는 입법기관 창설 등이다.[73] 박헌영은 민주주의민족전선이 제시한 좌우합작 5원칙을 발표한 약 일 주일 후인 8월 2일 「폭력 하에 강제합작은 절대반대」라는 담화를 발표하면서 기존의 좌우합작에 대한 반대의사를 명확히 하고 이 5원칙 하에서 좌우합작이 이루어져야 한다는 점을 표명하였다. 박헌영은 이 담화에서 "오늘날 떠들고 있는 좌우합작은 두 가지 방향", 즉 "한 가지는 인민적 민주방향이오 다른 한 가지는 관제적 반민주방향이다. 이 관제적 반민주방향이란 과거 일제시대로 도라감을 의미하는 것이다." 그런 다음 그는 작금의 좌우합작을 "반동적 친일파 영도하에 있는 우익주장

71.《조선인민보》, 1946년 7월 29일.

72. 친일파문제와 관련하여 한국의 민족문제에 대해 미군정이 지니고 있었던 기본적 인식은 1946년 10월항쟁시 경찰 책임자였던 마글린 대령의 발언에서 잘 나타나고 있다. "그들(친일파경찰 : 필자)이 일본인을 위해 훌륭히 업무를 수행했다면 우리를 위해서도 그럴 수 있으리라고 생각합니다." 게인(Gayn), 『해방과 미군정 1946. 10-11』(1948), 까치편집부 역, 1986, 68쪽. 10월항쟁의 처리를 위해 조미공동소요대책위원회가 조직되었고, 마글린은 이 위원회에 참석하여 경위 이상 간부 1,157명 중 82%에 달하는 949명이 일경출신이었다고 보고했다. 같은 책, 15쪽.

73.《서울신문》, 1946년 7월 28일.

을 실현하기 위한"[74] 합작으로 성격을 규정하고 있다. 그리하여 그는 좌우합작이 충실하게 이행되기 위해서는 "테로-폭력경찰로 검거 투옥된 민주주의애국지사를 곧 석방해야" 하며, "쌀과 일을 요구하는 인민들과 노동자"의 "정당한 요구를" 들어 주어야 하며, "부당히 강압하고 있는 언론기관 즉 공산당기관지 해방일보 정간과 무단히 신문기자를 검거하는 것과 같은 것을 곧 중지하여야 할 것이요, 또 언론집회의 자유를 보장하여야 하고", "적어도 좌익탄압정책을 거두고 좌익전체가 자유로 의사를 발표하고 행동할 수 있는 환경"[75]을 만들어 주어야 한다.

박헌영은 또한 5원칙의 정당성을 '인민적 민주주의정부' 수립에서 찾고 있다. "정부는 인민정권에서 나와야 하며 반동우익정권이 나서서는 조선민족은 살 수 없는 것임을 알아야 한다. "조선인민이 요구하는 정부는 인민의 이익을" 대변하는 "진정한 민주주의 정부이어야 한다." "우리는 인민적 민주주의정부를 세우기 위하여 오원칙을 내는 것이요 … 덮어놓고 통일을 주장하는 이승만의 반동노선에로 인민적 민주주의 원칙을 실천하는 좌익을 강제로 모라넣으려는 좌우합작은 절대 반대다."[76]

박헌영이 발표한 5원칙에 대해 좌우합작의 우익 대표들은 8개항의 기본대책으로 즉각적으로 대응하였다. 그 내용은 ① 남북을 통한 좌우합작으로 임시정부 수립에 매진하며, ② 미소공동위원회의 재

74. 박헌영, 「폭력 하에 강제합작은 절대반대」, 『이정 박헌영 전집』 2, 387-388쪽.
75. 같은 글, 389쪽.
76. 같은 글, 390쪽.

개를 요청하는 성명서 발표, ③ 신탁문제는 임정수립 후 동 정부가 미소공위와 자주독립정신에 의거하여 해결, ④ 임정수립 후 6개월 이내에 선거를 통해 전국국민대표회의 소집, ⑤ 국민대표회의의 성립 후 3개월 이내에 정식정부를 수립하며, ⑥ 전국적으로 언론, 결사, 출판, 교통, 투표 등의 자유를 절대로 보장하고, ⑦ 정치, 경제, 교육 등의 법령들은 균등사회 건설을 목표로 하여 국민대표회의에서 의정하며, ⑧ 친일파 민족반역자를 징치하되 임시정부 수립 후 즉시 특별법정을 구성하여 처리한다는 것이었다.

우익 측이 발표한 이 8개 원칙들은 박헌영 · 조선공산당으로서는 일고의 가치도 없는 것이었다. 왜냐하면, 이 원칙에는 박헌영이 『8월 테제』와 그 밖의 글들에서 시종일관되게 강력한 어조로 주장한 친일파의 배제와 토지문제의 해결에 대한 적극적 의지가 전혀 존재하지 않았기 때문이었다. 그의 입장에서 볼 때, 선민족국가건설이 시급한 과제가 아니라 완전한 자주독립국가의 건설을 지향한다면 그 전제들에 대한 처리가 선행되어야 한다는 것이다. 즉 박헌영은 근대독립국가의 형성을 위해서는 친일파에 대한 문제를 우선적으로 처리한 다음 진보적 민주주의를 토대로 하는 민족통일국가를 건설하고자 의도하였다. 우익 측에서 볼 때, 상술한 민전 5원칙에서 제시된 내용 중에서 무상몰수와 무상분배원칙에 입각한 토지문제 해결, 친일파의 완전 배제 등은 비록 여운형이 좌우합작을 위해 이에 대한 수정을 시도했다고는 하지만 해결 가능한 문제가 아니었다. 주지하다시피 민전 5원칙에서 제시되고 있는 토지문제 해결에 대한 인식은 『8월 테제』의 연장선 상에서 지주 및 부르조아계급의 객관적 토대를 제거하기 위한 부르주아 민주주의 혁명단계의 토지혁명을 의미하는 것임과 동시에 전

국농민조합총연맹에서 1946년 5월 12일 발표한 토지개혁안을 계승하고 있기 때문이다.[77)]

Ⅳ. 맺음말

본 연구에서는 남로당의 국가건설이념에 대한 논의는 하지 않았는데, 그 이유는 남로당의 구성을 볼 때 박헌영의 영향력이 더 커졌고, 국가건설이념에 근본적인 변화가 없었다고 판단하였기 때문이다. 남로당은 "우리 당은 조선 근로인민의 이익을 진정하게 대표하고 옹호하는 당"으로 민주주의 개혁실시를 보장할 수 있는 "강력한 민주주의 자주독립 조선국가의 건설"이념을 제시하고 있다. 남로당의 국가건설이념은 통일전선전술에 기초한 국가건설을 포기하고 계급지향적 이념에 입각한 국가건설이념을 더욱 강력하게 제시하고 있다.

앞에서 논의한 점들을 근거로 볼 때, 박헌영의 국가건설이념은 "반파쇼주의적 민주주의 새질서"에 기초하여 공동체 속에서의 자유와 평등을 추구하는 '진보적 민주주의' 이념에 근거한 인민공화국 내지는 사회주의 국가건설이념을 제시하고 있다. 물론 세계사적 정치지형과 해방공간에서 박헌영의 국가건설이념이 실현가능성 및 적합성

77. 서중석, 『한국현대 민족운동연구-해방후 민족국가 건설운동과 통일전선』(1991), 2002, 414쪽 참조.

에 있어 많은 문제점을 노출하고 있다. 독일의 분단과 한국의 분단이 동일한 성격을 지니고 있다고는 할 수 없지만 독열연방공화국(BRD)이 1945년부터 독일공산당(KPD)이 사회 및 외교정책적으로 추구하고자 했던 정치이념에 대한 부정의 산물이었던 것처럼[78] 분단한국의 경우도 세계사적 정치지형이라는 점을 고려하면 통일 근대민족국가의 수립은 애초부터 불가능했던 과제였지 않을까! 독일연방공화국 내에서 활동하였던 독일공산당이 붕괴하게 된 객관적 원인을 "공산당이 저지른 잘못된 수많은 판단과 주관적인 오류들"의 닷으로 돌리기보다는 "처음부터 반공산주의적인 것으로 간주되는 분단국가의 수립"[79]에 있었다는 주장을 수용할 경우, 남한 내에서 활동했던 조선공산당과 남조선노동당의 존재 및 존속은 세계사적 물결에 따라 예정된 반공산주의이념에 기초한 분단국가의 수립이라는 부정의 변증법 속에서 조선공산당 및 남조선노동당의 붕괴원인을 찾고자 한다면 그것은 하나의 일방적인 자기정당화의 논리에 불과한가? 1947년 3월 미국 대통령 트루만은 세계를 자유진영과 독재진영으로 나누면서 냉전을 선언하였고, 소련대표 즈다노프는 트루만 독트린에 대항하여 세계를 제국주의적 반민주진영과 반제국주의적 민주진영으로 분할하면서[80] 적과 동지의 정치이념을 제시하였다. 냉전의 돌발로 인해 독일공산당의 정부참여는 1947년에서 48년에 그 막을 내리게 된다. 이러한 세계

---

78. Georg Fuelberth, KPD und DKP (1945–1990), Distel Verlag, 1992, 41쪽.
79. 같은 책, 42–43쪽 참조.
80. Dietrich Staritz, Die Kommunistische Partei Deutschlands, Richard Stoess (Hrsg.), Parteien Handbuch. Die Parteien Bundesrepublik Deutschland 1945–1980, Band 2 : FDP bis WAV, Opladen 1983, 1666쪽 참조.

사적 정치지형의 지각변동을 고려한다면, 박헌영과 조선공산당의 행위가 "즉자적인 반응"[81]이라고는 볼 수 없지 않을까?

'정통' 맑스주의자 혹은 '혁명적' 사회주의자로서 맑스-레닌주의를 절대적 진리체계로 수용하였던 박헌영이 제시하고 있는 국가건설이념은 전술상의 선택 가능성은 열려져 있었지만 전략은 고정된 것이었다. 그런 까닭에 해방공간에서 치열하게 전개되는 헤게모니 쟁탈전에서도 박헌영의 정치이념 내지 정치철학, 즉 하나의 구체적인 모습으로서 그가 지녔던 국가건설에 대한 인식과 실천의 지향점—비록 성공하지는 못했다 할지라도—내지는 정치이념은 너무나 분명했다고 할 수 있지 않을까?

우익진영—김구의 "당위론적" 자주독립 민족국가[82]—과 다른

81. 김광식, 앞의 글, 52쪽 참조.

82. 김구는 통일민족국가를 건설하는 것이 가장 중요한 과제라고 주장하면서 공산주의자와 단독정부수립론자들에 대해 다음과 같은 생각을 진술하고 있다. "… 좌익의 무리는 혈통의 조국을 부인하고 … 사상의 조국을 운운하며 … 사상의 동무와 프롤레타리아의 국제적 계급을 주장하여 민족주의라면 마치 이미 진리권 외에 떨어진 생각인 것같이 말하고 있다. 심히 어리석은 생각이다. … 민족의 혈통은 영구적이다." 김구, 『백범일지』, 255쪽. "한국이 있어야 한국사람이 있고 한국사람이 있고서야 민주주의도 공산주의도 무슨 단체도 있을 수 있다 … " 김구, 「3천만 동포에게 읍고함」, 송남헌, 『해방 30년사-건국전야』, 성문각, 1976, 424쪽. " … 나의 흉중에는 좌니 우니 하는 것은 개념조차 없다. … 건국강령의 요소에 있어서는 좌니 우니 하는 것은 문제도 되지 않는다. … 조국의 완전한 독립과 동포의 진정한 자유를 위하여서는 삼천만이 단결하여 일로 매진할 뿐이다." 『백범어록』, 75-76쪽. 송건호는 김구를 "고전적 민족주의자"로 최상룡은 김구의 민족주의를 "즉자적 민족주의'로 평가하고 있다. 송건호, 『한국현대인물사론』, 1984, 참조, 최상룡, 「미군정기 한국-아시아 냉전의 초점」, 『한국사회연구』 1, 1983 참조.

좌익진영—여운형과 백남운의 경우도 각각 통일전선에 입각한 자주독립국가와 연합성신민주주의에 입각한 연합정부론이라는 선민족국가건설–해방정국에서 최우선 과제로 자주독립민족국가의 건설—을 설정하였던 것과는 달리 박헌영은 국가의 정체성의 확립과 이에 의거한 완전한 자주독립국가의 건설을 위해 선결되어야 할 과제가 있다는 점을 역설하고 이에 대해 주목하였다. 이러한 의미에서 그는 "토지혁명을 전개하는 것 없이는 민족해방투쟁 전체에서 승리는 있을 수 없다"는 12월 테제를 계승하면서 토지문제의 혁명적 해결과 친일파의 정권참여 배제야말로 자주, 독립, 자유, 평등에 기초한 '진보적 민주주의국가' 수립의 선결과제 혹은 필요조건이라는 점을 역설하고 있다. 부언하면, 박헌영의 논술구조 속에서 볼 때, 8월 테제에서 제시되고 있는 부르주아 민주주의 혁명은 완전한 독립, 국가의 정체성 확립과 필연적으로 연결되어 있는 정치이념 및 철학인 것이다.

참고문헌

【1차 자료】

❖ 이정, 2004, 『박헌영전집 1－9권』, 역사비평사.

【2차 자료】

❖ 강만길 외, 1985, 『해방전후사의 인식 2』, 서울 : 한길사.

❖ 고승문, 1989, 「박헌영과 4 · 3사건 : 남로당의 제주폭동과 한민당 정권의 과잉진압」, 제주전문대논문집 10, 11－37.

❖ 김광식, 1987, 「8 · 15직후의 사회성격 연구 : 변혁단계론을 중심으로」, 『산업사회연구』 2.

❖ 김남식/심지연 편저, 1986, 『박헌영노선비판』.

❖ 김남식, 1985, 「박헌영과 8월테제」, 『해방전후사의 인식 2』.

❖ 민중운동사연구회, 1990, 『해방후 한국변혁운동사(1945－53)』, 서울 : 녹진.

❖ 박갑동, 1983, 『박헌영 : 그 일대기를 통한 현대사의 재조명』, 서울 : 인간사.

❖ 박종성, 1992, 『박헌영론 : 한 조선혁명가의 좌절과 꿈』, 서울 : 인간사랑.

❖ 박태균, 1990, 「해방정객 박헌영과 8월 테제」, 『옵서버』 8, 452－483.

❖ 신복룡. 2000. 「해방 정국에서의 박헌영과 김일성의 갈등」, 건국대학교사회과학연구소, 『사회과학논총』 제24집, 1－46.

❖ 심지연, 1995, 「박헌영의 부르주아 민주주의혁명론과 프롤레타리아 독재국가 건설운동」, 『한국사시민강좌』 17, 42－60.

❖ 서중석, 1991, 『한국현대민족운동연구 : 해방후 민족국가 건설운동과 통일전선』, 서울 : 역사비평사, 「해방후 주요 정치세력의 국가건설 방안」, 『대동문화연구』 제27집.

❖ 송건호, 1984,『한국현대인물사론』, 한길사.

❖ 송남헌,『해방 30년사-건국전야』, 성문각, 1976,

❖ 양성철, 1986,「박헌영 : 인간, 정치, 사상」,『서강대동아연구』9, 119-152.

❖ 역사문제연구소 편, 1991,「박헌영은 '미제의 간첩'이었나」,『역사비평』15, 205-211.

❖ 이미숙, 1989,「박헌영 · 남로당에 대한 비판을 비판하다」,『역사비평』5, 256-276.

❖ 임경석, 2000,「박헌영과 김단야」,『역사비평』53, 118-148.

❖ ______, 2003,『한국 사회주의의 기원』, 역사비평사.

❖ 여현덕, 1987,「8 · 15직후 민주주의 논쟁」,『해방전후사의 인식 3』.

❖ 신현 · 여현덕, 1990,「해방직후 남한의 변혁운동과 자주국가 건설의 과제」,『역사비평』, 봄.

❖ 정병준, 1989,「박헌영 · 남로당노선 무엇이 문제인가」,『역사비평』5, 277-303.

❖ 정해구, 1992,「여운형과 박헌영 : 해방 정국과 좌파의 진로」,『세계와 나』29, 288-295.

❖ 조진경, 1988,『민족자주화 운동론 II』, 서울 : 백산서당.

❖ 해방3년사연구회 지음, 1988,『해방정국과 조선혁명론』, 서울 : 대야출판사.

❖ 최상룡, 1983,「미군정기 한국-아시아 냉전의 초점」,『한국사회연구』1, 한길사.

제 6 장

민세 안재홍의 국가건설사상 :
신민족주의론을 중심으로

임형진 (경기대)

Ⅰ. 서론

암울했던 식민지시대가 해소되자 우리 민족은 지난 시대에 대한 청산 못지 않게 중요한 문제에 직면했다. 즉 새로운 국가의 건설이라는 과제였다. 여기에 저마다의 이상주의적 꿈과 열정에 싸인 민족지도자들은 자신의 청사진을 바탕으로 이상적 국가건설의 상을 제시했다. 그러나 그 이상들은 민족통합의 공통점을 노출해내지 못하고 오히려 차이와 차별 그리고 배제만을 두드러지게 해버리고 말았다. 결국 '스스로의 힘'이 아닌 '갑자기 찾아온 해방'은 그 감격의 기쁨도 누릴 새 없이 국토와 민족의 분단이라는 비극에의 시작이 되고 말았다.

국가건설과 관련해 당시 우리에게 부과된 가장 중요한 과제는 좌우파의 사상적 · 계급적 갈등을 조화롭게 통합하고 단결된 민족역량을 토대로 해서 외세로부터 가해지는 압력을 극복하여 자주적이고 통일된 민족국가를 건설하는 문제였다 할 수 있다. 그리고 이같은 과제에 가장 성실하게 임하였던 세력은 '중도파' 로 불리는 민족주의적 중도세력이었다. 이들 중도파들은 한편으로는 좌우합작을 통하여 결집된 민족역량을 형성하려 하였으며, 다른 한편으로는 '국제협조' 를 통하여 한민족의 자주적 통일국가 건설이 가능한 국제적 환경을 조성해가려 하였다.[1]

이같은 의식을 바탕으로 전민족적 공동체의 안을 가지고 그 이상을 실현하고자 온 몸으로 해방정국을 헤쳐나간 대표적 인물이 민세 안재홍이었다.[2] 그는 이미 일제 하에서 9차례에 걸쳐 7년 3개월의 옥고를 치르면서까지 한민족의 자존을 지킨 대표적인 민족의 지도자였다. 해방 후에는 건국준비위원회에서 반탁운동의 선봉으로, 미군정의 민정장관으로서 나름대로의 좌우합작과 혼란극복을 위한 국가건설에 진력했었다. 민세가 구상한 새로운 국가는 철저한 민족통합을 바탕으로 한 것이었다. 그랬기에 그는 누구보다도 민족통합의 이상적 국가건설을 주장했고 또 그를 실천하고자 진력했다.

1. 정영훈, 「안재홍의 신민족주의이론」, 한국정신문화연구원, 『정신문화연구』 1992, 15권 3호, 163-164쪽.

2. 민세는 민족절대주의자는 아니다. 그는 민족의 절대성을 신뢰하지만 세계의 영향력과 중요성도 인정하기에 양자의 끈임없는 조화를 모색했다. 그의 호가 '민족에서 세계로' 의 의미를 가진 '민세' 인 것도 이와 무관치 않다. 이른바 열린 민족주의, 개방된 문화민족주의야 말로 민세가 평생 추구한 핵심적 이념이다.

그러나 비록 그의 이상은 현실의 높은 벽에 의해 실현되지 못했지만 그의 노력은 '민족통일노선'으로, 또 그의 사상은 '신민족주의'로 여전히 한국 정치사상의 이념적 원형의 역할을 하기에 충분하다. 본고는 민세의 노선과 사상을 특히 해방정국에서 그가 가졌던 국가건설사상을 중심으로 분석해 봄을 목적한다. 그것은 여전히 민세가 꿈꾸었던 민족통합의 이상적 국가건설이 이 땅에서 실현되지 못했음에 대한 반성이며, 갈등극복의 정치모델로서의 민세사상의 시대적 적합성을 확인하는 계기가 될 것이다.

Ⅱ. 민세와 해방정국

1. 위기에 대한 인식과 민족통일노선

일본의 패망을 8월 10일경 단파방송으로 파악한 조선총독부는 재한 일본인의 안전귀국이 중차대한 문제로 부각되었다. 따라서 이에 대한 대책으로 자신들의 조선통치역할을 대신할 인물로 몽양 여운형을 선정했다. 몽양의 건국준비위원회는 이렇게 해서 총독부의 협조하에 건설될 수 있었다. 특히 당시의 시대적 분위기는 일본 제국주의가 남긴 각종 사회적 유산들이 밑으로부터의 요구 폭발과 광범위한 연대를 유발하는 사회혁명의 열기 그 자체였고, 건준이 그 열기의 핵

심에 위치했다. 결국 민중들의 높은 지지는 건준을 사실상의 정부로 변화시켰다.[3)]

건준 건설을 추진하던 몽양에게 민세는 절대적으로 필요한 인물이었다. 특히 몽양이 가진 좌익적 색채를 여과하기 위해서도 그는 민세와 같은 온건한 보수주의자이면서도 절대적인 국민적 신뢰를 가진 사람이 필요했던 것이다. 몽양의 제의에 민세는 적극 응했다. 민세는 시급한 신생독립국가를 만드는 데 이념은 중요치 않다는 입장을 초지일관 견지하고 있었기에 두 사람의 결합은 가능했다. 이는 민세가 해방정국에서 가진 첫 번째 인식이었다. 즉 이념이 아닌 민족우선의 국가건설이 최선이라고 확신한 것이었다.

당시 몽양이 민세에 얼마나 의지했는지는 그가 부위원장임에도 건준의 성립을 알리는 첫 방송을 그에게 맡겼음으로도 알 수 있다.[4)]

> 지금 해내 해외 삼천만 우리 동포에게 고합니다. 오늘날 국제 정세는 급격히 변동하고 있고 특히 조선을 핵심으로 하는 동서의 정세가 급박하게 변동하는 이 때에, 우리 조선 민족으로서 대처해야 할 일이 긴급 중대하기 때문에 우리들 각계를 대표하는 동지들은 여기에 조선 건

3. Bruce Cumings, *The Origins of the Korea War : liberation and the Emergence of Separate Regimes 1945-1947*(Princeton : Princeton Univ. Press. 1981), 김자동 역, 『한국 전쟁의 기원』(일월서각, 1986).

4. 민세의 저서는 『민세안재홍선집』으로 지식산업사에서 1981부터 전 8권을 목표로 최근까지 계속해서 출간되고 있다. 이하는 줄여서 『선집』으로 약한다. 『선집』 2, 「해내 · 해외의 삼천만 동포에게 고함」, 10-12쪽. 연설은 1945년 8월 16일 오후 3시, 6시, 9시 세 차례에 걸쳐 전파를 타고 전국으로 방송되었다.

국 준비위원회를 결성하고 신생 조선의 재건설 문제에 관하여 가장 구체적이고 실제적인 준비 공작을 시작하게 되었습니다. …

방송의 내용에서 벌써 민세는 우리의 당면과제를 해결키 위해 신정부 수립의 방략을 제시하고 있었다. 건준 참여 당시 민세의 의도는 다음과 같았다. 첫째, 일제의 붕괴 및 퇴각에 즈음하여 조선인의 민족적 자중으로써 일제 군벌의 잔인한 단말마적 발악에 의한 무용한 대량 유혈을 방지하자 함이요, 둘째, 현존 시설과 기구 · 기계 · 자재 및 계획문서 등을 완전히 보관 관리하여 독립정부에 인계 활용케 하자 함이요, 셋째, 그 독립정부는 중경의 임시정부가 해외에 있는 독립운동의 정통적인 지도기관인 만큼 중경 임정을 최대한으로 지지하여 해내외 혁명세력으로써 적정한 보강 확충을 하도록 하자는 것이었다.[5]

신생독립국가 건설에 매진해야 하는 건준에는 초기에는 온건 좌우파가 모두 참여했다. 그래서 초기의 건준은 스스로의 성격을 건국을 위한 준비기구로 파악하고 치안의 확보, 건국을 위한 민족 총역량의 일원화, 교통 · 통신 · 금융 및 식량대책의 강구 등 실무적인 역할에 치중하고 있었는데, 이러한 역할은 비교적 성공적으로 수행되었다고 평가되고 있다.[6] 건준이 수립된 후 얼마 안 가서 인민위원회가 주민들의 자발적 의사로 전국에서 설치되었다. 13개 도에는 도인민위원회가 구성되었으며, 8월 말까지는 전국 145개 지역에 인민위원회가

5. 『선집』 2, 「민정장관을 사임하고」, 259－260쪽.

6. 김광식, 「해방직후 여운형의 정치활동과 건준, 인공의 형성과정」, 『한국현대사』 I, 열음사, 1985, 192－193쪽.

건설되었다.

그러나 몽양이 주도하는 건준에 불만을 가진 우파계열에서는 민세에게 보다 많은 우파의 참여를 압력하기 시작했다. 결국 건준에서의 좌우의 균형을 맞추고자 했던 민세의 노력이 한계에 부닥치자 그는 지도부를 사퇴했다. 당시 그는 "조선 건국준비위원회와 여의 처지"라는 성명을 발표하였다. "건준은 조선 민족해방운동 도정에서의 초계급적 협동전선으로 명실 합치한 과도적인 기구이어야 한다. 건준은 독자로서의 정강을 가진 정당도 아니요, 그 운영자 자신들의 조각 본부도 아닌 것이요, 따라서 다년간 해외에서 해방 운동에 진췌(盡悴)하여 오던 혁명 전사들의 지도적 집결체인 해외 정권과 대립되는 존재도 아닌 것이다"라고 하고, 그 당면한 임무로서 "국내 질서의 자주적 유지와 대중 생활의 확보와 신국가 건설 준비의 기술적인 주비(籌備)로서 각 방면의 전문적인 대책의 연구와 지재, 자료의 보관, 관리에 관한 공작 등등" 이라며 이를 위해 노력하였으나 모든 것이 그의 의도와 배치되므로 인책 용퇴한다며 주장했다.[7)]

좌우 통합을 통한 신생국의 기초를 다지고자 했던 민세의 의도는 건준을 통해 그것을 이루어 보고자 한 것이었다. 그러나 건준에서의 공산당 계열의 강화와 민족주의 계열의 불참은 민세의 구상을 어긋나게 한 것이었고, 결국 민세는 건준을 탈퇴함으로써 자신의 입장을 고수했다고 볼 수 있다.

---

7. 민세는 물러나면서 건준이 앞으로 첫째, 초계급적, 초당파적 견지에서 각계 세력을 총결할 것과, 둘째, 중경 임시정부를 지지할 것을 호소하였다. 『선집』 2, 「조선건국준비위원회와 여의 처지」, 13-14쪽.

이처럼 해방 이후 민세는 처음부터 민족주의와 공산주의 세력의 협동이야말로 민족해방의 완성이며, 민족자주독립국가의 완성이며, 극우나 극좌를 배제한 진보적 민족주의 노선에 의한 새국가 건설이 가능하다고 본 것이다. 이를 위해 민세는 민족통일노선을 주도할 중도적 정당의 필요성에 의하여 조선국민당의 창당에 착수했다. 국민당은 그야말로 정권 획득을 목표로 한 권력적 야심의 정당이 아니고 오로지 민족통일운동을 위한 정치훈련을 최대 목적으로 하고 중도적 입장에서 통일전선 형성에 역할을 하고자 하는 목표를 가지고 있었다.

이러한 민세의 인식이 최고조에 올라 대대적인 민족통일운동으로 전개된 것이 모스크바 삼상회의의 결과에 대한 반응이었다. 특히 '선 임시정부 수립, 후 신탁통치 결정'이라는 핵심이 거두절미된 채 '신탁통치'만 강조된 국내에서의 반탁분위기는 당연한 것이었다. 그래서 민세는 임정중심으로 탁치반대국민총동원 위원회가 조직되자 적극적으로 참여했다. 반탁운동이야말로 전민족이 일치단결되어 행해야 할 거국적인 운동이었다. 위원회는 위원장에 권동진, 부위원장에 안재홍, 김준연 선임되었지만 권위원장의 노환으로 실질적 업무는 민세가 도맡았다고 한다. 탁치반대국민총동원 위원회는 거족적인 반탁운동에 돌입했고, 그동안 외세에 의해 권력에서 소외된 임정은 민족의 이름으로 이 운동의 중심에 서 있었다. 반탁에 참여한 각 사회단체와 정당 대표들은 12월 29일 오후에 안재홍의 사회로 별도 회의를 열어 임시정부가 즉각적으로 주권행사를 단행하라고 권고하는 결의를 채택하였다. 특히 이 회의에서는 신탁통치 반대 국민총동원위원회의 전국지부 결성을 결정하였고, 이 조직체를 중심으로 임정이 확고한

국가권력을 수립하여 통치권을 행사하여야 한다고 주장했다. 이러한 분위기는 그 당시 국민들의 공감을 얻고 있었으며, 각 정당대표자회의가 같은 날 종로의 YMCA에서 개최되어 임정을 지지하고 적극적으로 반탁운동에 나서기로 결정하였다.[8)] 위원회는 29일 성명서를 발표하고 4대국에 대하여 임시정부 주석의 명의로 신탁통치 절대 반대의 전문을 발송하였으며, 경찰 및 전국 행정기관을 전부 임시정부의 지휘 하에 둔다고 선언하였다. 좌우를 막론한 각 단체는 일제히 신탁통치 절대반대의 의사를 표명하여 31일부터는 철시, 대시위가 일어났다. 반탁총동위가 전국파업령을 내리자 즉시 군정청의 한인직원들은 총사직 · 총파업에 들어갔고, 이것은 전국적으로 확산되었다.

그러나 반탁저지를 위한 미군정의 모호한 입장정리와 찬탁으로 돌아선 좌익의 행동으로 인해 반탁운동은 제동이 걸리자 민족통일노선에 충실했던 민세는 어떠하든 전민족적 차원에서의 반탁운동을 지속시키고자 했다.

1946년 1월 6일, 탁치문제로 인하여 분열된 국내 정국을 수습하고 다시 협동의 방도를 모색하기 위하여, 국민당, 인민당, 한민당, 공산당 등 4개 정당과 임정 대표들은 철야 토의 끝에 탁치안은 임시 정부가 수립된 이후에 해결한다는 내용의 '4당 코뮤니케'를 작성하였다. 그러나 이승만과 한민당 등이 신탁통치 반대의 정신을 몰각하였다는 이유로 반대하여 폐기되고 말았다.

4당 코뮤니케가 실패하였지만 민세는 단념하지 않고 재차 국내 정치 세력의 단합을 위하여 고심 분투하였다. 즉 민세를 중심한 국민

8. 진덕규, 「김구의 임정을 거부한 미군정」, 『한국논단』 1992, 5월호, 124쪽.

당은 이승만의 '비상국민회의'와 김구의 '비상정치회의'를 연합시킴으로써 건국의 도정을 앞당기려 노력하였다. 민세가 제시한 그 해결 방안은, 독립 촉성 중앙협의회를 중심으로 각 당파 관계를 고려하여 인선한 후 그것으로 비상 국민회의를 열고, 거기서 이승만, 김구 양 영수에게 일임, 그 지명에 의하여 최고 정무 위원회를 구성, 통일정부를 실현하는 것이었다. 그러나 이러한 제안에 대해 김구를 비롯한 다수의 인사들이 찬성하였으나 임정계 내의 좌파가 이탈하여 좌우 합작은 또 한차례 실패하였다.[9)]

민세는 반탁을 주장하였으나 극우에서 주장하는 것과는 조금 달랐다. 반탁사상은 이미 국민 사이에 널리 침투되어 있으나, 정부가 없이 그저 민간인의 투쟁만으로는 국제 여론에 반영은 주겠지만 결정적인 효과를 나타내지 못하고 민족적인 실망만 가중시키고 있다고 판단한 민세는 "반탁문제는 아직 건드리지 말고 미·소 공위를 성립시키어 그에 인하여 정부 성립된 후에 실천으로써 탁치를 반대하자는 것이 나의 주장이었고, 이 점 김규식박사와 나의 견해는 일치되는 것"이라고 했다.[10)]

여기서 그는 모스크바 삼상회의 결과는 신탁보다는 임시정부 수립에 초점을 두고 있음을 명백히 자각했다고 할 수 있다. 그래서 그는 어느 일국의 지배아밀로 독립국가 건설에 최대 장애물이 될 것으로 판단하여 일국독점 지배를 반대하고 미소 공위의 조속한 실현을

9. 정윤재, 『다사리공동체를 향하여 : 민세 안재홍 평전』, 한울, 2002, 113-115쪽 참조. 민세는 비상국민회의의 주비위원장으로 선임되어 활동하였다.

10. 한국사학회 편, 「민세 안재홍」, 『한국현대 인물론』 1, 을유문화사, 1987, 174-175쪽 참조.

요구하게 된 것이다.

이처럼 민세의 민족통일노선은 민족진영과 공산진영의 대 화합과 통일을 전제로 하는 것이다. 물론 처음 민세는 신탁통치안에 반대하여 김구가 주도한 전민족적인 반탁투쟁운동에 적극적으로 참여했었다. 그러나 모스크바 3상회의의 결정문을 상세히 살피고, 당시의 국제정세를 판단한 다음, 민세는 일단 한국민은 당시의 유일한 한반도 통일방안으로서 관련 강대국간의 합의에 의해 마련된 모스크바 3상회의의 결정사항을 일단 전체적으로 받아들일 것을 주장하였다. 그리고 주요 관심사인 신탁통치문제는 "민 · 공협동"으로서의 좌우합작을 성사시켜 일단 통일임시정부를 세운 다음, 미 · 소공동위원회에 "제안설명"을 하는 과정에서 신탁을 반대하는 민족의 단결되고 강력한 의사를 반영함으로써 해결될 수 있는 것이라고 판단하였다. 이로써 민세의 해방정국 인식은 좌우합작이라는 보다 구체적 활동으로 전환한다고 볼 수 있다.

2. 위기극복을 위한 좌우합작운동과 한계

남한 내에서의 극렬한 찬 · 반탁의 노선대립 속에서 1946년 3월 20일 제1차 미소공동위원회가 개최되었다. 그러나 미소 양국의 민주주의에 대한 입장차이로 인해 제1차 미소공위는 5월 7일부로 기약 없이 유산되었다. 탁치를 둘러싼 미소 간의 첫 협상이 무위로 돌아가자 다급해진 것은 소련이 아니라 미국이었다.[11] 미국으로서는 다음 번의 대소협상을 위해 새로운 전술이 필요해진 것이다. 좌우익 대립구도의 완화를 통한 정치적 안정의 획득과 남쪽을 대표할 통합기구의 구성이 그것이었다. 미국은 극우, 극좌가 아닌 제3의 집단을 지원함으로써 북한의 인민위원회 같은 한국인들로 구성된 과도기적인 비행정적 내각 및 입법기구를 창출하고자 했다.

민족진영과 공산진영의 합작을 민족통일노선의 중심적 과제로 인식하고 있던 민세는 당연히 좌우합작운동에 적극적으로 참여했다. 그는 서울 중앙방송을 통하여 합작의 필요성을 역설하였다. "좌우합작이 어찌해서 필요하고 또 긴급한가. 그것은 임시정부를 빨리 만들어야 우리의 건국 사업이 비로소 궤도를 타고 나아가게 되는 것인 까닭입니다. 고쳐 말하자면 이렇게 긴급한 임시 정부를 만드는 데는 좌우 합작에 말미암아 민족 총의를 한데 묶는 것이 선결 요항으로 된다는 것입니다."[12] 이어서 다시 합작의 방법을 제시하고, "좌우 합작은 반드시 극좌 · 극우를 다 배척하고 … 대중 공생 · 만민 공화하는 신민주주의의 국민 국가를 만드는 데 그 목표를 두어야 할 것입니다"[13]라 하여 이 기회를 통하여 자신의 정치이상을 실현하고자 하였다. 그는 좌우 합작에 큰 기대를 걸었던 듯하다. 즉 외세에 의존하지 않고 자주

11. 소련으로서는 모스크바 결정에 충실함으로써 잘하면 탁치 이후 한국 전체에 걸친 친소정권의 수립을 기대할 수 있었고, 못 돼도 이미 북한은 수중에 장악한 셈이었다. 그러나 미국은 남한 내에 거듭되는 실정으로 인해 국민의 지지를 받지도 못하고 있을 뿐만 아니라 친 · 반탁의 국론분열로 인해 대소협상에서 확고한 입장표명이 어려운 상황에 처해 있었다.

12. 『선집』 2, 「좌우합작의 정치적 의의」, 129쪽.

13. 『선집』 2, 「민족위기타개일로–좌우합작의 정치노선」, 134쪽.

적으로 한민족의 참된 의사를 확인하고 한 데로 집결시켜 통일정부를 수립할 것을 희구하였다.[14)]

7월 25일부터 시작한 좌우합작회의는 좌익 5개항과 우익측의 8개항을 놓고 수차에 걸친 회의와 곡절 끝에 드디어 10월 7일 좌우합작 7원칙을 발표함으로서 그 결실을 보게 되었다.[15)]

이 같은 좌우합의 성공에 대하여 민세는 한성일보를 통해 "합작을 시작한 이래 반 년 걸려 간신히 나온 것이 '합작 7원칙'이요, 이에 부수하여 입법기관이 성립하려 하고 있다"[16)]고 하며, 합작원칙이 임시 정부가 수립될 수 있는 방법을 안출하는 데, 즉 시국 수습의 열쇠가 될 것을 기대하면서 7개항을 해설하였다. 그 중 중요한 신탁통치 문제에 대하여 민세는 긍정적으로 평가했다. 즉 합작 7원칙에서 '모스크바 삼상회의 결정에 의하여'라는 표현을 꼬집어 신탁통치를 인정하는 것이 아니냐는 의심을 하는데, 모스크바 협정 3항에 나오는 '조선 임시 정부와 조선 민주주의 단체를 참가시켜 조선민족의 정치적 · 경제적 진보에 대한 원조와 협력(신탁)의 대책을 강구함'의 의미는 탁치가 실제로 상정되는 것은 임시정부 수립된 이후의 일이므로 반탁문제는 그 차후의 일이 될 것이니 지레 근심할 바 아니라고 하였다.

또한 신탁통치와 토지개혁과 친일파 처리문제에 대한 합의에 대하여도 그는 의미를 부여했다. 경제구조에 전근대적인 요소가 많이 있었고 산업의 대종이 농업이었던 당시에 토지문제는 무엇보다도 중

14. 한국사학회 편, 앞의 책, 179쪽.
15. 송남헌, 앞의 책, pp. 378-379 합작7원칙 내용 참조.
16. 『선집』 2, 「합작과 건국노선」, 152쪽.

요한 사항이었다. 그의 설명에 의하면 적산은 몰수하고, 사회 공익에 소관되는 법인, 기타 이에 준할 공동 기관의 소유 토지는 국가가 그 수입에 상당한 다른 재원을 대신 주고 이를 회수하며(유조건 몰수), 체감매상은 자작 정도의 소유토지는 사유 경작케 하고, 소지주의 토지도 자기 경작량을 공제한 이상은 시가 전액으로 매상하며, 대지주의 토지는 역시 그 제한 소유의 면적을 제한 외에 누진적으로 그 토지 면적이 올라갈수록 그 대가를 체감적으로 국가에서 매상한다는 것이다.[17] 결국 토지는 세습 사유를 보장하되 경제 균등의 원칙에서 그 대량 독점을 제한하는 혁명적인 국책이라고 하였다.

한편 "친일파 민족 반역자의 처리는 언제나 한 번 있어야 할 일로 입법 기구를 통하여 심리 결정한다"고 하면서 친일파를 제거한다는 원칙에는 찬성하였다. 그러나 36년간 포악한 일제 밑에서 허다한 인물이 친일적 색채를 띠게 되었고 민족 패류도 적지 않게 있는 것이나 일률로 친일파로 규정할 바 아니요, 모든 기술가 · 사무가, 기타 전문가와 또는 새로운 결심으로 건국운동에 정진분투하는 인물은 대체로 친일적 누명이 씻겨질 것이라 하여, 건국 사업에 공헌이 있는 자는 구제하고 오직 악질의 반역자는 공명 엄정하게 다스리되 이를 분변하여 되도록 최소한에 그치자고 하였다.[18]

좌우합작운동이 이렇게 결실을 보이자 제정파들은 대부분 크게 환영했다. 그러나 이같은 민족적 쾌거에도 불구하고 극우파와 극좌파는 이 결과를 맹렬히 반대했다. 이미 대화와 타협에 의한 화해와 조화

17. 위의 글, 같은 쪽.
18. 위의 글, 156쪽.

의 원칙이 정당성을 잃고 있었다. 양 진영 모두에게는 한쪽의 완전 항복을 획득하는 그 순간만이 승리라는 인식이 팽배되어 있었다.

결국 좌우합작위원회는 약세화된 여운형 계열과 한민당을 탈퇴한 원세훈 계열, 국민당의 안재홍 계열, 그리고 군소정당과 사회단체밖에 규합되지 못한 채로 좌익과 우익의 파도 같은 협공의 대상이 되지 않을 수 없었다. 좌우합작운동을 성공적으로 이끌어냈음에도 불구하고 민족할 만한 결실을 이루어내지 못한 것은 몽양이나 우사, 민세 모두 극우, 극좌파에 비해 적극적인 지지세력이 부족했기 때문이다. 민족통일노선에 충실했던 민세의 노력은 또 다시 좌절되었다.

좌우합작운동의 결과로 나타난 것이 미군정의 과도 입법의원이었다. 미군정은 이를 통하여 민주적 개혁을 실시하면서 한국인들로 하여금 군정에 참여케 하여 민정이양의 방향으로 움직이게 하였다. 1946년 10－11월에 45명의 민선의원을 선출하고 좌우합작위원회가 추천한 관선 의원 45명을 임명하였다. 12월 12일에 개원된 입법의원에 민세는 관선의원으로 피선되었고, 의장에 김규식, 부의장에 최동오 · 윤기섭이 선출되었다.[19)]

이어 민세는 미군정의 행정권을 한국인에게 이양한다는 정책에 따라 민정장관의 제의를 받는다. 미 · 소 공위가 열릴 전망이 불투명한 상황에서 민세는 미 · 소 협조는 멀어지고 남북 통일의 민주정부

19. 그는 자신의 처지를 한탄했다. "입의(立議)는 처음부터 좌우 협공의 험악한 기류 속에 크지 못한 출발을 하였다. 합작의 좌방 수석인 여운형씨는 민주 의원 당시의 태도대로 종시 불참하였고, 김규식 박사도 자신은 불참을 상당 고집하였으나 형세 그리 될 수 없었고, 나도 동지를 보내고 자진 사퇴키로 하였으나 사정 역시 허용되지 않았다." 『선집』 2, 「민정장관을 사임하고」, 275쪽.

수립이 늦어진다고 하면, 민정 수뇌부에 앉아, 한국의 독립을 원조하는 미국의 군정으로 하여금 민의에 가까운 정치가 되도록 협력하고, 남한의 민주주의 민족진영의 정치 토대가 바로 잡히도록 노력하는 것이 '애국자로서 사양할 수 없는 일' 이라고 생각하여 민정장관을 수락했다.[20)]

이로써 민족통일노선에 일관했던 민세는 본격적으로 권력을 배경으로 한 통일운동을 전개할 수 있었다. 그러나 기본적으로 민정장관의 자리가 미군정의 예속된 자리인 만큼 민세의 활동에는 좌파에 대한 배려와 접근이 한계를 가질 수뿐이 없었다. 그것을 알기에 민세는 우선 민족진영만의 일치단결을 통한 접진적인 접근법을 가졌다고 볼 수 있다.[21)] 그것은 남한만의 단선이 결정되자 남북협상에 나서는 김구, 김규식의 행동을 우려하는 데서도 발견할 수 있다. 그는 오히려 남북협상보다는 남한 내 민족진영의 일치단결을 이룰 수 있는 총선거에 각 세력이 적극적으로 참여하기를 주장하였다. 민세는 '조선 민족의 정치적 진로' 에서 다음과 같이 말하였다.

> 남북 협상 당시 선배와 동지들이 남한 선거를 거부치 말고 그 산하의 인물들로 대거 참가케 하였던들 오늘날 의정 단상 다수의 투쟁과 함께 통일 공작의 동지로 하여금 대다수를 옹유(擁有)하여 자못 신축자재한 기동적인 작전을 하였을 것인데, 그 오류는 이미 추급할 수 없

---

20. 『선십』 2, 「백범정치두생사」, 442쪽.

21. 물론 이러한 민세의 외도마저 당시의 상황은 반아들일 수 없는 상태였다. 민세는 미군정의 전폭적인 지원도 받지 못했고 우익이나 좌익 모두로부터 공격당하는 입장에 설 수뿐이 없는 위치가 되어가고 있었다.

고, 역시 다만 간과지인(看過知人)의 탄을 발할 바이다.[22)]

민세는 백범 등이 남북협상을 통해 통일을 실현코자 한 나머지 남한선거에 참여치 않은 사실에 대하여 비판한 것이다. 민세는 1949년 3월에 쓴 「남북 통일의 구체적 방책」이라는 글에서 "대한민국이 유엔 총회에서 압도적 다수로써 정식 승인된 것은 한국의 진정한 민주주의, 민족자유국가로서 통일 독립됨의 타당성을 국제 열국이 공인지지한 것을 의미하는 것으로서 민족적 경사이다"[23)]라고 긍정적인 반응을 보이고 있다.

5 · 10선거가 끝난 후 국회 개원과 함께 대한민국 정부수립 절차가 진행되어 가자 민세는 6월에 민정장관을 사임하고 한성일보 사장으로 복귀하였다. 이후 민세는 2대 국회의원 선거인 1950년 5월 30일 고향인 평택에서 무소속으로 출마 당선되었다. 가능한 내에서의 민족통일노선을 실현하고자 했던 최후의 노력이었다. 그러나 곧이어 터진 6 · 25는 그런 민세의 민족통일노력을 허락지 않았다.

22. 『선집』 2, 「조선민족의 정치적 진로」, 318쪽. 그러나 민세도 선거에는 참여하지 않았다. 그 이유는 선거를 주관해야 할 민정장관의 위치였고 무엇보다도 민족통일노선에 의한 정부수립이 불가능해진데 따른 실망에서였을 것으로 추측된다.

23. 위의 글, 182쪽.

Ⅲ. 신민족주의 국가건설론

1. 초계급적인 통합민족국가의 이상

민세의 신민족주의는 자본주의와 공산주의라는 좌우파간의 이념대결과 계급투쟁이 지양돼야만 민족적 통합과 자주독립이 가능하다는 자각 하에 이념대결과 계급투쟁을 지양할 수 있는 제3의 이념으로서 제창된 것이다. 그의 신민족주의는 '통일민족국가'를 완성하기 위하여 제시된 것으로, 안으로는 '만민개노'와 '대중공생'을 원리로 하여 계급독재를 지양시킨 초계급적 전민족의 국가를 건설하고, 밖으로는 자주독립의 도태 위에 '인류대동'의 국제협동에 이바지하는 것을 목표로 하고 있다. 그리고 그는 이 신민족주의가 한민족이 처하고 있는 사회적 · 국제적 객관조건과 고유 문화적 전통에 맞는 것이며, 동시에 세계인류의 양심과 변화추세에 부합 · 부응하는 것이라 주장한다.[24)]

> 서구의 민족주의와 민주주의는 대개 궁정을 중심으로 한 봉건귀족과 대지주와 자본가 등이 최초부터 특권벌적 독점으로 천하의 정권을 농난하며 계급적인 억압 착취를 하다가, 시대의 진운에 따라 한 걸음

24. 정영훈, 앞의 글, 167−168쪽.

> 씩 소시민 · 노동자 및 농민 등 하층 계급의 사람들에게 그 정치 참여의 법을 할양한 소위 자본적 민주주의로 된 것이요, 그러한 사회적 기반 위에 구성된 민족주의로서 그 발생 및 발전의 역사가 거의 근본적으로 다르다. 오인은 이제 동일 예속과 동일 해방에서 모든 진보적이요, 반제국주의적인 지주와 자본가와 농민과 노동자가 한꺼번에 만민 공생의 신발족을 함을 요청하는 역사적 명제하에 있으므로 만민 공동의 신민족주의요 신민주주의이다.[25)]

이처럼 민세가 구상한 신민족주의는 서구식의 민족주의가 밟아 온 봉건귀족, 대지주, 자본가 등의 역사적 발생 · 발전의 성격과 다른 초계급적 균등사회의 이성 위에 서는 주의이다. 그리고 이러한 이념과 주의는 한국사에서 나타나는 고대 이래의 조국 고유, 민족 자발의 민족주의 · 국민주의 · 민주주의의 제 이념과 꼭 합치된다고 보아 현대적 의의에서 발전시킨 것이라고 주장한다.[26)]

그는 국가의 권력과 부가 지주와 자본가 등 소수 특권계급에게 독점되어 착취와 피착취가 존재하는 사회에서는 계급 간에 투쟁이 발생하기 때문에 애국심이 생겨날 수 없다고 단언하였다. 그리고 민족 성원 간에 동일운명의식이 가능하기 위해서는 사회구조 자체가 균등사회 · 공영국가를 지향하는 것이어야 한다고 보았다.[27)] 이처럼 신민족주의론은 해방 후 이상적 국가건설을 이루는 내부 통합과정의 방략

25. 『선집』 2, 「신민족주의와 신민주주의」, 50쪽.
26. 위의 글.
27. 『선집』 2, 「역사와 과학과의 신민족주의」, 242쪽 참조.

이라고 볼 수 있다.

따라서 민세가 이상적 통합국가로 상정하는 국가는 모든 계급적 이해를 조월하는 '초계급적 국가'이다. 즉 신민족주의의 건국이념은 우리는 일제기간 동안 "초계급적으로 정복되어 압박착취되었고 다시 초계급적으로 해방되었으니, 초계급적 통합민족국가 건설은 이 역사적 엄숙한 사실의 냉엄한 논리적 요청"[28]이며, 이는 대단히 시급한 민족적 과제임을 강조하고 있다. 그러므로 해방정국에서 서둘러 "모든 진보적이요 반항 침략제국주의적인 지주와 자본가 및 농민 노동자 등 근로층 인민과를 통합한 신민주주의 국가"를 건설해야 한다고 주장했다.

신민족주의는 초계급적 · 전민족적 국가를 목표로 하고 있는 만큼 좌파이론들의 경우처럼 그 국가를 건설하는 과정에서 특정의 운동주도 계급을 상정하지 않는다.[29] 그렇기에 우선 진정한 민주주의에서는 공산주의와 자본주의에 입각한 극좌적 · 극우적 계급독재가 배격돼야 한다고 본다.

민세는 서구정치사에서 발전된 부르주아 민주주의 혹은 "자본적 민주주의"가 일반 국민의 정치참여가 점진적으로 할양되는 과정에서 만들어진 정치 이데올로기임에 틀림없지만, 현실적으로 정권 혹은 신분적 특권의 횡포의 제거를 보장하거나 실천하는 데는 큰 약점이 있었음을 지적하고, 그것은 한국이 한꺼번에 일시적으로 해방된

28. 위의 글, 55쪽.

29. 그는 신민족주의 통일조국 건설이념에 공감하는 모든 양심세력을 운동세력으로 상정했다. 그러나 이같은 모호성은 신민족주의가 강력한 지지세력을 확보하지 못한 중요한 원인으로 작용하기도 했다. 정영훈, 앞의 글, 168쪽.

점에서, 그리고 모든 사회계층이 "진보적"이고 "반제국주의적" 차원에서 새로운 독립국가건설에 참여해야 할 해방직후의 한국상황에 적절한 정치 이데올로기로 채택될 수 없다고 강조하였던 것이다.

또한 한반도에 소련과 같은 맑스–레닌이즘에 입각한 공산주의 국가가 성립되는 것을 다음과 같은 세 가지의 이유를 들어 반대하였다.[30)]

첫째, 현금의 국제정치상에 존재하는 공산주의는 개인의 자유와 국민의 자율성을 무시하는 전체주의이다. 모든 종류의 정치활동은 개인의 생래(생래적 자유권)를 무시하며, 공산주의라는 하나의 원칙아래 조작된 다수결에 복종해야 하는 공산주의 국가에서의 형식적이며 기계적인 일원화는 파쇼정치와 다를 바가 없다.

둘째, 공산주의가 하나의 순수한 주의나 사상운동으로 미래의 정권을 지향하면서 노동자 · 농민대중의 경제적 평등을 주장함에는 많은 호의와 공명을 갖는 바이지만, 그것이 현하 공산주의 국가에서는 반드시 무산자계급의 독재를 전제로 삼고 있기 때문에 반대한다. 왜냐하면 "자본계급의 특권도, 무산계급의 특권도 용인할 수 없을 뿐 아니라, 이러한 계급이 층생치 않도록 입권 · 치치하는 것이 신민주주의의 이념이요 정치"이기 때문이다.

셋째, 영구한 우호친선관계를 유지하려면 관계국 상호 간에 완전 자주독립 입장이 확립돼야 하는데, 한소(한소친선)의 확보가 요청되는 장기적인 정책전망에서 볼 때 현재의 상황에서 한반도에 공산주

30. 정윤재, 「민세 안재홍의 다사리 국가론 : 정치적 비젼과 실천전략」, 한국정치학회, 『정치리더십 기획학술회의』 발표 논문, 2000, 9, 13쪽.

의정권이 설립되는 것은 불가하다. 왜냐하면 만약 그렇게 될 경우 우리나라는 필연적으로 소련의 지지와 후원에 의존하여야 할 것인즉, 그렇게 되면 양국가는 종속관계로 나타날 가능성이 크기 때문이다.[31]

민세는 이같은 정치목표들은 폭력적 방법이 아니라 의회제도와 민주적인 입법수단에 의해 추구돼야 한다고 본다. 그의 신민족주의론은 '폭력에 하소하는 계급투쟁'을 지양 · 청산하고 전민족이 협동하는 진정한 민주주의 국가를 건설할 것을 표방하는 만큼 당연히 쟁점들을 피흘리지 않고 의회제도를 통해 '합법적인 입법수단'으로서 해결할 것을 추구하고 있다. 그는 우리가 역사적 전환기에 처하고 있지만 그 전환은 '유혈을 보지 않고 사회주의 정치체제를 이룩한' 영국의 예를 따라 '진보주의적 점진의 방식'으로 이룩돼야 하고 또 그럴 수 있다고 본다.[32]

이처럼 민세가 주장한 초계급적 국가는 계급대립과 계급투쟁을 지양 청산하고, 모든 계급독재를 배격하는 것이며, 나아가 초계급적 초당파적 회통의 요청이라고 할 수 있다.[33] 특히 초당파성이란 당시 난립하던 정당의 홍수에 대한 민족단일당에 대한 그의 염원이 담겨 있는 개념이다. 그는 이미 일제 하에서 신간회의 일을 보면서 민족운동이라는 대의 앞에 이념의 대립과 갈등이 극복될 수 있다는 가능성을 보고 있었다. 또한 중국의 국민당이 내걸었던 일당치국의 개념도 영향을 주었다. 그는 식민지 시기부터 협동단일당론자였으며,[34] 해방

31. 『선집』 2, 「한민족의 기본진로」, 358쪽.
32. 정영훈, 앞의 글, 169쪽, 『선집』 2, 「한민족의 기본진로」, 346, 349쪽.
33. 김인식, 「안재홍의 신국가건설의 이념」, 한국민족운동사연구회, 『한국민족운동사연구』 20, 1998, 474–479쪽 참조.

이후에도 몇 개의 당이 존립할 수밖에 없는 현실을 수긍하면서도 모든 사상의 대립을 지향하여 일당으로 통합된 전민족단일당을 이상으로 지향하였다. 이런 의식 하에서 초계급적 통합민족국가를 실현하기 위한 전위정당으로 만든 것이 국민당이었다.

2. 민족통일의 국가건설론

민세가 지향하는 초계급적 통합국가는 신민족주의론을 바탕으로 하고 있는데, 이것의 계급적 기반은 중소지주, 중소 자본가, 노동자, 농민을 포괄하는 '국민'이었다. 그가 창당한 국민당의 명칭은 이처럼 전민족적 차원의 국민의 이익을 대변한다는 의미를 가지고 있다고 할 수 있다. 국민당은 "극좌, 극우를 모두 배척하고 국력을 통합하여 신민주주의의 새나라를 세우자는 중앙당"[35]임을 자처하고 있었다.

민세는 국민당을 통하여 민족통일의 국가건설을 이루고자 시도한 것이다. 그는 '국민당 선언'[36]에서 "우리는 초계급적인 전민족적 피압박의 형태에서 항전하여 왔고, 다시 전민족적 해방의 단계에 들어있어, 초계급적 통합국가 건설의 역사적 약속 아래에 있으므로 모든 진보적이요 반항 침략 제국주의적인 지주와 자본가와 및 농민 노

34. 김인식, 「식민지시기 안재홍의 좌익민족주의운동론」, 『백산학보』 43호, 1994, 190－195쪽.
35. 『선집』 2, 「중앙당으로서의 건국이념」, 83－87쪽.
36. 『선집』 2, 「국민당선언」, 62쪽.

동자 등 근로층의 인민과를 통합한 신민족주의의 국가를 창업하여, 만민 개로와 대중 공생을 이념으로 하는 계급 독재를 지양시킨 신민주주의의 실행을 목표로 한 정치적 문화적 신기원의 역사를 개창하여야 한다"고 역설하면서, "조선의 신민족주의는 안에서 민족 자존의 협동체요 밖에서는 국제협동의 분담자로서의 공고한 민족 국가를 보유함을 그 사명으로 한다. 그리고 민족, 민권, 민생의 분별을 모름짓지 않고 스스로 만민공화, 대중공생의 대경대법으로 되는 바이다"고 하였다.

민세가 구상한 통일민족국가의 모습은 그가 해방직후부터 민정장관으로 미군정에서 일할 때까지 줄곧 견지한 것으로서 구체적인 개혁프로그램은 국민당의 강령[37] · 정책 · 정강에 자세하게 제시되었다. 이 사회개혁 프로그램은 친일분자의 처리, 토지개혁, 산업정책, 사회복지정책, 교육, 국방, 문화부흥 등에 이르기까지 광범위한 내용을 담고 있어 신국가 건설의 프로그램으로 손색이 없다 하겠다. 국민당의 강령과 정책을 중심으로 민세가 구상한 신생국가의 모습은 다음과 같이 구체화 할 수 있을 것이다.

먼저 정치적 차원에서 민세는 "의회제도를 수립하여 만민이 정치에 참여케 하되 일정연령의 남녀는 선거권, 피선거권의 향유를 기하다"고 하여 의회제도의 수립은 민주주의 정치실현의 필수방식이기에 만인이 정치에 참여케 하는 것은 빈부와 직업 그리고 성의 차이를

37. 국민당의 강령 : 1. 민족 국가의 건전한 발전과 국제 협력의 최선의 분담자가 됨을 기함. 2. 국민 개로와 대중 공생을 이념으로 신민주주의 실현을 기함. 3. 민족문화의 전면적 앙양과 인류 대동의 조류에 순응키를 기함. 위의 글, 63쪽, 『선집』 2, 「국민당의 정강 · 정책 해설」, 66−67쪽.

두지 않는 민주주의 정치의 통측이라고 해설하고 있다. 이같은 민주주의 정치제도의 정착을 위한 전국민에게 언론 · 출판 · 집회 · 결사의 자유를 보장할 것을 명시하고 있다. 이밖에 병역제도에 있어서 국민개병제에 의한 국방군의 즉시 편성을 추진할 것을 제기함으로써 병역의 의무를 국민의 최대 의무로 삼아 시급한 국방력 확보를 구상하고 있었다.

이를 종합해 보면 정치적으로 민세는 철저한 의회민주주의 신봉자임을 알 수 있다. 실제로 민세는 미소공위에 제출한 문서에서 향후 신생조국의 정체를 "국민의회를 최고권력기관으로 삼권분립을 원칙으로 한 민주공화국"[38]을 제시하고 있었다.

경제적인 면에 있어서는 우선 전국민적 관심사였던 토지개혁은 일단 정부가 일본인과 일본인 기관에 의해 소유되었던 토지를 모두 접수한 다음 필요한 재정적 조치와 함께 농민들에게 유상분배되어야 한다. 즉 토지분배"의 규모는 대상 농가의 규모에 따라 정해져야 하며, 토지대금은 가능한 최대의 기한으로 최저의 이율로 상환될 수 있도록 해야 한다. 이러한 유상분배의 토지개혁은 국가 건설기에 필요한 재정을 확보할 수 있게 되고 동시에 농민들로 하여금 토지에 대한 애착심을 제고시킬 수 있다. 농민들에게 이렇게 제공된 토지는 일정기간 동안 팔 수 없어야 되며, 외국인은 토지의 매매 혹은 소유의 주체에서 제외한다. 이는 급격한 토지개혁에 따른 혼란을 예방하고자 한 합리적인 방안이라고 할 수 있다.

또한 소수의 지주들에 의한 토지독점은 엄격하게 통제되어야

38.《한성일보》, 1947, 7, 11.

하며, 상속되는 토지에 대해서는 고율의 누진세를 적용하여 부의 편재현상을 억제해야 한다. 불로소득과 부동산 투기도 금지되어야 하는 바, 이것은 사회적 병리현상을 초래하며 국민개로의 정신에 위배되기 때문이다. 이와 같은 사회개혁조치를 과단성 있게 추진할 경우 자연히 정부에 의한 국민사회 · 경제생활에의 "심각한" 간섭 내지 규제가 필연적인바, 이 과정에서 인권이 유린되는 사례를 최소화하기 위해 행정재판제도가 도입될 필요가 있다.[39]

한국의 경제적 제조건이 서방선진국의 그것과 같지 않기 때문에 자유방임적 경제정책이 아무런 수정 없이 시행될 수는 없다. 기본적으로 산업 · 경제활동은 국민들의 선택과 참여로써 이루어져야 하나 정부의 지도가 완전히 배제될 수는 없다. 대외무역은 정부기관에 의해 통제와 융통성 있는 보호관세제도는 시행되어야 한다. 동시에 의 · 식 · 주, 교통, 국방 등과 관련된 주요기간산업은 국유화해서 국민생활의 안정을 기해야 한다. 특히 수산업은 일본, 노르웨이와 아울러 세계에서 제3위를 차지할 만하다고 하고, 한편 "도시, 항만, 철도, 도로와 하천, 지당, 농지, 임야 등의 신조선 건설에 적응한 국토계획을 촉진함은 일대 건설적 국책으로 되어야 할 것"이라 하면서 이를 주관할 기획원 등의 필요성을 주장하여 시대를 앞서가는 놀라운 식견을 보여주고 있다.[40] 즉 해방조선은 후진 농업국가이지만 미래지향적 견지에서 정부주도 하에 5개년 혹은 10개년 경제개발정책을 실시하여 빠른 시일 내에 공업화를 이룩하는 것이 필요하다. 이를 위해서 외국의 자

39. 정윤재(2000), 앞의 글, 17쪽.
40. 한국사학회 편, 앞의 책, 167－168쪽 참조.

본과 기술이 도입되어야 하고 이것을 관리할 기관이 설립되어야 한다는 것이다.

신생국가에 있어서 가장 중요한 것은 경제적 문제의 해결이었을 것이다. 민세가 가장 역점을 두었던 부분도 바로 경제문제였다. 그의 경제관은 만민공생의 균등경제였다. 이를 위해 그는 어떠한 경우라도 부의 편재나 독점을 막고자 했다. 토지개혁과 주요산업의 국유화 정책을 중요시 여긴 것이 바로 그런 이유 때문이었다. 또 불로소득을 제거하기 위해 국민 모두가 노동해야 하는 국민개로의 제도를 확립하고자 했다. 그리고 노동자 농민의 최저생활을 국가가 보장해 주는 최저임금제도와 노동시간의 규정, 미곡가 정책 등을 입법 시행하여야 한다고 주장한 것이다.

사회분야에서는 무엇보다도 친일파의 처리문제가 중요했다. 온건 우파였던 민세는 그들을 과격한 방법으로 처벌하기보다는 적법한 절차에 따른 처벌이 필요하다고 보았다. 물론 민세는 친일분자의 처벌은 반드시 시행되어야 한다고 주장했다. 다만 처벌의 범위는 아주 극악하고 비민족적인 행동이 도저히 용납될 수 없는 경우로 제한하고자 했다. 예컨대, 기술자, 공무원, 특수기능직 종사자 등과 같이 일제하 식민지정부를 위해 오로지 "일했다"는 이유만으로 친일파로 분류되어 처벌받는 일은 없어야 한다는 것이다.[41] 이밖에도 노동대중의 향상을 위하여 최저노동임과 최고노동시간을 설정하고 유년노동 금지하고 공장노동은 8시간제를 원칙으로 하며, 국가책임제의 의무교육제도의 실시를 기하고 학술연구기관의 확충을 도모할 것이고, 나아가

41. 정윤재(2000), 앞의 글, 17쪽.

보건 · 위생 · 부양 기타의 사회시설의 완비를 기한다고 제시했다.

문화적 측면에서 민세는 신생조국에 가장 필요한 것은 국민들의 교육문제를 해결하는 것이었다. 즉 지력의 향상을 통해 국민의 의식수준을 향상시킬 필요가 있었는데, 이는 교육문화의 균등을 통해 이룩하고자 했다. 이를 위해 초등국민교육에서 국가책임제의 의무교육의 실시와 실과교육, 과학기술교육을 강조하는 한편 문맹퇴치와 사회교육의 실시 보급을 주장했다. 그리고 나아가 일제의 식민정책으로 설픔발이 상태에 있는 전통민속문화의 활성화를 위해 교육 및 연구기관에 대한 대폭적인 지원이 필요하다고 주장했다. 이렇게 우리의 민족문화와 고유도덕을 순화 앙양함은 곧 인류대동의 조류에 순응해 세계문화에 교류 조합함을 의미했다.

민세가 추구하고 이상적 국가로 상정한 것은 민족통일국가였다고 볼 수 있다. 이를 위해 그는 이념성을 배제한 초계급적 민족국가를 수립하고자 했고 또 시급한 민족통합을 위해 민감하고 갈등의 소지가 있는 문제들—토지개혁, 빈부격차 해소, 친일파 처리 등—에 대해서는 가급적 점진적인 해결을 이루고자 시도했다. 그렇기에 그의 신민족주의론과 정책은 다분히 정치적 민주주의와 경제적 사회주의를 혼합해 놓은 듯한 모습을 보이고 있다. 그러나 무엇보다도 민세사상이 가지는 큰 특성은 정책들이 고착되거나 배타적이지 않다는 점이다. 민세 스스로 말했듯이 그의 정책들은 시대와 여건에 따라 얼마든지 수정, 변경이 가능한 것이다.[42)]

해방정국에 출현한 대부분의 정당들의 이념이나 정책이 경직되

42.『선집』2,「국민당 정강 · 정책 해설」, 66쪽.

어 융화되지 못하고 시간이 흐를수록 대립과 갈등이 증폭되어 결국은 모두가 파멸을 맞는 모습을 보였던 점을 상기한다면 민세의 유연성과 융통성이야말로 가장 민주주의적인 사상이었다고 평가될 수 있을 것이다.

Ⅳ. 결론

민세 안재홍의 노선과 사상은 해방정국의 극단적인 이념대립과 갈등상황에서 초지일관 민족통합을 위한 '초계급적 통합민족국가' 건설에 충실했다고 평가된다. 이를 위해 그는 현 단계를 계급투쟁이 아닌 민족투쟁의 단계로 인식해 진정으로 완전한 자주독립국가 건설에 전민족적 총화단결만이 최우선의 과제라고 주장했다. 이같은 민세의 인식에 이론화된 것이 그의 신민족주의론이었다.

그의 신민족주의론은 흔히 서구의 민주사회주의 사상[43] 혹은 사회민주주의 사상[44]과 유사성이 많은 것으로 지적된다. 그러나 민세는 신민족주의론은 거듭 기성의 정치사상을 본뜨지 않고 조선의 고유한 정치철학과 객관현실에 기원과 배경을 두고 있다고 주장한다. 그

43. 유병용, 「안재홍의 정치사상에 관한 재검토」, 한국독립운동사연구회 편, 『한국민족운동사연구』 1, 지식산업사, 1986.

44. 김인식 (1998).

는 "대중의 때문의 주의요, 주의의 때문에 생긴 대중이 아니다. 주체라는 추상적 존재를 위하여 대중의 이해와 의지를 무시하는 것은 죄악이다"라고 하여 기존의 형식적 틀에 맞는 주의를 거부했다. 즉 조선의 역사와 상황에 맞는 주의의 출현이 필요한 것이지 서구의 이념적 틀에 우리의 상황을 맞추는 것을 거부한 것이다.[45)]

실제로 민세의 신민족주의론은 일제시대의 오랜 투쟁과정에서 나온 결과물이었다고 보아야 한다. 특히 일제하 좌우합작의 운동단체였던 신간회에서의 경험이 중요한 역할을 했을 것이다. 그것은 민족운동 진영 내의 이념적 · 계급적 분열을 막는 민족유일당 운동과 연관되어 있었다. 그랬기에 민세의 노선은 해방공간에서도 그대로 적용되어 건준 참여, 국민당 창당, 좌우합작에의 참여, 민정장관직 역임 등 전민족적 통일민족국가 수립에 진력할 수 있었다. 그랬기에 그의 신민족주의론은 사회통합과 사회균등을 강조한 민족주의로서 사회적 민족주의로 평가되기도 한다.[46)]

또한 신민족주의론은 한국사상의 특성을 계승했다고도 평가할 수 있다. 민족의 삶의 문화양식은 고유한 틀을 형성한다. 특히 정신적 사유의 세계는 그것을 관념화하고 이론화하는 작업을 거쳐 하나의 고

45. 민세는 "미국의 민주주의나 중국의 민주주의가 아니요 소연방의 정치가 그대로 조선의 정치가 될 수 없다. 나아가 신민주주의는 서구의 민주주의도 아니요 손문의 삼민주의나 모택동의 신민주주의도 아니다"라고 강조한다. 「신민주주의의 이념」, 김인식, 「신민족주의의 정치사상적 검토」, 『정신문화연구』, 2000 봄호, 120쪽 재인용.

46. 정영훈은 여기서 조소앙의 삼균주의와 신민족주의를 대표적인 사회적 민족주의로 규정한다. 정영훈, 앞의 글, 180-181쪽 참조.

유한 사상체계로 만들어져 민족이념으로 승화시키는 과정을 거치게 마련이다. 한국적 정신문화 역시 동양적 복합 변증법적인 합의 지향[47]을 통해 오랜 시간에 걸쳐 오늘의 한국사상으로 구상화된 것이다.[48]

이러한 한국 고유의 사유체계는 국난의 위기에서 마다 역할을 다하니 삼국통일의 혼란을 극복한 원효의 화쟁사상이나 고려불교의 교·선갈등을 통합시킨 보조국사 지눌의 교관겸수, 정혜결사운동, 조선 성리학의 오랜 당파성을 극복해 조선 특유의 유학을 완성한 퇴계, 율곡의 학문 그리고 근대 말의 동학사상 역시 같은 맥락으로 이해되어야 한다. 이처럼 한국사상은 결코 별개로 각 시기에 창출된 이념일 수 없는 것이었다. 왜냐하면 한민족에게는 이미 그같은 사고가 전제되고 응축되어 있기 때문이다.

민세 역시 신민족주의론은 "조선 정치철학"에서 한민족 고유의 철학적 사유를 준거로 삼았다고 지적하고 있다. 이를 배경으로 한 '초계급적 통합국가'은 한국의 과거역사 및 근대적 경험들은 물론 서구의 역사경험들에 대한 세심한 비판적 검토를 바탕으로 제시된 이상적 국가건설사상이었다고 할 수 있다.[49]

47. 김영두, 『한국정치사상사·동서정치사상사』 한국정치사상연구원, 1987 영인본 참조.

48. 현상윤은 우리민족의 출발이랄 수 있는 神市에서 한국사상의 기원을 찾고 있다. 즉, 신시에서는 4개의 축이 만나고 있다. 하늘이 만물에 베푸는 은혜, 아비가 아들에게 가지는 사랑의 2축과 사람이 하느님을 섬기는 공경, 자식이 부모를 받드는 효의 2축이 만난다는 것이다. 따라서 여기서는 화친과 인애, 책임과 질서가 유지되는 제정일치의 사회가 형성된다. 이 신시의 사고야말로 한국사상의 평화 지향적인 화합적 사고의 출발점이다고 보는 것이다. 현상윤, 『조선사상사』, 민족문화사, 1986 영인본, 13-14쪽.

49. 민세는 "해방은 남의 손으로 되었지만, 민족전선이 통일조차 만일 또 남의 손을 빌려야 하게 된다면, 그야말로 우리에게 자주독립의 자격이 없다고 하더라도 변명할 입이 없을 것"이라며 우리의 정신과 노선으로 통일국가를 건설해야 함을 역설했다. 『선집』 2, 「중앙당으로서의 건국이념」, 83쪽.

참고문헌

❖ 김광식,「해방직후 여운형의 정치활동과 건준, 인공의 형성과정」,『한국현대사』Ⅰ, 서울 : 열음사, 1985.

❖ 김영두,『한국정치사상사 · 동서정치사상사』, 서울 : 한국정치사상연구원, 1987 영인본.

❖ 김인식,「식민지시기 안재홍의 좌익민족주의운동론」,『백산학보』43호, 1994.

❖ 김인식,「신민족주의의 정치사상적 검토」,『정신문화연구』2000 봄호.

❖ 김인식,「안재홍의 신국가건설의 이념」, 한국민족운동사연구회,『한국민족운동사연구』20, 1998.

❖ 송남헌,『해방 3년사』Ⅰ, 서울 : 까치, 1985

❖ 안재홍선집 간행위원회 편,『민세안재홍선집』, 서울 : 지식산업사, 1981–2004, 1–7.

❖ 유병용,「안재홍의 정치사상에 관한 재검토」, 한국독립운동사연구회 편,『한국민족운동사연구』1, 지식산업사, 1986.

❖ 임지현,『민족주의는 반역이다』, 서울 : 소나무, 2000.

❖ 정영훈,「안재홍의 신민족주의이론」, 한국정신문화연구원,『정신문화연구』15권 3호, 1992.

❖ 정윤재,「민세 안재홍의 다사리 국가론 : 정치적 비젼과 실천전략」, 한국정치학회,『정치리더쉽 기획학술회의』발표 논문, 2000, 9.

❖ 정윤재,『다사리공동체를 향하여; 민세 안재홍 평전』, 서울 : 한울, 2002.

❖ 진덕규,「김구의 임정을 거부한 미군정」,『한국논단』1992, 5월호.

❖ 최장집,「한국민족주의의 특징」,『한국민주주의의 조건과 전망』, 서울 : 나남신서, 2001.

❖ 한국사학회 편,「민세 안재홍」,『한국현대 인물론』1, 을유문화사, 1987.

❖ 현상윤, 『조선사상사』, 서울 : 민족문화사, 1986 영인본.

❖《한성일보》, 1947, 7, 11.

❖ Bruce Cumings, *The Origins of the Korea War : liberation and the Emergence of Separate Regimes 1945−1947*(Princeton : Princeton Univ. Press. 1981), 김자동 역, 『한국 전쟁의 기원』, 서울 : 일월서각, 1986.

제 7 장

김일성의 국가건설사상

이승현 (국회도서관 연구관)

Ⅰ. 서론

이 글은 북한의 국가건설 과정에서 보여준 김일성의 활동과 노선을 다루게 될 것이다. 김일성이 광복 후 3년여 동안 보여주었던 활동과 언술을 추적할 수 있는 문헌을 분석함으로써 국가건설의 노선을 평가하고 국가건설 사상의 편린들을 모아볼 것이다.

이러한 자료와 활동을 바탕으로 연구를 진행함에 있어서 연구방법으로는 스프래건스의 진단과 처방론을 활용할 것이다.[1] 스프래건

1. 李鍾殷(역), 『현대 정치이론의 이해』, 서울 : 나남, 1991, Thomas Arthur Spragens, Jr. *Understanding Political Theory*, St. Marin's Press, 1991. 이 방법을 국가건설사상 연구에 활용한 예로는 이종은, 「유길준의 국가건설사상」, 『한국정치학회보』, 38집 1호(2004)이 있다.

스의 진단과 처방론을 본 연구의 분석틀로 사용하는 이유는 첫째, 김일성의 노선과 활동 전반을 진단과 처방이라는 명확한 틀로 분석함으로써 그의 노선이 갖는 전체적인 모습을 체계적으로 그려낼 수 있으며, 둘째 진단과 처방으로 내놓은 방안들이 얼마나 현실과 부합하는지 평가할 수 있는 유용한 방법이기 때문이다.

그의 분석틀에 따라 구성된 이 글의 구성을 보면 제2절은 김일성이 느낀 위기인식과 진단부분이다. 제3절과 제4절은 김일성의 처방부분이다. 그는 계급적으로는 노동자와 농민을 중심으로 하고 민족적으로는 친일파를 제외한 계층을 건국의 주체로 하였다. 국가건설의 방법은 민주기지노선을 채택하였는데, 미소의 대립으로 통일국가를 수립하기 어려워지자 우선 북한지역을 기지로 확보한 후 남쪽지역으로 혁명을 확대하겠다는 장기구상을 갖고 있었다. 그래서 단기적 목표로 설정한 것이 "인민공화국" 형태의 분단국가인 조선민주주의 인민공화국이었고, 인민공화국의 정치체제를 남한지역에까지 확장하고자 했던 시도가 6 · 25를 초래하였다.

김일성은 정치사상가라기보다는 정치활동가라고 볼 수 있다. 오랜 기간 집권한 결과 1980년대에 이르러서는 주체사상 총서를 통하여 사상체계를 정리하기도 했지만 국가건설 초기부터 체계적인 사상체계를 갖고 있었다고 보기는 어렵다. 그래서 그가 국가를 건설해 가면서 보여준 활동을 통해 사상의 편린들을 모을 것이고, 이런 과정을 통해 광복 직후 그가 갖고 있던 국가건설사상이라는 조각그림을 완성해 보려 한다.

김일성이 보여준 국가건설 활동과 노선을 대외인식, 국가건설의 주체, 그리고 국가건설의 방법을 중심으로 추적해 볼 것이다. 대외

인식은 국제관계가 국가건설의 외적 환경으로서 결정적인 구조로 작용했기 때문에 살펴볼 것인데, 미국과 소련에 대한 인식을 중심으로 살펴볼 것이다. 여기에 포함될 문제로는 탁치, 미소공위, 그리고 전반적인 대미 · 대소 인식을 들 수 있다. 국가건설의 주체를 누구로 할 것인가 하는 문제는 반제반봉건노선을 관철하면서 뚜렷해졌다. 반봉건노선을 추진하는 과정에서 노동자와 농민계급이 국가건설의 주류를 형성하여 갔으므로 그 과정을 추적해 볼 것이다. 반제노선을 추진하는 과정에서 나타난 친일파 문제, 통일전선의 범위문제 등을 분석하면 김일성이 새로운 국가건설의 주체로 누구를 상정했는가를 알 수 있을 것이다. 이런 일련의 국가건설과정을 관통하는 정치노선이 민주기지노선이므로 이를 추적하고 평가해 볼 것이다.

김일성의 국가건설을 전생애에 걸쳐서 조망해 보면 최초 독립정권을 수립한 이후 이를 사회주의 국가로 바꾸어 가는 노정에서 바라 볼 수 있다. 조선민주주의 인민공화국을 수립한 이후 김일성이 걸어간 길은 사회주의 제도의 도입이었고 집권 기간동안 목표로 한 것은 사회주의가 완전히 승리한 국가, 즉 초보적인 공산주의 국가였다. 그럼에도 불구하고 국가건설 초기에 보여준 김일성의 활동과 언술 속에서는 좀더 복합적이고 다르게 해석될 수 있는 여지가 있었다. 예컨대 김일성은 한 문건에서 "북조선 공산당이 모든 민주주의 당들과 정치적 단체들의 넓은 연합의 기초 위에서 뿔조아-민주주의 정권을 수립함에 방조를 주어야 한다"고 주장하기까지도 했었다. 프로레타리아 민주주의에 근거한 공산주의 국가가 아니라 부르조아 민주주이에 근거한 국가를 수립하자는 것이다. 이런 언술들을 액면 그대로 인정하기는 힘들겠지만 당시 문헌들을 통해 좀더 복합적인 조망을 해볼 수 있다.

김일성이 갖고 있는 국가관은 매우 단순한 사실에서 출발한다. 그는 "해외에 가 있는 사람은 누구나 느낀 것이지만 언제나 나라 없는 설움을 받을 때마다 무엇보다도 좌우간 제 나라가 있어야겠다는 것을 거듭 통감하였다 … 무엇보다도 나라가 있어야겠다는 것, 이것을 뼈저리게 느껴 가지고 싸웠다"[2)]는 것이다. 이렇게 가장 원초적인 데서 출발하고 있었기에 김일성의 이상적인 국가상이 무엇이었던 간에 실제로 독립국가를 수립할 수 있다면 우선 독립국가를 수립하고자 하는 욕구가 강했다는 점도 잠재해 있었다.

김일성이 이상적으로 생각했던 국가는 노동자가 완전히 승리한 사회주의 국가였다. 그러나 광복 직후 현실 속에서 그가 건설했던 국가는 좌파이념에 근거한 농민국가에 가까웠다. 농민의 지지를 이끌어 내기 위해 토지개혁을 추진하였고, 그 과정에서 농민의 이해를 존중하려 노력했으며, 이를 제도적으로 보장하려고 노력했다. 농민국가로 출발한 북한이 다음 단계로 가야 할 고지는 그의 이상대로 사회주의 제도를 수립하는 것이었고, 실제로 초보적인 수준에서 이를 추진하였다. 만약 6 · 25가 없었다면 북한은 상당한 기간동안 농민국가로 남아 있었을 가능성도 있었다.

이 글에서는 그가 광복 직후 보여준 노선과 활동의 편린을 추적하면서 국가건설 주체와 노선의 측면에서 분석할 수 있는 내용들을 정리해 볼 것이다. 왜냐하면 이 문제를 검토해야 김일성이 건설하고

---

2. 김일성, 「산업을 급속 회복 통일적 전선을 수립」, 『평양민보』, 1945년 10월 20일자.

자 했던 국가의 주인이 누구이며 건설의 방법이 무엇인지를 파악할 수 있기 때문이다.

Ⅱ. 대내외 위기인식과 진단

김일성이 당시 대내외 정세를 어떻게 보았으며 어떠한 진단을 내렸는가는 향후 국가건설의 방향을 가늠하는 실마리이다. 특히 대외 인식과 관련하여 소련과 미국을 어떻게 보았는가 하는 점은 매우 중요하다. 왜냐하면 당시 미 · 소라는 외압력을 제압할 수 있는 정치세력은 남북한 어디에도 없었다. 당시 한민족은 미 · 소의 정책을 정확히 이해하고 긴장과 균형 그리고 협력 속에 국가를 수립해야 하는 상황에 처해 있었다. 김일성은 이 사실을 이승만만큼 잘 알 고 있었다.

해방을 전후하여 북한지역에는 소련이 진주하였고 남한지역에는 미군이 진주하였다. 1945년 여름까지만 해도 미소간의 대립은 그 이후 시기에 비해 상대적으로 심각하지 않았다. 독립운동을 하던 사람들은 미소의 협력이라는 환경 위에서 한민족의 독립국가를 세우면 되겠다는 희망을 갖고 귀국하였다. 이때 공유되었던 희망은 "과거 수십 년간 일본 제국주의자에게 강탈되였든 국토와 모든 재산과 유린되였든 조선민족의 모든 권리를 다시 분취하야 조선의 국토와 재산을 조선민족이 통치하며 조선민족의 국제상 권리를 정당하게 회복하자"[3]는 것으로 간추릴 수 있다. 김일성도 이와 크게 다르지 않은 생각을 갖고 귀국하였을 것이다. 광복직후 김일성을 비롯한 정치가들은 당시 상황을 위기로 인식하기 보다는 "희망"을 갖고 대했을 것이다.

그러나 차츰 미국과 소련 간의 대립이 드러나면서 한반도의 정치도 이 영향으로부터 자유로울 수가 없었다. 미소 협력은 한반도에 독립적인 통일국가가 수립될 수 있는 기본 전제조건이었다. 미소 대립은 한반도에 독립적인 통일 국가가 수립되는 대신 한반도를 분단하여 북쪽에는 친소국가가 남쪽에는 친미국가가 등장할 가능성을 높혀주는 강한 외압이었다. 이러한 외적 환경의 변화는 한민족의 독립국가를 수립하는 데 새로운 장애를 조성하기 시작했다. 김일성은 이러한 상황을 "복잡 다기한 국제정형의 축소도로 표현되고 있는 남북상이의 반신불수 상태"[4]로 인식하게 되며, 이를 타개하기 위한 방법을 고민하게 된다.

김일성이 미소의 협력과 갈등을 어떻게 파악했는가 하는 점은 중요하다. 그리고 미소가 갈등하고 대립할 경우 각각 미국과 소련을 어떻게 인식하고 진로를 선택할 것인가 하는 점도 중요하다.

김일성이 소련에 대해 우호적인 입장을 취했다는 것은 너무도 잘 알려져 있다.[5] 예컨대 김일성이 귀국하여 평양시민들과 처음으로 대면하였을 때 말한 첫 마디가 "해방과 자유를 위하여 싸운 붉은 군대

3. 「민족적 통일전선과 그 정치사상의 동향」, 《정로》, 1945년 11월 7일자.
4. 《정로》, 1945년 12월 5일자.
5. 김일성은 소련군 점령이라는 환경구조의 성격과 의미, 그리고 살아남고 성공하기 위해서는 그 구조의 요구에 순응할 수 밖에 없다는 것을 명확하게 인식하고 있었다. 백학순, 「북한에서의 '단일적 지도력'의 확립과 당 · 국가건설」, 『북한현대사 1』(서울 : 한울아카데미, 2004), 56쪽.

에게 진심으로 감사"한다는 것이었고, 같은 연설 말미에는 "쏘련 군대와 쓰딸린 대원수 만세!"[6]를 외쳤다. 또 다른 자리에서 김일성은 "우리에게는 약소민족을 돕는 고맙고 친절한 이웃나라가 있다. 즉 쏘련이 있다"[7]고 말하기도 했다. 그는 또한 "쏘련은 침략자 독일과 일본을 타도하고 약소 민족을 해방시켰다. 실로 쏘련은 세계 피압박민족 해방의 신실한 원조자이다", "우리는 하루바삐 참된 전인민이 단결하여 민주주의 국가를 건설하고 위대한 이웃나라 쏘련과 영구한 친선관계를 수립하여야 한다"[8]고 말하기도 했다. 이와 같은 김일성의 친소 인식과 태도는 소련이 김일성을 선택한 중요한 이유가 되었다. 왜냐하면 김일성의 이력으로 볼 때 친중적인 요소도 다분히 갖고 있었고, 소련이 김일성의 친중적인 측면에 방점을 찍을 경우 김일성을 선택하는데 주저함이 있을 수도 있었다. 김일성이 적극적으로 친소의 입장을 견지하였고, 이는 북한을 친소 국가로 출범시킨 중요한 이유가 되었다.

그러면 김일성은 미국을 어떻게 인식하였을까? 김일성이 미국을 소련과 힘을 합쳐 제2차 세계대전을 끝낸 연합국의 일원으로 인식하는가 아니면 제국주의 국가로 인식하는가 하는 문제는 매우 중요하다. 광복 이후 김일성이 미국을 지칭했던 표현들을 추적해 보면 그 일단을 알 수 있다. 김일성은 1차 공위 교착 이전에는 연합국, 미국 등으

6. 김일성, 「평양시 민중대회에서 한 김일성 장군의 연설 요지」, 《평양민보》, 1945년 10월 15일자.
7. 김일성, 「산업을 급속 회복 통일적 전선을 수립」, 《평양민보》, 1945년 10월 20일자.
8. 김일성, 「10월 혁명 기념식 개회사」, 《평양민보》 1945년 11월 10일자.

로 부르다가 1차 공위가 교착되자 국제 독점자본, 국제 반동파, 변상 제국주의 등으로 불렀다. 아직까지는 미국을 직접 미제라고 지칭하지 않고 있다. 그러나 2차 미 · 소공위가 결렬된 이후 부터는 비공식적인 자리에서 미제국주의라고 표현하며 비판하기 시작했다.[9] 김일성이 미국을 연합국의 일원으로서가 아니라 제국주의 국가로 바라보게 되는 인식 전환을 공식적으로 표명한 것은 북로당 2차 대회라고 볼 수 있다. 그는 미국의 조선정책은 조선을 식민지화하는 것이라고 신랄하게 비난함과 동시에 이제까지는 미국을 비판하는 경우에도 간접적 표현을 사용하던 것을 멈추고 미제국주의라고 부르게 되었다. 이런 호칭 변화는 김일성이 미소의 협력에 근거한 국가수립이 어렵다고 판단했음을 보여주는 것이다.

김일성의 국가건설 과정에서 미소의 대립은 매우 중요한 상황 변화였다. 희망이 위기로 바뀐 것이다. 미소의 협력은 한반도에 통일 임시정부가 수립될 가능성을 높이는 요인이었고, 미소의 대결은 한반도에 잠정적인 분단국가가 수립될 가능성을 높이는 요인이었기 때문이다.

김일성이 독립국가를 건설하는 데 1차적인 위험과 기회로 다가온 것은 1945년 12월 탁치문제였다. 1945년 12월 28일 모스크바에서는 한반도 문제에 관한 미 · 영 · 소 3국 외상회의 결정이 발표되었다.[10] 국내에는 모스크바 3상회의 결정 중 신탁통치 문제가 부각되어

9. 사꾸라이 히로시, 「북조선노동당의 통일정책 : 민주기지노선의 형성」, 『북한현대사 I』(서울 : 공동체, 1989), 291－296쪽.

10. 조선민주주의 인민공화국 과학원 역사연구소, 『조선통사(하) (1958년판)』, 299쪽.

전해지면서 즉각적인 통일 독립을 기대하던 남북한의 정국은 누구도 통제할 수 없는 소용돌이 속으로 휘말려 들어갔다. 남한에서는 탁치 문제를 계기로 우익이 반탁, 반공, 반소노선으로 뭉치면서 강력해졌고, 반면 조선공산당의 대중적 영향력이 급격히 감소하였다. 김일성에게도 선택의 순간이 다가오고 있었다.

탁치문제에 대한 김일성의 판단은 향후 국가건설 과정에서 민족주의자들과 함께 가느냐 결별하느냐를 가름하는 중요한 문제였다. 조만식과 조민당이 임시정부 수립안을 거부함으로써 탁치문제를 둘러싸고 조만식과 김일성이 더 이상 같이 갈 수 없음을 확인하였다. 김일성은 탁치를 거부 또는 유보한 조만식 등 민족주의자를 국가건설 과정에서 배제하기 시작했다. 탁지 지지를 유보한 조만식은 어려움에 처했으며,[11] 김일성은 단독국가건설을 향한 작업을 시작했다.

미소공동위원회의 개최와 결렬은 남북의 국가건설 과정에서 또 하나의 결절점이었다. 특히 2차회담 결렬 이후 한반도 문제는 유엔으로 옮겨짐에 따라 미소합의에 의한 통일정부 수립에 더 많이 치중하던 남한의 좌익, 특히 박헌영은 더욱 어려운 형편이 되고 김일성은 북한지역을 단독으로 통괄하는 국가건설에 더욱 유리한 활동영역을 갖게 되었다.

소련정부는 제1차 미·소공동위원회 결렬의 주요 원인으로 된 협의대상 문제에 대하여 미국측의 입장이 부당하다고 주장하였지만

11. 탁치 지지를 유보한 조만식에 대한 공산당의 입장은 「조만식은 전쟁범죄자, 인민재판을 받음이 당연」, 《정로》, 1946년 4월 10일 ; 「'학도지원병' 모집당시 조만식의 반역적 격려문」, 《정로》, 1946년 4월 10일 기사에 간접적으로 드러나고 있다.

1947년 5월 21일 미 · 소공동위원회를 재개하였다. 많은 난관 끝에 미소는 앞으로 수립될 임시정부의 형태, 성격 및 정책에 관하여 각 정당 사회단체들의 답신을 요구하는 합의하였다.[12] 남북한의 정치세력이 모두 적극적으로 미소공위에 대응해 나갔다.

미소 간의 협의가 결국 협의대상 문제를 해결하지 못하고 결렬되었다. 미국은 9월 17일 조선문제를 유엔 제2차 총회에 상정시킬 것을 제의하였고, 소련대표는 미소 양국 군대를 1948년 초까지 조선으로부터 완전히 철거시키고 조선정부의 수립문제를 조선민족에게 맡기자고 제의하였다.[13] 서로 만날 수 없는 평행선 주장을 주고 받는 가운데 1947년 10월에 제2차 미소공위는 완전히 결렬되었고, 미-소합의에 의한 통일정부의 수립은 불가능해짐에 따라 남북한 각각에서 국가건설 과정이 진행되었다.

미소공위가 결렬되고 조선문제가 유엔으로 이관됨으로써 남북한 각각은 단정수립을 향한 행보를 시작하게 되었다. 김일성은 미국의 노선을 "조선을 인공적으로 분열하며 유엔의 이름 밑에서 그들에게 유리한 반동정부를 수립하며 남조선을 완전히 식민지로 만들려는"[14] 것으로 이해하였다. 김일성은 이런 인식을 바탕으로 민주기지

12. 조선민주주의 인민공화국 과학원 역사연구소, 『조선통사(하) (1958년판)』, 342-343쪽.
13. 조선민주주의 인민공화국 과학원 역사연구소, 『조선통사(하) (1958년판)』, 343쪽.
14. 김일성, 「남조선 반동적 단독정부 선거를 반대하며 조선의 통일과 자주 독립을 위하여 : 북조선 민전 제25차 중앙위원회에서」, 『근로자』 1948년 3월호, 2-14쪽.

노선을 통해 북한 단독의 정권수립에 박차를 가한다.

김일성이 입국할 당시 한반도의 많은 사람들은 여전히 통일독립의 당위성과 가능성을 믿고 있었다. 일본으로부터 독립하여 새로운 국가 건설의 기회가 왔다고 생각했던 김일성은 탁치문제와 미소공위를 경험하면서 독립국가 건설을 막아서는 새로운 위기로서 미소의 대립이 등장한 것으로 인식했다. 통일에 대한 장애국면이 닥쳐왔다고 진단한 김일성이 내린 처방은 민주기지노선이다. 김일성은 외압력으로 작용한 미소의 대립을 정면으로 돌파하기보다는 분단국가를 수립하는 길을 선택했고 통일국가 수립은 뒤로 미루었다. 선 국가수립 후 통일의 논리를 민주기지론으로 정리한 것이다. 김일성은 민주기지 노선을 통해 북한의 정치를 이끌어 갔고, 결국은 국가수립의 기본 노선으로 삼았던 것이다.

Ⅲ. 국가건설 주체

국가건설의 주체 문제는 국가건설 과정에서 무엇보다 중요한 문제이다. 누가 그 나라의 주인인가를 결정하는 문제이기 때문이다. 김일성도 국가건설의 주체 문제가 매우 중요하다고 보았으며, 그 범위를 명확히 인식하고 있었다. 김일성이 누구를 주체로 하여 국가를 건설하려 했는가 하는 문제는 통일전선과 반제 반봉건 노선을 분석함으로써 실마리를 찾을 수 있다. 그의 주체인식은 여러 연설을 통해서도 그 흔적이 남아 있으므로 추적할 수 있다.

그는 귀국하여 처음으로 평양시민을 만나는 자리에서 국가건설에 대한 자신의 생각을 밝힌 바 있다. "조선민족은 이제부터 새 민주조선 건설에 힘을 합하여 나가야 하겠다. 어떠한 당파나 개인만으로 이 위대한 사명을 완수할 수는 없는 것이다. 노력을 가진 자는 노력으로 지식 있는 자는 지식으로 돈 있는 자는 돈으로 참으로 나라를 사랑하고 민주를 사랑하는 전민족이 대동단결하여 민주주의 자주독립국가를 건설하자."[15] 이 연설에 나타난 것처럼 김일성은 노동자, 농민, 지식인 그리고 민족자본가를 국가건설의 주체로 인식하고 있었다.

김일성이 주도적으로 참여한 조선공산당 북부조선책임자와 열성자 당원회의 결정서에는 향후 건설할 국가주권의 성격에 대한 실마리를 남겨놓고 있다. 이 결정서는 제10항에서 "조선인민공화주권은 친일적 반동분자의 철저적 제외와 숙청한 외의 전민족을 망라한 어떠한 당파, 어떠한 단체, 어떠한 계급을 물론하고 전인민의 의사를 대표한 주권이 되어야 한다"[16]고 적고 있다. 여기서 새로운 국가의 형태는 공화제이며, 주권자의 범위는 친일파, 민족반역자를 제외한 전민족으로 할 것을 강조하고 있다.

그는 또 다른 기회에 "새 민주주의 국가의 건설이 우리의 과제인데 이것은 말은 쉬우나 결코 용이한 것이 아니다"[17]고 주장하였다.

---

15. 김일성, 「평양시 민중대회에서 한 김일성 장군의 연설요지」, 《평양민보》, 1945년 10월 15일자.
16. 《정로》, 1945년 11월 1일자 ; 《정로》, 1945년 11월 7일자.
17. 김일성, 「산업을 급속 회복 통일적 전선을 수립」, 《평양민보》, 1945년 10월 20일자.

어려운 과제를 완수하기 위해 "전민족을 굳게 통일하는 민주주의 민족통일전선을 수립하지 않으면 안 되겠다. 우리에게는 아직 완전히 통일된 통일전선이 없다. 우리의 민주 건국의 (의)욕을 한곳에 모으기 위하여 우리는 민주주의적 통일전선을 가져야 겠다"고 말한 바 있다.

자신은 공산주의자였지만 공산당 홀로 국가를 건설할 수 없다는 사실을 명확히 인식했고, 계급적으로도 노동자, 농민, 지식인, 민족자본가 모두가 참여하여야 국가를 건설할 수 있다는 인식을 갖고 있었다. 이에 비해 오기섭, 박헌영 등은 자본가를 국가건설의 주제세력으로 포함하는 데 반대하였다.[18] 김일성은 통일전선을 신국가건설의 기반으로 이해했기 때문에[19] 초기에는 일본 제국주의의 잔재를 청산하기 위해 반일 민족주의자들과 적대적이지 않았다. 조만식 등 민족주의 세력과 통일전선을 형성하여 국가를 건설하려했다. 1945년 12월 무렵의 김일성은 "반일 민주주의 당과 단체들과의 통일전선을 만방으로 강화시켜야 될 것"을 강조하기도 했다.

그렇지만 현실 속에서 민족주의자들과의 통일전선이 원만하게 진행되지는 않았다는 데 김일성의 고민이 있었다.[20] 그는 "공산당은 민주당과의 통일전선 결성에 있어서 불만족하게 사업한다"고 직접적으로 언급하고 있다. 당시 공산당원들은 "중대한 원칙문제들을 협력하며 해결하는 대신에 각종의 충돌"을 일으키시 통일전선을 촉진하기 보다는 반일민주당 등과 정치적 단체들의 통일 강화에 장애를 만

18. 백학순, 「북한에서의 '단일적 지도력' 의 확립과 당 · 국가건설」, 19–21쪽.

19. 김광우, 『북한정치사 연구 I』, 194쪽.

20. 김일성, 「북부조선 공산당 공작의 착오와 결점에 대하여」, 『당의 정치노선 및 사업총결과 결정 : 당 문헌집 1』(평양 : 출판사 불명, 1946), 9쪽.

들었다. 김일성은 "간판을 위하여" 통일전선을 하는 것이 아니라 인민을 단결시키고 국내의 정치적 · 경제적 상황을 정돈하기 위하여 하는 것임을 분명히 했다. 그렇지만 "덮어놓고의 단결은 누란 같은 위태한 단결이요 결코 건전한 국가를 약속하는 단결은 아니다 … 우리의 갈 길은 오직 민주주의 인민공화국의 건설이요 모든 힘을 총동원하여 이 깃발 아래 단결할 것이다. 우리 민족의 이 단결을 방해하고 분리작용하는 반동분자가 우리 근변에 있다. 이것은 일본 놈의 주구인 친일파, 민족반역자이니 조선인으로서 조선 사람의 피를 빨아먹어 왔으며 또 빨아먹을려는 민족의 적이다"[21]라고 지적하여 친일파와 민족반역자는 국가건설과정에서 제외할 것임을 분명히 하였다.

김일성이 국가건설의 주체로서 시민권을 부여하는 기준은 초기에는 공산주의자냐 아니냐가 아니었다. 초기 김일성의 기준은 반일이냐 친일이냐 였으며, 반일이라면 그들이 공산주의자가 아닌 민족주의자들이라 할지라도 국가건설 과정에 참여시키겠다는 생각을 갖고 있었다. 이는 김일성이 국가건설 과정에서 공산주의의 원칙에도 불구하고 당시 현실을 고려한 실용적인 인식을 갖고 있었음을 보여주는 것이다.

김일성뿐만 아니라 당시 조선공산당 내부에서도 이런 생각들이 공유되고 있었다. 조선공산당 북조선 분국을 설치하기 위한 논의 과정에서도 이런 구상들이 나타난 바 있다. 예컨대 당조직문제 보고 중에 "일본 제국주의의 잔재요소를 근본적으로 물리치는 데서만 인민

21. 김일성, 「민주주의 깃발 밑에 애국적 청년은 결집 전진하라」, 《평양민보》, 1945년 11월 19일자.

정권을 수립할 수" 있다고 보았다. 그리고 "우리가 할 역할은 전힘을 다하여 민족통일정권을 수립해야 한다. 이곳에는 자본가도 참가한다. 민족적 독립과 인민의 생활을 높일 정부를 세워야 한다"고 주장한 것이다. 그러나 연합전선을 펴서 인민정권을 수립하되 "조선민족의 이익을 팔아먹는 그네들까지도 용납할 수는 없다"[22]고 주장한 것이다. 노동자나 자본가 모두가 주체로 참가하여 국가를 건설해야 하고, 강령도 그에 적합한 것이어야 한다는 주장이 제기되었다. 이 보고는 새로운 정권의 성격을 "현 단계에 있어서는 자본 민주주의 정권을 세워야 한다"고 주장했는데, 이 주장은 당시 공산주의자들이 현실적으로 실현가능하다고 생각한 혁명단계는 부르주아 민주주의 혁명단계였음을 알려주는 실마리이다.

1946년 1월 초만 해도 김일성은 "전인민들과 더부러 전 인민의 총의에 의한 인민의 이익을 대표하는 진정한 인민의 주권을 세울 것"[23]을 약속했다. 그러나 조만식을 무력화하고 정권기관의 주도권을 쟁취한 이후인 1946년 2월 부터는 조만식 등 민족주의 세력과의 통일전선을 결렬시켰다. 김일성은 1946년 2월 8일 북조선 임시인민위원회를 조직하면서 이 점을 분명히 하였다.[24] 북조선 임시인민위원회는 과제의 제1항에서 '반민주적 반동분자' 의 숙청을 제기함으로써 모스크바 협정에 반대하는 자, 즉 조만식을 중심으로 한 세력을 제거하겠다는

22. 「조선공산당 북부조선 5도 연합회에서 한 당조직문제 보고」, 조선산업노동조사소 편, 『옳은 노선』(1946), 40-41쪽.

23. 「건국의 정로」, 《정로》, 1946년 1월 3일자.

24. 조선민주주의 인민공화국 과학원 역사연구소, 『조선통사(하) (1958년판)』, 302쪽.

의지를 표명했다. 그리고 이제까지 우익민족주의 세력과의 협력상 연기해 왔던 반봉건 민주과제의 실시를 일제 잔재처리와 병행할 것임을 분명히 했다.[25] 즉 이때가 되면 김일성과 조만식의 상층 통일전선은 해체되었으며,[26] 민주기지를 건설하기 위한 조치들이 준비되기 시작했다. 김일성은 국가를 건설하는 과정에서 민족주의 우파 지도자들의 시민권을 박탈하려 했다. 민족주의 우파 지도자들, 즉 계급적으로 민족자본가 계층을 인민의 범위에서 서서히 제외시키기 시작했다.

임시 인민위원회의 상부조직은 김일성파와 국내파 공산주의자를 포함한 공산당과 연안파의 연합으로 구성되었지만 임시인민위원회 하부 구성은 반제반봉건 혁명노선에 동조하는 모든 세력을 여전히 포함하고 있었다. 예컨대 도-시-군 인민위원회의 계층별 구성은 노동자 5.7%, 농민 71.8%, 사무원 및 인테리 15.8%, 기업가 2.1%, 상인 4.6%였다.[27] 그리고 이와 같은 성분구성을 갖는 북조선 임시인민위원회의 탄생은 공산당이 1945년 11월 민전구성을 제의하고 추진한 이래 최소한 북한지역에서는 가능한 범위 내에서의 통일전선, 특히 하층 통일전선이 성공적으로 결성되었음을 의미하였다.

북조선 임시 인민위원회는 1946년 9월 5일 "북조선 도-시-군 인민위원회 위원선거에 관한 법령"을 발포하였고, 11월 3일 선거를 실시하였는데, 이 선거는 치열한 계급투쟁을 동반하였다.[28] 새로 선거

25. 박재권, 「해방직후 소련의 대북한 정책」, 『해방전후사의 인식 5』(서울 : 한길사, 1989), 386쪽.
26. 변영호, 「해방 직후 북한에 있어서 통일전선」, 236쪽.
27. 조선민주주의 인민공화국 과학원 역사연구소, 『조선통사(하) (1958년판)』, 330쪽.

된 인민위원들의 성분별 구성은 노동자 14.5%, 농민 36.3%, 사무원 30.6%, 상인 4.3%, 문화인 9.1%, 지주출신 0.4%등이었는데, 이에 대한 해석은 상반되게 이루어지고 있다. 북한의 조선통사는 이러한 성분구성을 근거로 인민정권은 ① 광범한 민주주의 민족통일전선에 기초하고 있으며, ② 노동계급의 영도적 지위가 훨씬 더 강화된 것으로 해석한다. 이에 대해 직업별로 농민이 가장 많은 것은 당연한 것이지만 노동자보다 사무원이 상대적으로 많은 것에 문제를 제기하고, 게다가 투표방식이 유권자의 의지를 충분히 반영한 선거결과를 이끌어내기 힘든 것이었다[29]고 비판하는 견해도 있다.

그러나 인민위원회 선거 이전의 도-시-군 인민위원회 위원들의 성분별 구성이 노동자 5.7%, 농민 71.8%, 사무원 및 인테리 15.8%, 기업가 2.1%, 상인 4.6%였다는 사실과 대비해 볼 때, 이 선거결과는 북한에서의 계급관계의 변동을 분명히 반영하고 있다.[30] 투표방식에 관해서는 흑백함 투표라고 해서 대부분의 연구자들이 비판적 입장을 취하고 있다.

김일성은 일본 제국주의의 잔재를 청산한다는 차원에서 친일파 척결을 주장했고, 봉건제도의 잔재를 청산한다는 차원에서 지주-소작관계의 청산을 주장했다. 김일성은 새로운 국가를 건설하면서 최소

28. 조선민주주의 인민공화국 과학원 역사연구소, 『조선통사(하) (1958년판)』, 328쪽, 281쪽.
29. 사쿠라이 히로시, 「북조선노동당의 통일정책 : 민주기지노선의 형성」, 281-282쪽.
30. 조선민주주의 인민공화국 과학원 역사연구소, 『조선통사(하) (1958년판)』, 329-330쪽.

한 친일파와 지주에게는 시민권을 부여하지 않겠다는 입장을 갖고 있었다.

김일성은 앞서 살펴본 바와 같이 국가건설 과정에서 친일파와 민족반역자를 배제하겠다는 언급을 일관되게 유지하였다. 예컨대 1946년 2월 발표한 11개조 당면과업의 첫째와 둘째 항목은 친일파에 관한 것이었다. 1조는 "친일분자 및 반동분자들을 철저히 숙청하고 유능한 간부들을 각 기관의 지도사업에 등용하여 각 지방의 행정기구를 강화할 것"이다. 2조는 "일본 침략자 및 친일적 반동분자들에게서 몰수한 토지와 산림을 최단기간 내에 정리하며"라고 적고 있다.[31] 11개조 당면과업을 더욱 세밀화한 20개조 정강에서도 친일 행위자들을 철저히 숙청하고 이들의 경제적 기반을 제거하는 것을 가장 우선적인 당면과업으로 제시하였다.

그러나 이러한 언급에도 불구하고 융통성을 갖고 인재를 활용했다는 주장도 제기된 바 있다. 실제로 김일성이 구체제의 간부를 "사무원규정"을 폭넓게 적용하여 적절히 활용하였다. 최소한 1946년 초까지는 그러했다. 그러나 이후 토지개혁과 주요 산업 국유화 등을 진행하면서 친일파의 경제적 토대를 제거하여 1947년 2월 경에는 친일파 청산을 거의 마무리하였고,[32] 1947년 7월경에는 매우 엄격한 규정을 명문화하였다.[33]

김일성이 생각한 친일파는 첫째, 한일합병시 일제에 협력한 사

31.《정로》, 1946년 2월 10일자.
32. 김광운, 『북한정치사연구 I』, 29쪽, 73쪽, 237쪽.
33.『쏘미 공동위원회 공동 결의 제5호, 제6호 해답서』, 1947년 7월 3일.

람, 둘째, 일본 귀족원 및 중의원 의원에 선발된 자와 조선 귀족령에 의해 작위를 받을 자, 셋째, 조선총독부, 중추원, 참의고문을 역임했거나 관선에 의하여 도회의원, 부회의원에 임명된 자, 넷째, 조선총독부 및 도, 부, 군의 책임있는 자리에 있던 자, 다섯째, 일제의 경찰서, 헌병대, 검사국, 재판소에서 책임있는 지위에 있던 자들과 형사, 밀정, 정탐 등 특무에 종사하여 조선 인민의 애국자, 혁명운동자들을 박해하던 자, 여섯째, 민주주의 영미연합군을 반대하여 일본통치와 일제의 침략전쟁을 찬미하고 선전하던 친일파 단체 및 '황민화 운동'의 지도자, 일곱째, 일본 제국주의의 전쟁을 돕는 군수품을 생산하고 자원을 제공한 기업주 및 거액의 금품과 비행기 등을 헌납한 자, 여덟째, 일본 제국주의 군대에 참여하여 전쟁을 방조한 조선인 일본 장교, 아홉째, 변절하여 반일애국투사를 모해한 자 등이다.

국가건설의 주체에 대한 김일성의 인식을 계급차원에서 추적해 볼 수 있다. 토지개혁을 비롯한 제반 개혁과정에서 누가 새로운 국가의 주인인가 하는 인식은 비교적 명확히 드러난다. 민주개혁은 소련군 사령부와의 긴밀한 협조 아래 김일성이 주도하였고, 민주개혁을 성공적으로 추진함으로써 대중들의 지지를 획득할 수 있었다. 민주개혁의 추진은 잠정적인 민주기지의 건설과 다름 아니다. 북한에서는 소련군 사령관 명령에 의해 토지면적 조사를 실시했고,[34] 민정부가 토지개혁법령을 작성했으며, 조선공산당 북조선 분국이 중심이 되어 토

34. 치스차꼬프, 「북조선내 토지면적조사 진행에 대한 북조선주둔 소련군사령관 명령서」, 국사편찬위원회, 『북한관계사료집 25』(과천 : 국사편찬위원회, 1996), 25쪽.

지개혁을 실시했고, 임시인민위원회가 토지개혁에 대한 통제권을 행사했다.[35] 김일성은 1946년 3월 4일 5차 확대위원회의를 열어 토지개혁을 결정하였고, 북조선 임시인민위원회는 바로 다음날인 3월 5일 토지개혁 법령을 공포하였다.[36] 북조선 민주주의, 정당, 사회단체 중앙기관 대표자들은 3월 6일 연석회의를 소집하여 토지개혁 법령을 지지하는 공동성명서를 발표하였다. 김일성은 소련군 사령부와의 긴밀한 협조 아래 토지개혁을 강력하게 추진할 수 있었다. 토지개혁은 북한을 지주의 국가가 아니라 농민의 국가로 만드는 전환점이었다.

김일성은 계급노선에 근거하여 토지개혁을 실시하였다. "고농과 빈농에 철저히 의거하여 중농과 동맹하고 부농을 고립시켜 지주의 반항을 분쇄"하는 계급정책을 기본으로 삼았다.[37] 이 계급정책은 지주들의 반항을 불러일으켰다. 지주들이 단결하지 못하도록 여러 지방으로 이주 · 분리시키는 조치를 취하거나 또는 남한으로의 이주를 간접적으로 부추겼다. 토지개혁과정에서 지주의 남한 이주를 부추기거나 최소한 묵인함으로써 북한을 좌익의 기지로 만들었고, 동시에 남한을 우익의 기지로 만드는 데 영향을 미쳤다. 북한에서 치러야 할 계급투쟁의 사회적 부담을 일부 남쪽으로 떠 넘긴 것인데, 이 점에 대해 비판한 연구가 나오기도 했다.[38] 한편, 조선민주당의 농촌 지지기반이

35. 안드레이 란코프, 『소련의 자료로 본 북한 현대정치사』(서울 : 오름, 1995), 86쪽.

36. 조선민주주의 인민공화국 과학원 역사연구소, 『조선통사(하) (1958년판)』, 306쪽.

37. 조선민주주의 인민공화국 과학원 역사연구소, 『조선로동당 역사교재』(평양 : 조선노동당출판사, 1964), 161쪽.

잘려나갔는데,[39] 이는 토지개혁을 통하여 중소 지주층이 소멸되어 버렸기 때문이었다.

토지개혁에 뒤이어 김일성은 1946년 6월 27일에 "농업현물세제도의 설치에 관한 결정"을 채택하였다.[40] 이 결정을 통해 농민이 납세 의무를 지도록 하였고, 현물세 이외의 여분의 식량을 애국미로 헌납하도록 유도하였다. 이때 모은 애국미는 김일성대학 건립 비용을 충당하고 노동자계급의 식량으로 사용되었다. 토지개혁 과정에서 시작된 노-농계급의 연대를 더욱 강화시키는 작은 계기가 되기도 했다.

토지개혁 이후 김일성은 일련의 개혁적인 법령들을 발표하였다. 물론 이때 발표된 법령들이 북한의 당시 상황에서 제대로 시행하기 어려운 것들이었고, 상징적인 효과를 노리고 발표된 것들이기는 하다.[41] 1946년 6월 24일에는 "노동법령"을 시행하였고, 남북한역사에서 처음으로 8시간 노동제와 사회보험제를 도입하였다. 김일성은 이 법령의 실시로 제국주의적 착취관계를 청산하고 노동자, 사무원들의 물질적 생활을 근본적으로 개선시켰다고 주장하였다.[42] 뿐만 아니라 당시 한 문건에 의하면 낡은 노동조건에서 해방되었기 때문에 국가 생산력이 비약적으로 발전하게 되었다[43]고 주장하였다. 또한 동년

38. 민중운동사 연구회, 『해방후 한국 변혁운동사』, 431쪽.
39. 변영호, 「해방 직후 북한에 있어서 통일전선」, 236쪽.
40. 조선민주주의 인민공화국 과학원 역사연구소, 『조선통사(하) (1958년판)』, 307-309쪽.
41. 류길재, 「북한의 국가건설과 인민위원회의 역할, 1946-1947」, 고려대학교 박사학위논문(1997), 226쪽.
42. 김일성, 『조국의 통일독립과 민주화를 위하여』 제1권(평양 : 국립인민출판사, 1949), 82쪽, 134쪽.

7월 30일에는 "남녀평등권 법령"을 발표하여 그동안 사회적으로 차별받고 있던 여성들이 남자와 동등한 권리를 가지고 정치, 경제, 문화생활에 참여할 수 있다는 법률적 평등을 선언하였다.

1946년 8월 10일에 공포한 "산업, 교통, 운수, 체신, 은행 등의 국유화에 관한 법령"에 따라 산업국유화를 단행하였다.[44] 산업 국유화는 반제반봉건 혁명에서는 필수적 조치인데, 북한에서는 토지개혁에 비해 커다란 반발없이 수행되었다. 그 이유는 대부분의 산업시설이 일본인 소유였다는 점에서 찾을 수 있다. 산업 국유화로 90% 이상의 산업이 전체 인민의 소유, 즉 국유로 되었고, 이에 따라 새로운 생산관계가 지배적이게 되었다. 즉 김일성은 민주기지 건설의 경제적 기반을 마련할 수 있었다.

김일성은 이 당시까지만 해도 모든 영역에 걸쳐 100% 국유화를 단행한 것은 아니다. 주요 산업 국유화 법령의 실시에 뒤이어 1946년 10월 4일에는 "개인 소유권을 보호하며 산업 및 상업활동에 있어서 개인의 창발성을 발휘시키기 위한 대책에 관한 결정"을 채택하였다.[45] 국유화 개념을 산업부문에서 민족자본을 제외한 제국주의적 요소에 국한시켰기 때문에 개인 소유권이 보장되었다. 이는 김일성이 국가건설의 주체로서 민족자본가를 부분적으로 인정하였음을 보여주는 단적인 예라 할 수 있다.

43. 북조선로동당 중앙위원회, 「당건설」, 110-111쪽.
44. 조선민주주의 인민공화국 과학원 역사연구소, 『조선통사(하) (1958년판)』, 311-312쪽.
45. 조선민주주의 인민공화국 과학원 역사연구소, 『조선통사(하) (1958년판)』, 312쪽.

모든 영역에 걸친 국유화는 1947년 들어서면서 기초적인 작업이 시작되었다. 북한은 제반 민주개혁을 계속 추진하여 소상품 경제형태, 자본주의 경제형태에 덧붙여 사회주의 경제형태를 만들어냄으로써 1947년 2월경에는 민주기지 건설의 기초공사를 마쳤다.[46] 1947년에 개인상공업을 생산협동조합으로 만드는 일을 시작했으며, 1947년에는 지하자원, 산림, 수역을 국유화했다. 1947년 12월 5일에는 화폐교환법령을 발표하고 화폐교환을 시작했다. 화폐개혁은 북한의 민주기지노선을 통화부문에서 실시한 것이라고 볼 수 있다.[47] 1949년에는 광업을 개인이 운영하지 못하도록 했다.

토지개혁을 비롯한 제반 개혁조치들을 통해 김일성이 수립한 국가는 좌파 민족주의를 바탕으로 한 것이었고, 계급적으로는 노동자와 농민계급을 바탕으로 한 것이었다. 민족주의를 바탕으로 하였기에 친일파를 국가건설 과정에서 제외하였다. 계급적으로 노동자와 농민을 바탕으로 하였기에 지주계급을 국가건설 과정에서 제외하였다. 그러나 민족과 계급의 기준이 부딪힐 때는 민족을 우선 하였다. 예컨대 자본가라 하더라도 민족자본가의 경우 국가건설의 주체로 일부 참여시키기도 하였다. 전반적인 국가건설 과정에서 소련의 절대적인 지지를 받았으며, 그 결과 김일성은 대외적으로 친소국가를 지향하지 않을 수 없었다. 친일파와 지주를 제외한 계층인, 노동자, 농민, 그리고

46. 사꾸라이 히로시, 「북조선노동당의 통일정책 : 민주기지노선의 형성」, 296쪽.
47. 북한의 회폐개혁에 대한 좀더 자세한 사항은 김찬, 「화폐개혁과 금후의 과업에 대한 보고」, 국사편찬위원회, 『북한관계사료집 8』(과천 : 국사편찬위원회, 1989), 494–506쪽 ; 전현수, 「1947년 12월 북한의 화폐개혁」, 『역사와 현실』 제19호(1996), 214쪽 참조.

일부 민족자본가만이 북한의 "인민"으로서 시민권을 획득할 수 있었으며, 이들이 주체가 된 북한의 국가건설은 "인민공화국"으로 귀결된 것이다.

Ⅳ. 국가건설노선

김일성은 미소의 대립을 심각한 외압력, 즉 위기로 인식하였고, 이에 대한 새로운 처방을 내놓아야 했다. 한민족의 궁극의 목표인 독립적인 통일국가 수립을 뒤로 미루도록 만드는 미소의 대립이라는 외적 변수의 등장과 김일성의 권력장악 욕구가 상승작용을 일으켜 나온 처방은 잠정적인 분단론이라 할 수 있는 민주기지노선이다. 북한의 건당, 건군, 건국의 과정[48]을 일관되게 지배한 민주기지노선은 김일성

48. 이 글에서는 북한의 건당, 건국, 건군의 과정을 자세히 다루지 않을 것이다. 이 과정을 자세히 다룬 최근의 업적으로는 서동만, 『북조선사회주의 체제성립사』(서울 : 선인, 2005) ; 백학순, 「북한에서의 '단일적 지도력'의 확립과 당 · 국가건설」, 『북한현대사 1』(서울 : 한울아카데미, 2004) ; 전현수, 「산업의 국유화와 인민경제의 계획화 : 공업을 중심으로」, 『북한현대사 1』(서울 : 한울아카데미, 2004) ; 김광운, 『북한 정치사 연구 I』(서울 : 선인, 2003) ; 와다하루끼, 「조선민주주의인민공화국 탄생」, 『북조선』(서울 : 돌베개, 2002) ; 김수민, 「북한 정권의 정통화 시도 : 1945－1950」, 『북한연구학회보』(1999) 제3권 제2호 ; 서주석, 「소군정기 권력투쟁과 공산당의 국가건설」, 『북한 해방8년사 연구』(서울 : 백산서당, 1999) ; 이승현, 「전쟁전 북한의 사회 · 경제개혁」, 『북한 해방8년사 연구』(서울 : 백산서당, 1999) 등이 있다.

이 건국의 기본 논리로 활용한 것이기 때문에 이에 대한 논의와 평가를 중심으로 추적해 볼 것이다.

북한의 사회과학원은 민주기지를 "민주주의 혁명 발전의 책원지. 전국적 범위에서 또는 아직 혁명이 수행되지 못한 지역에서 혁명을 촉진시키기 위하여 혁명이 승리한 지역에 꾸려지는 것"으로 정의하고 있다.[49] 이러한 민주기지노선은 그 방법에 대한 평가를 유보한다면 분단을 전제로 한 논리가 아니라 통일을 전제로 한 논리였다. 현실적으로는 분단정권을 수립하는 과정이었지만 이상적이고 장기적인 차원에서는 통일국가를 수립하려는 노력으로 연결되기 때문에 민주기지노선은 분단론적 성격과 통일론적 성격을 복합적으로 갖고 있다. 그리고 6 · 25나 1960년대의 대남혁명론, 그리고 현재 북한의 통일정책도 이 민주기지노선의 연장선상에서 바라볼 수 있는 측면이 있기 때문에 광복 직후 김일성이 국가건설 과정에서 채택했던 노선인 민주기지노선은 매우 중요한 위치를 차지하는 정치노선이다. 김일성의 민주기지노선은 노선을 관철하는 과정에서 폭력 사용도 정당화하였고 6 · 25를 일으켰다.

민주기지 노선이 처음 대두된 시기를 추적해 보면 이 노선이 등장한 배경을 이해할 수 있다. 일부 논자들은 민주기지 노선이 공식화된 것은 1945년 12월 17일 제3차 확대 집행위원회에서였다고 주장한다. 그리고 그 근거로 제시하는 문건이 『김일성 선집』에 실려 있는 김일성의 보고문이다. 1954년판 『김일성 선집』에 따르면,

49. 북한 사회과학원 언어학 연구소, 『조선말 대사전』(평양 : 사회과학출판사, 1992), 1232쪽.

> 현단계에서 북조선에서의 우리 당의 정치적 총 노선과 실제 활동은 모든 민주주의 제정당, 사회단체와의 광범위한 연합의 기초 위에 우리나라에 통일적 민주주의 정권을 수립하여, 북조선을 통일적 민주독립 국가 건설을 위한 강력한 정치 · 경제 · 문화적 민주기지로 만드는 데 있다.[50)]

라고 적고 있다. 하지만 6 · 25 당시 노획한 문서를 통해서 살펴보면 전혀 다른 내용으로 보고가 이루어져 있음을 확인할 수 있다. 노획문서에는

> 현단계에서 북조선공산당의 전반 정치 및 실지 활동은 모든 민주주의 당들과 정치적 단체들의 넓은 연합의 기초 위에 뿔조아-민주주의 정권을 수립함에 방조를 주어야 될 것이다. 북조선에 정치 및 경제생활을 속히 정돈할 과업실행에로 도시와 농촌대중의 실지 사업을 돌리면서 반일 민주주의 당과 단체들과의 통일전선을 만방으로 강화시켜야 될 것이다.[51)]

라고 적고 있다. 여기서 분명히 확인할 수 있듯이 처음에는 뿔조아-민주주의 정권이라고 표현했던 것을 나중에 민주기지라는 말로 바꾸

50. 김일성, 『김일성 선집』 제1권(평양 : 조선로동당출판사, 1954).
51. 김일성, 「북부조선 공산당 공작의 착오와 결점에 대하여」, 『당의 정치노선 및 사업총결과 결정 : 당 문헌집 1』(평양 : 출판사 불명, 1946), 9-10쪽.

었다는 것을 알 수 있다. 당시에 민주기지란 용어를 공식적으로 사용하고 있는 것은 아니다.

이런 맥락을 고려해 볼 때 김일성이 당시 상황에서 최대한 내세울 수 있는 노선이 민주기지 노선은 아니었다는 점은 분명하다. 민주기지 노선을 채택하고 싶었지만 그렇게 하지 못하는 단계였음을 알려주는 표현이다. 이 언급은 민주기지의 등장시기를 둘러싼 논란을 정리해 준다.

북한의 역사를 돌이켜 보면, 민주기지 노선의 "발상"이 처음 대두된 것은 서북5도당 대회이고, 탁치문제를 계기로 즉각적인 통일독립이 불투명해지면서 김일성이 민주기지노선을 구체화하였으며, 민주기지를 실제로 건설하기 시작한 것은 토지개혁을 비롯한 민주개혁을 통해서 였다. 민주기지노선의 발상이 처음 나온 것은 서북5도당 대회라고 보는 점에서는 대부분의 연구자들이 동의하지만 이의 해석에 대해서는 두 가지 상이한 견해가 대립하고 있다.

첫 번째 해석은 김일성에게 분단의 책임을 묻는 해석이다. 김일성이 분국 설치를 시도할 시점부터 분단을 전제로 민주기지노선을 제기한 것으로 본다. 민주기지의 건설을 분단을 전제로 한 사회주의 체제구축으로 보는 입장인데, 민주기지노선의 발상이 나온 시기부터 이미 분단은 예정된 것이었고, 이후에 전개되는 모든 상황은 분단을 목적으로 추진한 것으로 해석한다. 이러한 해석이 갖는 단점은 분단의 모든 책임을 북한 쪽으로 돌릴 수밖에 없는 단순함을 피할 수 없으며, 지나치게 이데올로기적인 해석의 범주를 벗어날 수 없다는데 있다.

두 번째 해석은 서북5도당 대회에서 민주기지노선의 발상이 처음 제기되었지만 김일성이 아직까지는 분단을 전제로 북한의 정국을 조율한 것은 아니라고 보며, 이 문제보다는 좌익 내부의 관계에 주목한다. 예를 들면 소련과 김일성이 미국과의 국제협조노선에 대한 기대를 완전히 버리지 않으면서도 불투명한 국제협조노선에 집착하지 않는 복합적인 사고를 한 결과 분국설치 결정을 내린 것이지 분단만을 전제로 한 것으로 보지 않는 견해가 있다.[52] 이 견해는 통일독립정부수립에 있어서 미-소 협력관계와 그들의 공동협력을 중시했는가 아니면 독자적 변혁의 길을 중시했는가의 잣대를 갖고 단순화 시킨다면 박헌영은 전자에 가깝고 김일성은 후자에 가깝다는 점[53]이 보완되어야 한다. 두 번째 해석의 입장에 선 논자들은 서북5도당 대회 때부터 이미 한반도 공산주의 운동의 중심이 북한이었다고 본다.

그러나 서북5도당 대회 이후에도 아직까지 민주기지노선이 실천으로 옮겨지지는 않았기 때문에 1945년 8월부터 1945년 12월 말까지의 기간을 민주기지 건설의 잠행기라고 볼 수 있다.[54] 예컨대, 이 기간동안 김일성은 민주기지라는 용어를 직접 사용하지 않았고, 토지개혁을 본격적으로 시작하지 않았다. 물론 3 · 7제 실시를 통해 분위기를 조성하는 등 민주기지로 가기 위한 사전 정지작업은 시작한 상태였다.

그러면 김일성은 언제부터 민주기지 노선을 국가건설 노선으로

52. 김주환, 「서북5도 당대회의 대미인식과 조선공산당북조선분국의 조직적 위상」, 『해방전후사의 인식 5』(서울 : 한길사, 1989), 177쪽.

53. 민중운동사 연구회, 『해방후 한국 변혁운동사』(서울 : 녹진, 1990), 428-430쪽.

54. 사꾸라이 히로시, 「북조선노동당의 통일정책 : 민주기지노선의 형성」, 연세대 대학원 북한현대사 연구회 엮음, 『북한현대사 1』(서울 : 공동체, 1989), 295-296쪽.

정리했을까? 1945년 말 탁치문제가 정치쟁점으로 부각되면서 통일전선이 붕괴되었고, 북한의 정국은 재편될 수밖에 없었는데, 민주기지노선의 등장은 통일전선의 붕괴와도 궤를 같이한다. 1945년 말부터 1946년 초의 상황을 면밀히 분석한 한 연구는 특히 1946년 1월부터 2월 사이의 기간은 통일전선의 붕괴가 더욱 가시적이었고, 북조선 분국 내부에 '민주기지 노선'이 급격하게 대두되는 과정[55]이었음을 정확히 추적하고 있다. 이때부터 실질적으로 민주기지노선이 대두되었다고 할 수 있다. 왜냐하면 김일성은 북한을 통괄하는 정권기관으로서 북조선 임시 인민위원회를 1946년 2월 조직하였기 때문이다. 임시인민위원회 결성을 민주기지노선의 구체적인 첫 출발로 보는 근거는 임시인민위원회가 북한을 민주기지로 구축하기 위한 전반적 사회개혁을 추진하는 중앙권력으로 설정되었다는 점에서 찾을 수 있다.

김일성은 임시인민위원회를 조직하면서 위원장으로 전면에 등장하였다. 그 이전까지는 조만식의 존재가 무시되지 않았기 때문에 김일성은 계속 배후에서 활동하였지만 탁치반대 문제를 계기로 조만식은 제거되어 더 이상 고려 할 필요가 없었다.[56] 그럼에도 불구하고 김일성은 1946년 2월에도 분단을 전제로 한 구상을 일반화시키지는 않았다. 1946년 2월 북조선 임시인민위원회 조직 이후 김일성은 중요한 연설을 할 때마다 북조선을 민주주의적인 통일정부 수립을 위한

55. 변영호, 「해방 직후 북한에 있어서 통일전선」, 연세대 대학원 북한현대사 연구회 엮음, 『북한현대사 1』(서울 : 공동체, 1989), 236쪽.

56. 이 과정에 대한 좀더 자세한 논의는 이승현, 「해방직후 북한우익의 노선과 활동」, 『국사관논총』 제54집(1994), 197−201쪽.

기초, 근거지, 토대, 발원지, 책원지, 원천 등으로 잠정적으로 불러왔다.[57] 김일성은 정치상황이 유동적으로 변하면서 즉각적인 통일독립이 불투명해지는 상황변화에 따라 민주기지노선을 점차 구체화하게 된다.

조선공산당 북조선 분국 조직과 임시인민위원회 조직을 장악한 김일성은 이후 민주기지 건설에 박차를 가하였다. 김일성이 당과 정권기관을 장악했지만 그러나 아직까지도 그것은 잠정적인 성격이 더욱 강했다. 왜냐하면 김일성이 말하는 혁명은 전조선을 대상으로 한 것이었기 때문에 정세가 허락하는 한 남북일체의 건국, 혁명을 추진하는 것이 옳은 노선이었기 때문이다.

김일성은 남북일체로서의 건국과 혁명을 향하는 측면이 있었고 '민주기지'를 확보하려는 측면이 있었는데, 이 상반되는 노선은 미소 공위의 향방이 결정되지 않고 미소 협력에 의한 조선의 통일임시정부 수립의 가능성이 사라지지 않은[58] 유동적인 상황 속에서 동시에 병존할 수밖에 없었다. 이러한 유동적인 상황을 고려하여 김일성은 미군정당국을 자극할 지도 모르는 '민주기지', '근거지' 등의 단어를 미-소의 대립과 남북의 분단고정화가 결정적인 것으로 되어가고 있던 1947년 후반에 이르기까지 공식문서에서는 거의 사용하지 않았다.[59]

김일성이 북로당을 창건하고 인민위원회를 조직하였는데, 이는

57. 예컨대 김일성, 「근로대중의 통일적 당의 창건을 위하여」, 『김일성저작집』 제2권(평양 : 조선로동당출판사, 1979), 368쪽.
58. 민중운동사 연구회, 『해방후 한국 변혁운동사』, 430쪽.
59. 변영호, 「해방 직후 북한에 있어서 통일전선」, 238쪽.

민주기지의 정치적 측면을 강화한 것이다. 그렇지만 이때까지도 북조선 인민위원회는 스스로를 조선에 민주주의 임시정부가 수립되기 전까지만 잠정적으로 존재하는 인민정권으로서 규정하였다. 남한에까지 반제반봉건개혁을 실시하겠다는 민주기지를 잠정적으로 북한에 설립한 것이다. 당시 상황을 잠정적이라고 부르는 이유는 2차 미소공위가 결렬되기 이전인 당시까지는 통일민족국가의 수립 가능성이 상존하고 있었기 때문이다. 그 증거는 아직까지도 북한이 책원지, 근원지, 발원지 등의 이름을 사용할 뿐 민주기지라는 이름을 직접 사용하지 않고 있다는 데서도 단적으로 나타난다.

김일성이 민주기지를 공식적으로 처음 사용한 것은 북로당 2차대회 때이다.[60] 잠정적으로 건설된 민주기지를 항구적인 민주기지로 완성하겠다고 공식적으로 천명한 것이다. 김일성이 미국의 제국주의적 속성과 소련과의 협조자로서의 측면을 항상 고려했다는 점으로 미루어 볼 때 최소한 공식적인 사용은 상당한 시간이 흐른뒤에 가능했을 것이다. 북로당 제2차 전당대회 2개월 전 조선인민군을 창건하고 정치, 경제, 사회, 문화, 군사적으로 근거지를 갖게 됨에 따라 북한을 민주기지로 부르는 것이 보편화되고 다른 호칭은 사라지게[61] 되었는데, 이것을 북로당 2차대회에서 공식적으로 확인하게 된다.

김일성은 민주기지 노선에 따라 건당, 건군, 건국의 작업을 추진

60. 조선민주주의 인민공화국 과학원 역사연구소, 『조선통사(하) (1958년판)』, 349쪽.

61. 사꾸라이 히로시, 「북조선노동당의 통일정책 : 민주기지노선의 형성」, 296-297쪽.

하였다. 김일성은 조선공산당 북조선 분국을 시작으로 북조선 로동당을 건설하고 남조선 로동당과 합당하여 조선 로동당을 만들어냄으로써 당 건설을 마무리지었다. 김일성은 국가건설 초기부터 무장력의 중요성을 잘 알고 있었고, 무장력과 보안계통을 철저히 장악하여 나아갔으며, 조선인민군을 창설함으로써 군 건설을 마무리지었다. 김일성은 정권기관인 인민위원회를 통해 국가건설에 박차를 가할 수 있었다. 북한에서 인민위원회는 지방인민위원회, 5도행정국, 임시인민위원회, 인민위원회의 네 단계를 거치게 되는데, 김일성은 북조선 임시인민위원회 단계에서부터 실질적인 권한을 행사하기 시작했다. 이와 같은 당건설, 군건설, 정권기관 건설과정을 일관되게 관철한 것이 민주기지노선이다.

건당차원에서 진행된 최초의 사건은 조선공산당 북조선 분국의 설치다. 국내파의 반발이 없었던 것은 아니지만 실질적인 1국 2당 체제로 당 조직형태를 변화시킴으로써 이후 공산당은 공산주의 건설사업과 인민정권을 통한 국가관리활동을 북한에서 급속히 체험하게 된다.[62] 당시 상황은 매우 유동적이었으므로 이것은 북한만의 좌익정권 수립, 즉 분단을 전제로 한 것이라기보다는 좌익적인 통일독립국가를 건설해 가는 여러 단계 중의 하나였다.

김일성은 제반 개혁을 한창 진행하던 1946년 여름 북로당을 결성하였다. 북로당의 결성은 노동자, 빈농의 당인 북조선 공산당이 신민당과 합동하여 사무원 계급을 포함하여 좀더 광범위한 계층을 포괄하는 대중정당으로 전환한 것이다.[63] 김일성은 북로당을 결성함으로

62. 북조선로동당 중앙위원회, 「당건설」, 103－104쪽.

써 북한의 국가건설과정을 주도할 수 있는 당 조직을 갖게 되었으며, 한반도 공산주의 운동차원에서 볼 때도 박헌영에 대한 우위를 확실히 할 수 있었다. 김일성은 남로당 결성에도 일정한 영향력을 행사했으며, 후에 남로당과의 합당을 통해 조선로동당을 만들어냄으로써 당 건설을 마무리하였다.

김일성은 미 · 소공위가 결렬된 후 정규군대를 창설하였다. 이미 북로당 강령의 제1항에는 '민족군대'를 조직하는 것이 포함되어 있었는데, 그후 1947년 10월에 두 차례에 걸쳐 인민군의 조직에 관해 강조하였다. 김일성은 1948년 2월 7일 북조선 인민회의 제4차회의를 열어서 '민족보위국'을 설치할 것을 결정하였고, 1948년 2월 8일 정식으로 조선인민군을 창설하였다.[64] 그러면 왜 이 시점에 김일성은 정규군대를 창설하였을까? 한 마디로 조선인민군의 창설은 미-소공동위원회가 실패하고 미소합의에 의한 통일독립의 가능성이 사라져 가면서 남북 모두 가능한 범위에서 각자의 체제를 굳혀가는 단계로 접어들었음을 보여주는 단적인 증거이다.

조선인민군의 창설이유는 세 가지 측면으로 해석할 수 있다. 김일성은 첫째, 조선인민군을 북한 내부의 권력경쟁에 활용하였다.[65] 둘

---

63. 조선공산당 북조선 분국 시절부터 북로당 시기에 이르기까지 당원확장과 당의 변화 과정에 대해서는 이주철, 「북조선로동당의 당원확장과 당의 변화」, 『현대북한연구』(경남대학교 북한대학원) 1998년 창간호, 151쪽-185쪽 참조.

64. 조선민주주의 인민공화국 과학원 역사연구소, 『조선통사(하) (1958년판)』, 347쪽.

65. 최완규, 「조선인민군의 형성과 발전」, 『북한체제의 수립과정』(서울 : 경남대학교 극동문제연구소, 1991), 175쪽.

째, 소련군의 완전철수 이후를 대비하려 했다.[66] 김일성은 소련군의 철수로 초래될 수 있는 힘의 공백을 대비해야 했을 것이다. 즉 대외적인 방위 측면에서 보았을 때, 잠정적으로 건설한 민주기지를 외부의 적으로부터 방어하는 데 있어서 조선인민군의 중요한 역할이 기대되었다. 셋째, 대내적인 민주기지의 강화와 관련이 있다. 그동안에는 소련군이 진주하여 일정한 역할을 하였지만 이제는 북한이 직접 민주기지 건설에 반대하는 대내적인 세력들을 압도하고, 민주기지를 완성하기 위한 힘을 인민의 이름 아래에 조직할 필요가 있었다. 즉 조선인민군의 창설은 북한의 잠정적인 민주기지를 대내적인 적으로 부터 스스로 방어하겠다는 강력하고도 구체적인 의사표시로서 민주기지의 군사적 측면을 완성한 것으로 볼 수 있다.

김일성의 건국은 조선인민공화국의 수립으로 마무리되었다. 김일성이 생각한 이상적인 국가상은 공산주의 국가였지만 현실적으로 수립할 수 있었던 국가는 아니었다. 앞서 살펴본 제3차 확집에서의 보고는 김일성이 건설하려는 국가의 성격을 밝히고 있기 때문에 매우 중요하다. 그는 "현 단계에서 북조선공산당의 전반 정치 및 실지 활동은 모든 민주주의 당들과 정치적 단체들의 넓은 연합의 기초 위에 뿔조아–민주주의정권을 수립함에 방조를 주어야 될 것"[67]이라고 말하고 있다. 김일성의 이런 생각은 스탈린의 생각과도 일치하는 것이었다. 스탈린은 "북조선에 반일적인 민주주의 정당, 단체들의 광범위한

66. 이완범, 「북한 점령 소련군의 성격」, 『국사관논총』 25집(1991), 173쪽.
67. 김일성, 「북부조선 공산당 공작의 착오와 결점에 대하여」, 『당의 정치노선 및 사업총결과 결정 : 당 문헌집 1』(평양 : 출판사 불명, 1946), 9–10쪽.

블록을 토대로 한 부르주아 민주주의 정권을 수립할 것 … 위 사항과 관련하여 소련군이 점령한 지역에 반일적인 민주주의 단체, 정당이 형성되는 것을 방해하지 말고 그 활동을 도와줄 것"[68]을 지시한 바 있다.

김일성의 발언 이나 스탈린의 지시를 글자 그대로 해석하여 이들이 궁극적으로 부르조아 민주주의 정권을 세울 의사가 있었다고 보는 것은 무리가 따른다. 그러나 이 발언을 한 대상이 공산당원이라는 점은 이 발언을 다시 한 번 음미할 필요를 제기한다. 김일성이 공산당원들에게 당시의 혁명단계를 정확히 알려주기 위한 발언으로는 볼 수 있다. 공산주의자들은 당연히 공산주의 국가를 건설하는 것이 최대의 목표였겠지만 김일성의 판단으로는 당시 조선의 혁명이 부르조아 혁명단계라는 점을 인정하고[69] 그 점을 당원들에게 설명한 것이다. 이러한 그의 정치노선에 따라 부르주아 혁명단계를 반영하여 조선 민주주의 인민공화국이 탄생한 것이다.

김일성이 국가를 건설하는 과정에서 견지한 정치 노선을 민주기지 노선이라고 결론지을 수 있다. 민주기지로서 북한지역에 조선민주주의 인민공화국을 건설한 김일성은 자신이 건설한 국가형태를 남한지역으로 확장하려는 구상을 갖고 있었고, 실제로 이러한 구상을 실천에 옮겼다. 그 결과는 6 · 25였다.

68.「1945년 9월 20일자 스탈린의 비밀지령문」, 2항, 3항.

69. 김광운도 이와 유사한 입장이다. 그는 "김일성 위원장과 그의 동료들은 소련의 경우 부르주아를 청산하는 사회주의 혁명단계에 있지만, 조선의 현실은 친일파 민족반역자들을 숙청하고 봉건유제를 청산해 민주주의 제도를 정착시켜야 하는 단계라고 주장하여 토지 소유와 중소산업 및 상공업의 개인 소유를 관철시켰다"고 분석하였다. 김광운, 『북한 정치사 연구』 I, 620쪽.

Ⅴ. 결론

김일성은 사상가로 출발하지 않고 정치가로 출발하였다. 따라서 그의 국가건설을 정치한 사상으로 구성하는 일은 쉽지 않다. 김일성의 국가건설사상은 결국 현실 속에 남겨진 그의 족적을 추적함으로써 대충의 윤곽을 잡아보는 데 만족할 수밖에 없었다.

그의 국가건설 구상은 이상적인 것과 현실적인 것으로 구별할 필요가 있다. 김일성이 이상적으로 구상했던 국가상은 공산주의 국가였다. 그러나 현실 속에서 김일성이 수립할 수 있었던 국가는 이념적으로는 좌파이며, 계급적으로는 노동자가 실권을 장악하되 숫적으로는 농민이 주류를 이루었고, 대외적으로는 친소를 표방하는 국가였다. 1945년부터 1948년 사이 김일성이 건설한 국가는 공산주의자들이 정권을 장악한 농민국가였으며, 국내적으로는 통일국가가 아니라 분단국가 였다.

김일성의 국가건설 주체 인식은 많은 변화를 보여주었다. 최초에는 국가건설의 주체로서 노동자, 지식인, 민족자본가를 포괄하는 범위를 제시하였다. 공산주의자냐 아니냐가 아니라 친일이냐 아니냐를 기준으로 국가건설의 주체를 결정하였다.

미소 간의 대결이 드러나면서 국가건설의 주체는 더욱 좁혀졌다. 김일성은 조만식 등 우익 민족주의자들을 반동으로 규정하여 시민권을 박탈하였다. 결국 마지막에는 공산주의자를 중심으로 노동자, 농민을 중심으로 한 계층에게만 시민권을 부여하였다. 국가건설의 주체를 설정함에 있어서 최초로 제외한 것은 친일파와 민족반역자였고, 다음으로 제외한 것은 "반민주적 반동분자"로 규정한 우익민족주의 세력이었다.

국가건설 과정에서 시민권을 획득한 계층들 중 상당수는 농민이었다. 당시 김일성이 대면한 현실속 에서는 공산주의 국가를 바로 건설할 수 없었다. 그래서 김일성이 최초에 북한에 건설한 국가는 계급적으로 노동자와 농민이 동맹을 맺은 농민국가였다.

김일성은 친일파와 민족반역자를 배제하고 농민의 지지를 이끌어내기 위해 토지개혁을 추진하였고, 그 과정에서 농민의 이해를 존중하려 노력했으며, 이를 제도적으로 보장하려고 노력했다. 농민국가로 출발한 김일성이 다음 단계로 가야 할 목표는 사회주의 제도의 수립이었다. 6 · 25 이전에 김일성은 초보적인 수준의 사회주의적인 조치들을 추진하기는 했지만, 만약 6 · 25가 없었다면 북한은 상당한 기간동안 농민국가로 남아 있었을 가능성도 있었다. 6 · 25를 계기로 좌파적 농민국가가 해체되고 북한은 빠른 속도로 집단농장과 국영농장을 매개로 하는 공유제에 기초한 초기 사회주의 국가로 진입하게 된다.

김일성은 국가를 건설하는 과정에서 민주기지노선을 정치노선으로 삼았다. 김일성의 국가건설 노선인 민주기지노선은 단기적으로는 단독정권 수립을 목적으로 하였기 때문에 분단노선이다. 그러나 민주기지노선의 연장선은 장기적으로 통일국가를 목표로 하기 때문에 논리적으로는 통일노선이다. 김일성은 이와 같은 복합적인 성격을 갖고 있는 민주기지노선을 갖고 현실정치를 이끌어 간 것이다.

정치사상은 현실과의 대화 속에 탄생한다고 본다면 해방직후 김일성이 북한의 현실과 대화하는 가운데 산출해낸 혁명단계는 부르주아 혁명이었고, 건설하고자 했던 국가는 노동자 · 농민이 동맹한 인민공화국이었다. 이 공화국의 "인민"으로서 시민권을 획득한 계층은 노동자, 농민, 지식인 그리고 일부 민족자본가였다. 이 초기 국가는 가까운 미래에 사회주의 국가로 가기 위한 전초기지였다. 한반도 차원에서 본다면 분단국가였고, 통일국가로 가는 전초기지였다. 김일성은 민주기지노선에 입각하여 분단정권으로서 조선민주주의 인민공화국을 수립하였고, 이를 기지로 남한지역에서도 반제반봉건 혁명을 추진하려는 목표를 갖고 있었다. 혁명단계는 부르주아 혁명단계였지만 이 혁명을 주도할 수 있는 부르주아 계급이 없었기 때문에 노동자와 농민이 이 역할을 대신할 수밖에 없었으나 혁명에는 성공하였다. 그 결과 김일성은 농민계급이 다수를 차지하고 공산주의자가 정치권력을 장악한 조선민주주의 인민공화국을 만들어낸 것이다.

김일성이 만든 나라가 공화제였다는 점을 한민족의 근대화 맥락에서 주목할 필요가 있다. 한민족의 근대화 과정에서 공화제를 수용하려는 노력은 독립협회 이래 끊임없이 지속되었다. 독립협회, 신민회를 거쳐 3 · 1운동과 그 이후 독립운동단체들은 공화제 국가를 수립하기 위해 전력을 다하였으나 실현하지 못한 역사를 갖고 있다. 지도자의 이념적 성격이 무엇이든 간에 대중들이 갖고 있던 공화제에 대한 열망은 크고도 깊었던 것이다. 군주가 주권을 갖고 있는 입헌군주제가 아니라 국민주권에 입각한 민주공화제는 민족의 염원이었다. 김일성이 공산주의자였으나 그도 이러한 민족의 열망으로부터 완전히 자유롭지 못했기 때문에 그가 건설한 국가의 정치형태를 인민이 주인인 "민주주의 인민공화국"형태로 내걸 수밖에 없었을 것이다. 남북한 모두 민주공화제를 표방하면서 현실속에서는 이승만과 김일성 모두 권위주의 통치형태를 취했다는 점도 주목할 필요가 있을 것이다.

김일성은 민주기지노선에 따라 인민공화국 정치체제를 남한 지역으로 확장하려고 하였다. 민주기지노선의 논리적 귀결로서는 당연한 것이었으나 무력을 동원함으로써 6 · 25의 참화를 가져왔다. 민주기지 노선을 무력으로 관철하려 한 김일성의 시도는 실패하였으며 그 결과 1960년대와 1970년대 남북한의 국가건설과 발전과정을 지배한 것은 군사적 대결이 아니라 비군사적인 경제건설 경쟁으로 나타났다. 김일성이 민주기지노선을 무력으로 관철하려다 실패했지만 논리 자체를 포기한 것은 아니었으며, 이후 대남혁명론이나 북한의 통일정책 속에 그대로 반영된 바 있다.

참고문헌

❖ 김광운, 『북한 정치사 연구 I』, 서울 : 선인, 2003.

❖ 김수민, 「북한 정권의 정통화 시도 : 1945−1950」, 『북한연구학회보』(1999) 제3권 제2호.

❖ 김용복, 「해방 직후 북한 인민위원회의 조직과 활동」, 『해방전후사의 인식 5』, 서울 : 한길사, 1989.

❖ 김일성, 「10월 혁명 기념식 개회사」, 《평양민보》, 1945년 11월 10일자.

❖ 김일성, 「근로대중의 통일적 당의 창건을 위하여」, 『김일성저작집』 제2권, 평양 : 조선로동당출판사, 1979.

❖ 김일성, 「남조선 반동적 단독정부 선거를 반대하며 조선의 통일과 자주 독립을 위하여 : 북조선 민전 제25차 중앙위원회에서」, 『근로자』 1948년 3월호.

❖ 김일성, 「민주주의 깃발 밑에 애국적 청년은 결집 전진하라」, 《평양민보》, 1945년 11월 19일자.

❖ 김일성, 「북부조선 공산당 공작의 착오와 결점에 대하여」, 『당의 정치노선 및 사업총결과 결정 : 당 문헌집 1』(평양 : 출판사 불명, 1946)

❖ 김일성, 「산업을 급속 회복 통일적 전선을 수립」, 《평양민보》, 1945년 10월 20일자.

❖ 김일성, 「평양시 민중대회에서 한 김일성 장군의 연설 요지」, 《평양민보》, 1945년 10월 15일자.

❖ 김일성, 『김일성 선집』 제1권, 평양 : 조선로동당출판사, 1954.

❖ 김일성, 『조국의 통일독립과 민주화를 위하여』 제1권, 평양 : 국립인민출판사, 1949.

❖ 김주환, 「서북5도 당대회의 대미인식과 조선공산당북조선분국의 조직적 위상」, 『해방전후사의 인식 5』, 서울 : 한길사, 1989.

❖ 김 찬, 「화폐개혁과 금후의 과업에 대한 보고」, 국사편찬위원회, 『북한관계사료집 8』, 과천 : 국사편찬위원회, 1989.

❖ 류길재, 「북한의 국가건설과 인민위원회의 역할. 1946~1947」, 고려대학교 박사학위논문(1997).

❖ 민중운동사 연구회, 『해방후 한국 변혁운동사』, 서울 : 녹진, 1990.

❖ 박재권, 「해방직후 소련의 대북한 정책」, 『해방전후사의 인식5』, 서울 : 한길사, 1989.

❖ 백학순, 「북한에서의 '단일적 지도력'의 확립과 당 · 국가건설」, 『북한현대사 1』, 서울 : 한울아카데미, 2004.

❖ 변영호, 「해방 직후 북한에 있어서 통일전선」, 연세대 대학원 북한현대사 연구회 엮음, 『북한현대사 1』, 서울 : 공동체, 1989.

❖ 북조선로동당 중앙위원회, 「당건설」.

❖ 북한 사회과학원 언어학 연구소, 『조선말 대사전』, 평양 : 사회과학출판사, 1992.

❖ 사꾸라이 히로시, 「북조선노동당의 통일정책 : 민주기지노선의 형성」, 연세대 대학원 북한현대사 연구회 엮음, 『북한현대사 1』, 서울 : 공동체, 1989.

❖ 서동만, 『북조선사회주의 체제성립사』, 서울 : 선인, 2005.

❖ 서주석, 「소군정기 권력투쟁과 공산당의 국가건설」, 『북한 해방8년사 연구』, 서울 : 백산서당, 1999.

❖ 『쏘미 공동위원회 공동 결의 제5호, 제6호 해답서』, 1947년 7월 9일.

❖ 안드레이 란코프, 『소련의 자료로 본 북한 현대정치사』, 서울 : 오름, 1995.

❖ 와다하루끼, 「조선민주주의인민공화국 탄생」, 『북조선』, 서울 : 돌베개, 2002.

❖ 이승현, 「전쟁전 북한의 사회 · 경제개혁」, 『북한 해방8년사 연구』, 서울 : 백산서당, 1999.

❖ 이승현, 「해방직후 북한우익의 노선과 활동」, 『국사관논총』 제54집, 1994.

❖ 이완범,「북한 점령 소련군의 성격」,『국사관논총』25집, 1991.

❖ 李鍾殷(역),『현대 정치이론의 이해』, 서울 : 나남, 1991. Spragens. Jr., Thomas Arthur, *Understanding Political Theory*, St. Marin's Press, 1991.

❖ 이종은,「유길준의 국가건설사상」,『한국정치학회보』, 38집 1호(2004).

❖ 이주철,「북조선로동당의 당원확장과 당의 변화」,『현대북한연구』(경남대학교 북한대학원) 1998년 창간호.

❖ 전현수,「1947년 12월 북한의 화폐개혁」,『역사와 현실』 제19호(1996).

❖ 전현수,「산업의 국유화와 인민경제의 계획화 : 공업을 중심으로」,『현대북한연구』(경남대학교 북한대학원) 1999년 2권 1호.

❖《정로》, 1946년 2월 10일자.

❖《정로》, 1945년 11월 1일자

❖《정로》, 1945년 11월 7일자.

❖《정로》, 1945년 12월 5일자.

❖ 조선민주주의 인민공화국 과학원 역사연구소,『조선로동당 역사교재』, 평양 : 조선노동당출판사, 1964.

❖ 최완규,「조선인민군의 형성과 발전」,『북한체제의 수립과정』, 서울 : 경남대학교 극동문제연구소, 1991.

❖ 치스차꼬브,「북조선내 토지면적조사 진행에 대한 북조선주둔 소련군사령관 명령서」, 국사편찬위원회,『북한관계사료집 25』, 과천 : 국사편찬위원회, 1996.

❖「'학도지원병' 모집당시 조만식의 반역적 격려문」,《정로》1946년 4월 10일자.

❖「건국의 정로」,『정로』1946년 1월 3일자.

❖「민족적 통일전선과 그 정치사상의 동향」,《정로》1945년 11월 7일자.

❖「조만식은 전쟁범죄자, 인민재판을 받음이 당연」,《정로》1946년 4월 10일자.

❖「조선공산당 북부조선 5도 연합회에서 한 당조직문제 보고」, 조선산업노동조사소 편,『옳은 노선』(1946).

【지은이 소개】

• 오문환(吳文煥, Moon-Hwan Oh)
연세대학교 정치외교학과 졸업
동 대학원 정치학 석・박사
한국정치사상 전공
北京大學校 政治學與行政學系 硏究學者
연세대, 서강대, 성균관대 등 강사
연세대 사회과학연구소 선임연구원
현 경희대 연구교수

저서
『해월 최시형의 정치사상』(2003, 모시는사람들)
『동학의 정치철학』(2003, 모시는사람들)
『다시개벽의 심학』(2006, 모시는사람들)

논문
「율곡의 군자관과 그 정치철학적 의미」
「다산 정약용의 근대성 비판 : 인간관 분석을 중심으로」 외 다수

• 이승현
국회도서관 연구관

저서
『북한현대사 1』(2004, 한울아카데미, 공저)

논문
「남북관계 측면에서 본 개헌논의」(2006, 국가전략)
「신민회의 국가건설사상」(2006, 정신문화연구)
「헌법개정 논의의 정치적 원리」(2006, 헌법학연구, 공저)
「이상재의 국가건설사상」(2004, 정신문화연구)
「1960년대 북한의 권력구조 재편과 유일사상의 대두」(2002, 현대북한연구)

• **이시형**

대구한의대학교 경찰행정학과 교수
정치학박사(경희대학교)
한국정치 및 정치사상 전공

저서

이시형 · 정현수 공저, 『화해 협력시대의 남북한관계론』(2004, 인간사랑) 외 다수

역서

J. M. Rothgeb 저, 이시형 · 김일수 공역, 『국제정치의 신패러다임』(1999, 오름)

논문

「김대중 정부 대북정책에서의 여당의 위상과 역할」, 『21세기 정치학회보』 제14집 2호 외 다수

• **이완종**

성균관대학교 정치외교학과 졸
동 대학원 석박사 과정 수료
러시아연방과학원 러시아역사연구소 수학
정치학 박사
성균관대학교, 인하대학교 강사
고려대학교 아시아문제연구소 연구교수
현 국민대 사회과학연구소 연구교수

저서

『От Ленина к сталинизму : 1917－1939』(1998)
『10월혁명사』(2004)

논문

Сталинская теория “двух лагерей” и “холодная война” : современные оценки (1996)

「현대 러시아 정치의 이데올로기적 경향들에 대한 연구 : “발전된 사회주의” 하의 소련 인권운동의 이론적 동향들과의 비교 연구」(2000) 외 다수

• **임형진**(林炯眞)

경기대 행정학과, 성균관대 정치학과 석사, 경희대 정치외교학과 박사

현 경기대 사회과학부 대우교수, (사)동학민족통일회 사무총장, 민주화운동 보상심의위원회 관련자심의위원, 경인일보 객원논설위원.

저서

『동학의 정치사상』, 『민족통일운동의 역사와 사상』, 『동학 · 천도교의 민족통일운동』 외 다수

• **조현수**(E-Mail : hynjoe@hanmir.com)

독일 Marburg대학에서 정치이론/사상 및 (고전)정치경제학 연구

동대학에서 정치학 박사학위 취득

성균관대학교 사회과학연구소 책임연구원, 인하대학교 사회과학연구소 전임연구원 역임

현재 국민대학교 사회과학연구소 연구교수로 활동

발표 논문으로는 「칼 폴라니와 프리드리히 하이에크의 '기획과 진화'」, 「『도덕감정론』과 『국부론』에서 나타난 아담 스미드의 정치이론적 의미에 관한 소고」, 「'노동'과 '잉여가치' 생산의 관점에서 본 Karl Marx의 '권력' 개념 : 욕망의 갈등 속에서」, 「'가치형태분석'의 사회적 의미」, 「사회비판이론으로서의 『자본』 : '노동'의 해체를 통한 『자본』 독해」 외 다수의 논문 및 연구보고서 등이 있다.

역서

『정치학 : 현대정치의 이론과 실천』이 있으며, 새로운 사회공동체 형성을 위한 사회철학 및 이념 연구에 관심을 가지고 있다.

• **홍원표**

한국외국어대학교 대학원 정치외교학과 졸업

현재 한국외국어대학교 사회과학대학 교수

저서

『현대 정치철학의 지형』(2002, 인간사랑)

『정치의 대전환』(1997, 인간사랑, 공저)

논문

「한나 아렌트 정치철학에서 선악의 문제」

「언어행위와 공공영역 : 대화, 논쟁, 이야기하기를 중심으로」

국가건설사상 Ⅲ

초판1쇄 / 2006년 12월 30일

지은이 이종은 외
펴낸이 여국동
펴낸곳 도서출판 인간사랑
인 쇄 백왕인쇄
제 본 은정제책사

출판등록 1983. 1. 26. / 제일-3호

전가 20,000원

ISBN 89-7418-203-3 93340

(411- 815) 경기도 고양시 일산구 백석동 1178-1
TCL (001)001-8144, 907-2003
FAX (031)905-5815
e-mail / igsr@Yahoo.co.kr
igsr@Naver.com